小黄鱼种群生物学与渔业管理

林龙山　高天翔　主编

海洋出版社

2013年・北京

内 容 简 介

本书收编了科技论文 18 篇,分“小黄鱼渔业生物学”、“小黄鱼渔业生态学”、“小黄鱼渔业管理”、“小黄鱼种群遗传学”4 个部分,汇集了国家海洋局第三海洋研究所、中国海洋大学、中国水产科学研究院东海水产研究所科技人员在近十余年来的科技创新研究的心血和智慧结晶。本书适合相关研究人员参考借鉴。

图书在版编目(CIP)数据

小黄鱼种群生物学与渔业管理/林龙山,高天翔主编. —北京 :海洋出版社,2013.11
ISBN 978 -7 -5027 -8704 -2

Ⅰ. ①小… Ⅱ. ①林… ②高… Ⅲ. ①小黄鱼 - 种群 - 生物学 ②小黄鱼 - 渔业管理 Ⅳ. ①Q959.483 ②F326.44

中国版本图书馆 CIP 数据核字(2013)第 251641 号

责任编辑:张 荣
责任印制:赵麟苏
海洋出版社 出版发行
http://www.oceanpress.com.cn
北京市海淀区大慧寺路 8 号 邮编:100081
北京旺都印务有限公司印刷 新华书店北京发行所经销
2013 年 11 月第 1 版 2013 年 11 月第 1 次印刷
开本:787mm × 1092mm 1/16 印张:14.5
字数:330 千字 定价:60.00 元
发行部:62132549 邮购部:68038093 总编室:62114335

自 序

1997 年 7 月，我从青岛海洋大学渔业资源专业毕业，随后来到繁华的大上海，开始了我的工作生涯。

起初的日子里，由于几个科研项目的同时开展，我被数次派往“大海”去锻炼，经过大海的洗礼，我慢慢理解了同事所说我们是“渔民”的真正意义，也逐渐认识了渔业资源工作的内涵；知道了目前我国近海海域正在发生的环境污染、资源衰退、种群更替和过度捕捞等环境、资源和渔业状况；也逐渐明白了应该在自己的工作岗位中发挥应有的作用。

新世纪伊始，我开始关注东海区小黄鱼资源，关注此鱼种并非我心血来潮，也不是我随意的选择，而是出于我对“大黄鱼”资源变动的注意。属于同目同科同属的鱼种，大黄鱼种群在 20 世纪 80 年代末期急剧衰退后一蹶不振，难以恢复，而小黄鱼却能在几乎同一时期的衰退之后保持一定数量，并出现资源恢复迹象，这些疑问引导我开始关注小黄鱼资源动态，促使我四处收集有关小黄鱼的资料和数据，并分析其中的原因所在。

从小黄鱼资源的大体情况、小黄鱼群体结构的变化、小黄鱼的生长与死亡、小黄鱼的摄食生物学、小黄鱼的繁殖生物学到小黄鱼资源管理等内容不断进入我的脑海之中，我努力从中寻求小黄鱼区别于大黄鱼的一些生物学特征和生态学习性的动态，试图解开小黄鱼在如此大的捕捞压力和环境污染等威胁的外部环境中存活下来并得到恢复的奥妙，以期能够为今后小黄鱼渔业资源管理乃至中国渔业资源管理作出自己一份小小的贡献，也让自己在水产行业工作中不会留下遗憾。

《小黄鱼种群生物学与渔业管理》一书正是基于这些想法和自己十余年来工作成果的集成，其中不仅有自己独立提出的观点，也有与其他同事一起共同分析的结论，还有中国海洋大学诸位老师从事分子生物学的研究成果。可以说该书融入了多位老师、同事和同学的心血，他们有中国水产科学研究院东海水产研究所的郑元甲、程家骅、严利平、李建生、凌建忠、刘尊雷等老师，还有中国海洋大学的高天翔、韩志强、肖永双、应一平、李渊等老师和同学，在此一并感谢。

该书分为“小黄鱼渔业生物学”、“小黄鱼渔业生态学”、“小黄鱼渔业管理”、“小黄鱼种群遗传学”4个篇章，全部论文已在《中国水产科学》、《Chinese Journal of Oceanology and Limnology》、《Environmental Biology of Fishes》、《Canadian Journal of Fisheries and Aquatic Sciences》等期刊刊出，每篇论文都凝聚着撰稿者的实践结晶，蕴含着深思熟虑的思想成果。希望本书的出版能够促进小黄鱼的相关研究进展，使小黄鱼渔业能够健康发展并达到可持续利用之目的。

2013年6月16日

前 言

2012 年联合国粮农组织渔业及水产养殖部撰写的《2012 年世界渔业和水产养殖状况》中指出,2009 年世界渔业资源有 29.9% 是被过度捕捞,57.4% 是被完全开发,12.7% 是未充分开发;占世界海洋渔业产量约 30% 的前十位物种多数种群被完全开发,因此没有增加产量的潜力。我国在很长一段时期内,捕捞业盲目发展、近海捕捞强度增长近乎失控以及沿岸环境污染的影响,致使近海大多数渔业资源已经充分利用或过度捕捞,部分优质渔业资源衰退甚至衰竭,多数鱼种衰退后难以得到恢复,比如与小黄鱼同属一目一科一属的大黄鱼资源在 20 世纪 70 年代出现衰退后逐渐枯竭,尽管国家投入巨资进行人工增殖放流,但至今没有得到恢复,鳓鱼从 70 年代末期衰退和绿鳍马面鲀从 90 年代初衰退以后目前仍处于严重衰退之中。2000 年以后,由于此前 1999 年我国农业部首次提出海洋捕捞计划产量实行"零增长"目标,并在次年实现目标和在此后几年出现"负增长",整体捕捞强度受到一定程度的抑制,但是,渔民在经济效益第一的利益驱使下,通过变相增加马力或改善捕捞技术从中提高了捕捞量,导致 2004 年以后产量又逐渐增加,并加大了对幼鱼资源的利用,造成渔业资源持续衰退;加上近海渔业资源产卵场和孵化场遭受近岸环境污染严重,对渔业资源的补充量影响较大;这些主要因素直接影响了渔业资源的恢复和再生。仅存不多的渔业资源如带鱼和小黄鱼渔获量尽管仍然保持在历史较高水平,但渔业生产的渔获物主要以幼鱼和当龄鱼为主,其渔业资源可持续利用和保护面临着严峻的挑战。

小黄鱼隶属鲈形目石首鱼科黄鱼属,是西北太平洋特有的暖温性底层鱼类,分布于东海、黄海、渤海海域。资源分布以黄海南部和东海北部 40 ~ 80 m 水深范围内最为集中,小于 60 m 水深的资源量约占 65%。由于小黄鱼具有较高经济价值,历来为中日韩三国底拖网、帆张网、定置张网和流刺网等渔业所共同利用,是我国重要的渔业资源之一。

在 20 世纪 50 年代,小黄鱼产量较高,中国年均产量达到 12 万吨以上,此阶段的小黄鱼处于渔业兴盛期,与大黄鱼、带鱼和墨鱼并称"四大渔产";20 世代60年代初至70年代初，由于捕捞强度的增大，小黄鱼产卵亲体补充失调，剩余群体损耗增大，渔获量逐渐下降，资源处于衰退期；20世纪70年代中期至80年代末期，随着捕捞压力加大，小黄鱼资源继续恶化，成熟个体急剧减少，为数不多的补充群体也遭受大量捕捞，资源状况处于严重衰退；进入20世纪90年代以后，由于我国政府及有关部门采取了诸如产卵场全面禁渔以及实施伏季休渔制度等一系列保护措施，有力地保护了小黄鱼亲体资源和索饵群体资源，另外，小黄鱼种群自身出现了生长加快、性成熟提前和繁殖力提高等调节现象，诸多因素共同作用使其资源出现一定程度的恢复，近十几年来，小黄鱼产量在全国渔业统计产量中一直维持在高位。

对于小黄鱼有别于其他衰退鱼种而出现的资源恢复状态，国内部分学者从伏季休渔制度的影响、小黄鱼繁殖习性的变化、摄食习性的变化、生长过程的变化和海域自然环境的变化等方面进行了探讨，得出一些关于小黄鱼资源数量恢复的原因。首先，1981年国务院批准同意对小黄鱼主要产卵场吕泗渔场实行休渔保护，1995年开始在东黄海实行2个月休渔，后来在1998年延长为3个月的伏季休渔制度，对小黄鱼资源恢复起到关键作用；第二，由于海域遭受过度捕捞，许多大型鱼种相继衰退，小黄鱼被捕食的几率减少，获取饵料的机会和丰富度增加，与小黄鱼生活栖息相近的大黄鱼在资源枯竭后腾出的海域空间和饵料等因素，均有利于小黄鱼的生长和繁殖，促使小黄鱼生长加快，性成熟提前和繁殖力提高，对小黄鱼资源恢复起到了促进作用；第三，20世纪90年代以后，由于东黄海渔业资源密度减少，日韩两国大幅减少在该海域的生产船只，客观上保护了小黄鱼越冬场，小黄鱼亲体得到有利的养护空间，对小黄鱼资源恢复起到保障作用。

为了更为深入了解和掌握小黄鱼是如何提高对环境的适应性，是否存在小黄鱼自身改变生物学和生态学特性提高了环境适应能力（内因）或者环境变化（外因）导致小黄鱼产卵场、索饵场、越冬场分布范围过大，抑或是繁殖习性变化和摄食习性变化等导致资源数量增长等科学问题，本书集成了编著者十余年来有关小黄鱼渔业生物学、渔业生态学、渔业管理和分子生物学相关研究论文，这些研究论文从渔业生物学现状、动态特征、摄食生物学、繁殖生物学、产卵场动态变化、产卵场分布与水文环境的关系等方面探讨了小黄鱼如何从“自身”出发，改变原有的生物学特征和生态学习性，“主动”适应生境变化并延续其种群的繁衍等问题。但是，编者总是觉得有关研究尚不够深入，仍然需要更多的科技工作者继续加大调查和研究，进一步解析小黄鱼种群所发生的特殊现象，并最终促使小黄鱼渔业可持续利用。

集成本书以飨读者，期望能够起到抛砖引玉的作用。

由于水平有限，书中难免存在一些疏漏和不足之处，敬请读者批评指正。

编者

2013年6月28日

目 次

第一篇 小黄鱼渔业生物学

第二篇 小黄鱼渔业生态学

第三篇 小黄鱼渔业管理

第四篇 小黄鱼种群遗传学

第一篇　小黄鱼渔业生物学

东海区小黄鱼渔业生物学现状的分析研究①

林龙山[1,2],程家骅[1,3]

(1. 中国水产科学研究院 东海水产研究所,上海 200090;2. 上海水产大学,上海 200090;
3. 中国海洋大学,山东 青岛 266003)

摘　要: 以2001年东海区渔业资源监测调查资料为依据,对小黄鱼的体长、体重、生长、死亡等渔业生物学特征及临界年龄等进行了分析研究。结果表明,目前东海区小黄鱼优势体长组为110~130 mm,占41.34%;优势体重组为20~40 g,占50.91%;总死亡系数为2.05,自然死亡系数为0.58,捕捞死亡系数为1.47,临界年龄为2.18龄。对照东海区小黄鱼生物学特征的历史状况分析,目前东海区小黄鱼个体小型化、低龄化、性成熟提早现象明显,生物学参数发生较大变化。建议在东海区现行资源状态下,小黄鱼的可捕标准应充分考虑其生物学现状加以科学调整。

关键词: 东海区,小黄鱼,渔业生物学,临界年龄

小黄鱼分布于渤海、黄海和东海,为暖温性底层经济鱼类,在渤海、黄海、东海存在三个地理种群[1],是中、日、韩、朝四国共同捕捞的鱼种,为我国渔业的主要捕捞对象[2-4]。20世纪50年代以来,小黄鱼资源量和渔获量发生了很大的变化[5],渔业资源经历了资源兴旺期、资源平衡期、资源衰退期和资源恢复上升期[6]。20世纪90年代以后,由于禁渔区、禁渔期和伏季休渔措施的有效实施,东海区小黄鱼产卵场和补充群体得到有效的养护[7],产量明显回升,2000年其产量创东海区小黄鱼产量的历史最高纪录,达15.95×10^4 t,2001年产量为12.50×10^4 t,处于历史较高水平。但是,与此同时,其渔业生物学特征越来越呈现出个体小型化、性成熟提早、渔获物以幼鱼为主的现象[5-9]。为此,本文通过对小黄鱼体长和体重组成、生长参数、死亡系数、性比及性腺成熟度及临界年龄的研究分析,总结和讨论了目前东海区小黄鱼的渔业生物学现状特征和最适捕捞规格制定需考虑的因素,以期为可持续利用和管理东海区小黄鱼渔业资源提供相关的基础理论依据。

1　材料与方法

1.1　材料

本文采用数据取自2001年东海区渔业资源监测调查资料,调查船为205.07 kW的底拖网船,网具为网口网目100目,网目尺寸为4 m,平均拖速为2 n mile/h,调查时间为2001年4月、6月、9月和12月,调查范围为27°00′—34°00′N,禁渔区线—127°00′E,取样地点均为东海北部海域(31°00′—34°00′N,122°00′—127°00′E)。

1.2　方法

渔获小黄鱼在船上取样后带回实验室,按照《海洋调查规范》[10]进行生物学测定,测

---

① 原文刊载于"中国海洋大学学报,2004,34(4):565-570"。

定内容包括体长、体重、性腺等。然后输入到计算机中的鱼类资源动态监测数据库，采用 Statistica('99 Edition)统计软件对数据进行处理。

Von Bertalanffy 生长参数(L_∞和 k)的估计采用 ELEFAN 技术分析[11-13]，总死亡系数 Z 用体长变换渔获曲线法估算[13]，自然死亡系数 M 用 Pauly 的经验公式 $\ln M = -0.0066 - 0.279\ln L_\infty + 0.6543\ln k + 0.4634\ln T$ 来计算[14]，年平均水温 T 值取 20℃。临界年龄 T_C 由下式求出[15]：

$$T_C = [kt_0 - \ln M + \ln(3k + M)]/k$$

式中，L_∞ 为渐进体长，k 为生长系数，t_0 为理论初始年龄。计算时采用联合国粮农组织的 Fisat Ⅱ软件。

2 结果

2.1 体长、体重组成

2001 年小黄鱼渔获物体长范围为 58 ~ 220 mm，优势体长组为 110 ~ 130 mm，占总数的 41.34%，平均体长 121.95 mm；体重范围为 7 ~ 194 g，优势体重组为 20 ~ 40 g，占总数的 50.91%，平均体重 34.67 g。各体长组和体重组的分布频率如图 1，各月份体长、体重分布特征如表 1。

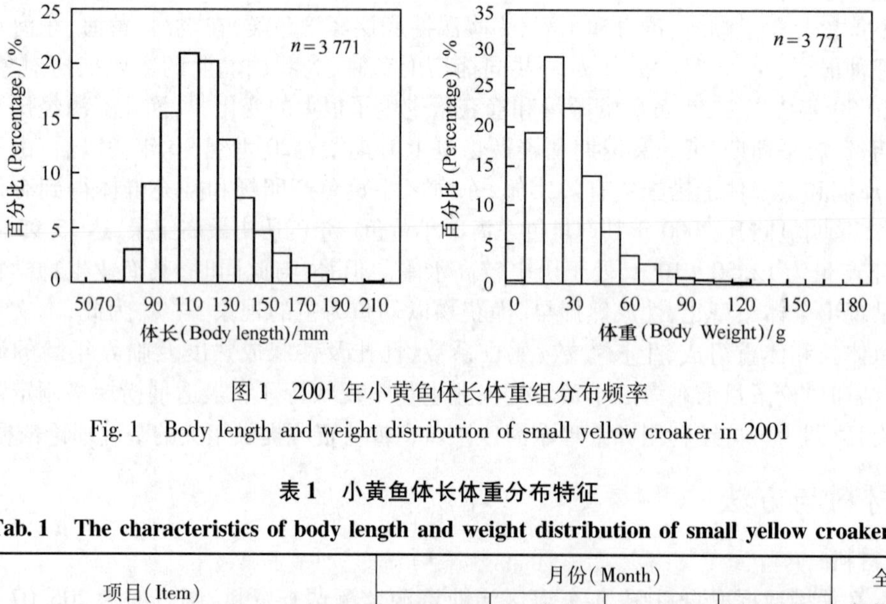

图 1 2001 年小黄鱼体长体重组分布频率

Fig. 1 Body length and weight distribution of small yellow croaker in 2001

表 1 小黄鱼体长体重分布特征

Tab. 1 The characteristics of body length and weight distribution of small yellow croaker

项目(Item)		月份(Month) 4	6	9	12	全年 (All year)
体长组成 (Body length composition)	分布范围(Range)/mm	58 ~ 191	93 ~ 202	71 ~ 220	87 ~ 210	58 ~ 220
	优势体长组 (Dominant body length class)/mm	100 ~ 130	120 ~ 140	90 ~ 110	110 ~ 140	100 ~ 130
	优势体长组所占比例 (Percentage)/%	74.75	54.79	63.33	55.19	41.34
	平均(Mean)/mm	120.97	129.09	102.62	133.59	121.95
	标准差(S. D.)/mm	16.95	15.38	19.56	23.21	20.65

续表

项目(Item)		月份(Month) 4	6	9	12	全年(All year)
体重组成(Weight composition)	分布范围(Range)/g	13 ~ 146	16 ~ 154	7 ~ 194	14 ~ 160	7 ~ 194
	优势体重组(Dominant weight class)/g	20 ~ 30	30 ~ 50	10 ~ 20	20 ~ 40	20 ~ 40
	优势体重组所占比例(Percentage)/%	48.38	59.38	69.24	49.63	50.91
	平均(Mean)/g	30.63	43.45	20.52	44.67	34.67
	标准差(S. D.)/g	14.86	17.12	15.91	25.37	19.35
取样尾数(Sample)		1 195	1 041	800	735	3 771

2.2 体长－体重关系

小黄鱼体长体重呈幂函数相关。根据体长 L 与相应体重 W 回归求得其关系式为：

$$W = 2.661\,1 \times 10^{-5} L^{2.951\,3} (R = 0.956\,9, n = 377\,1)$$

2.3 生长参数和拐点年龄

通过各月份体长频率样品数据，应用 ELEFAN 方法鉴别的 von Bertalanffy 生长参数为：$L_\infty = 251.60$ mm，$k = 0.55$，$t_0 = -0.27$。依据估算的生长参数拟合的生长方程为：$L(t) = 251.60 \times (1 - e^{-0.55 \times (t + 0.27)})$，绘成生长曲线如图 2。通过体长体重相关关系式的 b 值，以及体长生长方程中的 k 值和 t_0 值，根据 $t_r = \ln b/k + t_0$ 获得体重生长拐点年龄为 1.69 龄。

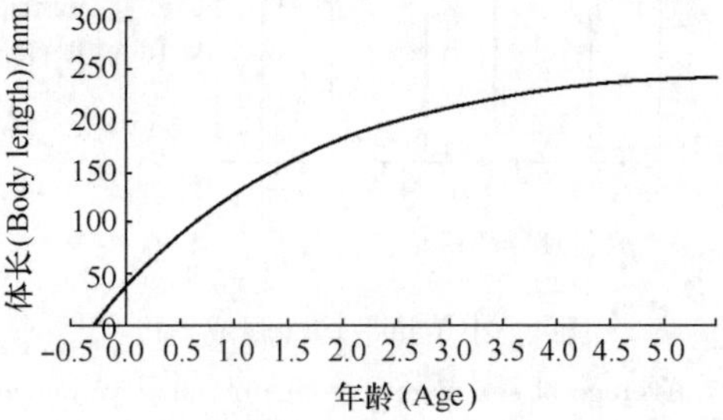

图 2　小黄鱼体长生长曲线

Fig. 2　The growth curve of small yellow croaker

2.4 总死亡系数、自然死亡系数和捕捞死亡系数

变换渔获曲线描绘的点(黑点)图示于图 3，经线性回归(已去掉不能用于分析的点)，拟合的直线方程为 $\ln(N/\Delta t) = -2.053\,t + 6.482\,7$，$R = 0.974\,5$。方程的斜率为 -2.05，故总死亡系数 Z 的估计量为 2.05。再由生长参数 $L_\infty = 251.60$，$K = 0.55$ 和 $T = 20$，根据 Pauly 的经验公式，得出自然死亡系数的估计量 $M = 0.58$，则捕捞死亡系数 $F = Z - M = 1.47$。

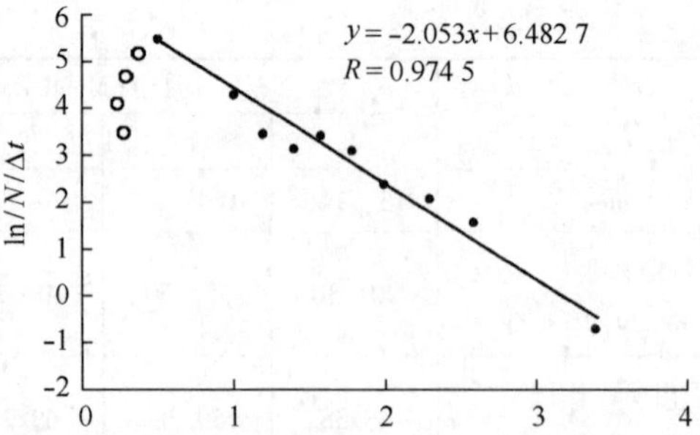

图 3　根据变换体长渔获曲线估计总死亡系数

Fig. 3　The estimation of mortality based on body length - converted catch curve

2.5　性比率和性腺成熟度

根据对全年 790 尾渔获样品的分析，得到小黄鱼雌雄比为 491∶299，约为 1.64∶1，各月性腺成熟度百分比组成如图 4。由图可见，各月份性腺成熟度为Ⅱ期的比例均为最高，9 月达 100%，而作为小黄鱼主要繁殖期的 4 月，Ⅳ期和Ⅴ期的比例仅占 39.9%，为全年最高。各月份平均性腺成熟度分别为 4 月 2.96，6 月 2.03，9 月 2.00，12 月 2.13，全年性腺成熟度达Ⅳ期以上个体的平均体长为 123.4 mm。

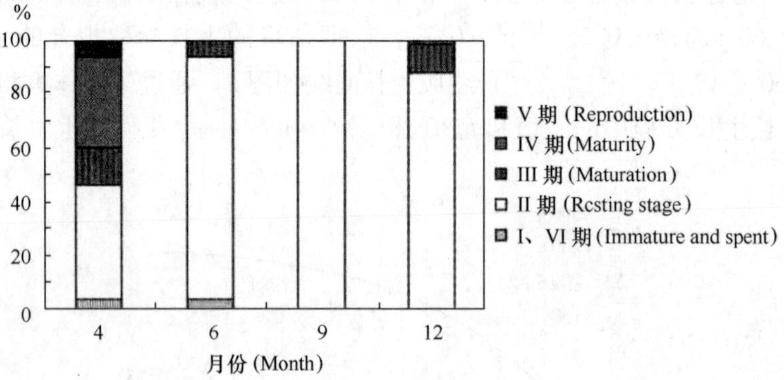

图 4　小黄鱼平均性腺成熟度

Fig. 4　Average of sex maturity stage of small yellow croaker

2.6　临界年龄

一个世代的鱼，一方面由于自然死亡而不断减少其数目，另一方面又由于个体重量的生长而增加。两者共同作用的结果，使一个世代的鱼的生物量随着年龄的增加而不断变化，开始时逐渐增加，超过一定年龄后则逐渐减少，这“一定年龄”即临界年龄，是指一个世代在没有捕捞的情况下生物量达到最大时的年龄，或重量的相对生长速度等于瞬时自然死亡率时的年龄[16]。根据 Von Bertalanffy 生长参数 L_∞ 和 k，以及理论初始年龄 t_0 和自然死亡系数 M 值求得小黄鱼的临界年龄为 2.18 龄，代入生长方程，得出相应临界体长为 186.21 mm。

3 讨论

3.1 生物学参数的变化

据1983年[17]小黄鱼的监测资料求得当时的生长参数 L_∞ 和 k 分别为292.31和0.45,与本研究结果相比,渐进体长减少13.93%,生长系数增加22.22%。另据以往监测资料获知[18],1963年性成熟达Ⅳ期以上个体的平均体长为246.2 mm,1983年为173.6 mm,目前仅为123.4 mm。表明近20年来东海区小黄鱼生物学参数发生了较大的变化,反映在个体的表征上主要是个体小型化、低龄化、性成熟提早的趋势加剧。分析其原因,一是捕捞过度导致了资源严重衰退[19],小黄鱼为维持其种群的延续,迫使种群生长的内禀动力发生变化;二是海域基础饵料生物的相对丰富,促进了小黄鱼幼体阶段的生长发育加快,进而导致了小黄鱼个体性成熟的提早[8];三是小黄鱼属于高补充生物量的鱼类[2],对环境有较强的适应特性[20-21]。

3.2 小黄鱼的合理利用

20世纪90年代以来,由于禁渔区、禁渔期和伏季休渔措施的有效实施,小黄鱼产量开始由原来的衰退期逐渐恢复上升[6],直至2001年,其渔获产量仍处于历史较高水平,但产量的增加是以捕捞当龄鱼为主[7]。2001年渔获物的平均体长为121.95 mm,优势体长组为110~130 mm,平均体重为34.67 g;而国家规定的小黄鱼可捕标准为100 g[2](东海区繁殖保护细则规定江苏和上海是125 g,浙江是100 g)。可见当前小黄鱼渔获物的生物学指标远低于国家规定的可捕标准,幼体比例大大超过渔业法规定的20%,既有的可捕标准难以在现行渔业状况下得到认真地贯彻执行。

从鱼类生长潜能的角度出发,渔业利用开捕年龄应限制在生长拐点年龄之后[22];而从鱼类世代生物量变化的角度出发,临界年龄才是其最佳开捕年龄,此时世代的瞬间生物量达到最大,但对于全年捕捞的小黄鱼来说,实际开捕年龄应定在其临界年龄之前,以减少因自然死亡而造成的渔业损失。本文的研究结果表明,小黄鱼体重生长拐点年龄为1.69龄,相应体长为170.12 mm,临界年龄为2.18龄,相应体长为186.21 mm,根据理论,小黄鱼开捕体长最好是在170.12~186.21 mm之间最为合适。但是,当前渔获物体长组成中大于170 mm以上个体仅占2.81%,因此,若要执行该理论数值难度将很大。同时,这从一个侧面也说明了长生命周期小黄鱼的资源质量衰退以及遭受过度捕捞现象十分严重。为此,今后在制订小黄鱼可捕规格时,既要考虑生长而将开捕年龄定在拐点年龄之后,也要考虑资源的最大获取而将开捕年龄定在临界年龄之前,并结合小黄鱼的种群数量动态综合而定。

致谢:东海区渔业资源动态监测站的所有同事协助完成海上调查、生物学测定、数据收集、录入等工作,在此一并谢忱。

参考文献:

[1] 堀川搏史, 郑元甲, 孟田湘, 等. 東シナ海・黄海主要資源の生物、生態特性[M]. 長崎: 日本紙工印刷, 2001. 398-415.

[2] 唐启升，叶懋中，康元德，等．山东近海渔业资源开发与保护[M]．北京：农业出版社，1990.
[3] 山田梅芳，田川勝，岸田周三，等．东シナ海．黄海 のさかな[M]．长崎：日本纸工印刷，1986. 2 -491.
[4] 时村宗春．东、黄海における底鱼类の资源评估手法の现状と问题点[J]．西日本底鱼部会报，1994，22：41 -52.
[5] 金显仕．黄海小黄鱼生态和种群动态的研究[J]．中国水产科学，1996，3(1)：32 -46.
[6] 林龙山．东海区小黄鱼现存资源量分析[J]．海洋渔业，2004，26(1)：10 -15.
[7] 程家骅，刘子藩，林龙山，等．东海区伏季休渔渔业生态效果的分析研究[J]．中国水产科学，1999，6(4)：81 -85.
[8] 水柏年．小黄鱼个体生殖力及其变化的研究[J]．浙江海洋学院学报(自然科学版)，2000，19(1)：58 -69.
[9] 任一平，高天翔，刘群，等．黄海南部小黄鱼渔获群体结构与繁殖特征的初步研究[J]．海洋湖沼通报，2001，(1)：41 -46.
[10] 国家海洋局．海洋调查规范(第5分册)[M]．北京：海洋出版社，1975.
[11] 何保全，李辉权．珠江口棘头梅童鱼的资源评估[J]．水产学报，1988，12(2)：125 -134.
[12] Dwiponggo A. Growth, mortality and recruitment of commercially important fishes and penaeid shrimps in Indonesian waters [R]. [s. l.]: ICLARM Technical Reports, 1986, 1 -91.
[13] Pauly D, Morgan G R. Length - based methods in fisheries research [C]. [s. l.]: ICLARM conference proceedings, 1987, 13 -468.
[14] Pauly D. On the interrelationships between natural mortality, growth parameters and mean environmental temperature in 175 fish stocks [J]. J Cons int Explor Mer. 1980, 39(2): 175 -192.
[15] 袁蔚文．南海北部主要经济鱼类的生长方程和临界年龄[C]．南海水产研究文集，广州：广东科技出版社，1989，(1)：61 -76.
[16] 洪华生，丘书院，阮五崎，等．闽南 - 台湾浅滩渔场上升流区生态系研究[M]．北京：科学出版社，1991. 655.
[17] 赵传絪，陈永法，洪港船，等．东海区渔业资源调查和区划[M]．上海：华东师范大学出版社，1990.
[18] 林龙山，程家骅，任一平，等．东海区小黄鱼种群生物学特性的分析研究[J]．中国水产科学，2004，11(4)：333 -338.
[19] 陈大纲．渔业资源生物学[M]．北京：中国农业出版社，1995.
[20] 费鸿年，张诗全．水产资源学[M]．北京：中国科学技术出版社，1990.
[21] Adams P B. Life History Patterns in marine fishes and consequences for fisheries management [J]. Fish Bull, 1980, 78(1): 1 -12.
[22] 常剑波，孙建贻，段中华，等．网湖似刺鳊鮈的种群生长和死亡的研究[J]．水生生物学报，1994，18(3)：230 -239.

An Analysis of the Current Situation of Fishery Biology of Small Yellow Croaker in the East China Sea

Lin Longshan[1,2], Cheng Jiahua[1,3]

(1 *East China Sea Fisheries Institute*, *Chinese Academy of Fishery Sciences*, *Shanghai* 200090, *China*; 2 *Shanghai Fisheries University*, *Shanghai* 200090, *China*; 3 *Ocean University of China*, *Qingdao* 266003, *China*)

Abstract: Body length and weight, growth and death, critical age of small yellow croaker (*Larimichthys polyactis* Bleaker), were analyzed according to the data obtained from the fishery resource monitoring investigation in the East China Sea in 2001. The results indicate that the group of predominant body length was 110 ~ 130 mm, accounting for 41.34%; the group of dominant weight is 20 ~ 40 g, representing 50.91%; total death coefficient, natural death coefficient and the coefficient of fishing death are 2.05, 0.58 and 1.47, respectively, and critical age is 2.18 years. Compared with the historical biology characteristics of small yellow croaker in the East China Sea, miniaturization and trend of the lower age and earlier maturation are quite distinct and biological parameters had changed greatly. Under the current resource status in the East China Sea, it suggests that fully considering the biological characteristics to adjust the best fishing specifications should be adjusted to recover the resource essentially and to be sustainably utilized.

Key words: East China Sea, Small yellow croaker, Fishery biology, Critical age

东海区小黄鱼种群生物学特性的分析研究①

林龙山[1,2]，程家骅[1,3]，任一平[3]，凌建忠[1,2]

(1. 农业部海洋与河口渔业重点开放实验室，中国水产科学研究院 东海水产研究所，上海 200090；2. 上海水产大学，上海 200090；3. 中国海洋大学，山东 青岛 266003)

摘　要：本研究以1963年、1983年和2001年东海区渔业资源监测调查资料为依据，对小黄鱼的种群结构、生长和死亡等主要种群生物学特征进行了动态分析。结果表明，目前东海区小黄鱼种群的个体小型化、低龄化现象相当突出，平均年龄仅为0.923龄；生长加快，生长参数 k 值达0.55；体重生长的拐点年龄变小，仅为1.67龄；性成熟提前；死亡率提高，残存率减小。尽管小黄鱼近年来产量有所恢复，但资源利用对象主要以当年生补充群体为主，生长型捕捞过度趋势加重。

关键词：东海区，小黄鱼，种群生物学

小黄鱼为暖温性底层经济鱼类，在我国分布于渤海、黄海和东海，是我国渔业的主要捕捞对象[1]。20世纪50年代以来，一直作为重要的研究对象被大量研究过[2-7]。近年来，由于东海区伏季休渔制度的有效实施，小黄鱼产卵场和补充群体得到有效的养护[8]，资源数量有所恢复，产量明显上升，2000年其产量创东海区小黄鱼历史产量的最高记录，达 15.95×10^4 t，2001年产量为 12.50×10^4 t，处于历史较高水平。但是，产量的增加主要是由于捕捞强度的居高不下所致，而非小黄鱼资源的根本好转。恰恰相反，其个体小型化、性腺成熟提早的现象进一步加剧，渔获物主要以幼鱼为主，种群结构表现为低龄化特征。为此，本研究对小黄鱼体长与体重组成、年龄结构、生长参数、死亡率、残存率、性腺成熟度等种群动力学特征因子进行了时间序列上的比较分析，以期掌握东海区小黄鱼种群的内禀动力变化规律，为今后合理利用和科学管理小黄鱼渔业资源提供理论依据。

1　材料与方法

1.1　材料

本研究采用数据取自1963年、1983年和2001年东海底拖网资源监测调查，调查时间均为小黄鱼产卵时期的4月和5月，取样地点为东海区北部海域。

1.2　分析方法

将多年份的小黄鱼生物学特征值(包括体长、体重、摄食等级、性腺成熟度和年龄等)输入鱼类资源动态监测数据库，采用Statistica('99 Edition)统计软件进行数据处理。小

① 原文刊载于"中国水产科学，2004，11(4)：333－338"。

黄鱼生长方程模型选用 Von Bertalaffy 生长方程(1),生长参数估算采用定差图法[9-10]。

$$L(t) = L_{\infty} \times [1 - e^{-k \times (t - t_0)}] \tag{1}$$

死亡率和残存率估算模型选用 Ricker[11]:

$$A = 1 - S = \frac{1}{1 + \bar{t}} \tag{2}$$

式中:L_{∞} 和 k 分别为体长渐近值和生长系数;t_0 为理论初始年龄;A 为年总死亡率;S 为残存率;$\bar{t}$ 为平均年龄。

2 结 果

2.1 渔获物体长、体重组成及年龄结构

2.1.1 渔获物体长、体重组成

1963 年小黄鱼体长组成范围为 110 ~ 330 mm,优势体长组为 210 ~ 240 mm,占总数的 21.82%,另一优势体长组为 270 ~ 290 mm,占 13.63%,体重组成范围为 26 ~ 605 g,优势体重组为 180 ~ 220 g,占总数的 20.46%,另一优势体重组为 360 ~ 390 g,占 11.24%,见图 1 和表 1。

1983 年体长组成范围为 109 ~ 277 mm,优势体长组为 130 ~ 150 mm,占总数的 42.86%,另一优势体长组为 200 ~ 220 mm,占 13.84%,体重组成范围为 25 ~ 330 g,优势体重组为 30 ~ 50 g,占总数的 51.79%,另一优势体重组为 120 ~ 140 g,占 9.37%,见图 1 和表 1。

2001 年体长组成范围为 58 ~ 191 mm,优势体长组为 100 ~ 130 mm,占总数的 74.75%,体重组成范围为 13 ~ 146 g,优势体重组为 20 ~ 30 g,占总数的 48.38%。平均体长从 1963 年的 224.23 mm 减少到 1983 年的 152.31 mm,到 2001 年只有 120.97 mm,见图 1 和表 1。

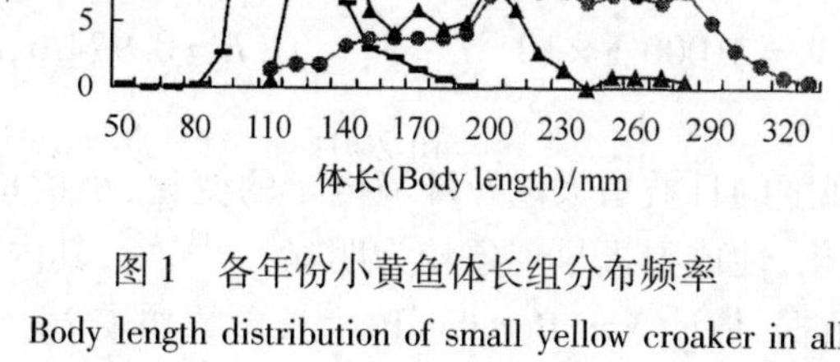

图 1 各年份小黄鱼体长组分布频率

Fig. 1 Body length distribution of small yellow croaker in all ages

表 1　小黄鱼体长、体重及年龄结构组成(1963—2001)

Tab. 1　The composition of body length and weight and age of small yellow croaker in 1963 - 2001

年份 (Year)	体长组成 (Body Length composition)/mm			体重组成 (Body weight composition)/g			年龄组成 (Age composition)/Age		
	范围 (Range)	优势组 (Dominant)	平均 (Mean)	范围 (Range)	优势组 (Dominant)	平均 (Mean)	范围 (Range)	优势组 (Dominant)	平均 (Mean)
1963	110 ~ 330	210 ~ 240 (21.82%) 270 ~ 290 (13.63%)	224.23	26 ~ 605	180 ~ 220 (20.46%) 360 ~ 390 (11.24%)	207.36	0 ~ 14	3 ~ 6 (64.5%)	5.660
1983	109 ~ 277	130 ~ 150 (42.86%) 200 ~ 220 (13.84%)	152.31	25 ~ 330	30 ~ 50 (51.79%) 120 ~ 140 (9.37%)	75.06	0 ~ 7	1 ~ 2 (84.3%)	1.990
2001	58 ~ 191	100 ~ 130 (74.75%)	120.97	13 ~ 146	20 ~ 30 (48.38%)	30.63	0 ~ 2	0 ~ 1 (98.8%)	0.923

2.1.2　年龄结构组成

1963 年年龄组成为 0 ~ 14 龄,优势年龄为 3 ~ 6 龄,占 64.5%,平均年龄为 5.660 龄;1983 年年龄组成为 0 ~ 7 龄,优势年龄为 1 ~ 2 龄,占 84.3%,平均年龄为 1.990 龄;2001 年年龄组成范围为 0 ~ 2 龄,当龄鱼比例达 98.8%,平均年龄只有 0.923 龄,1963 年和 2001 年的平均年龄相差约 8 倍,详见表 1。

2.2　生长特性

2.2.1　体长 - 体重关系

小黄鱼体长体重关系呈幂函数相关[12]。对各体长组的体长 L 与体重 W 进行幂指数回归,求得各年份的小黄鱼体长 - 体重关系式为:

1963 年:$W = 3.5651 \times 10^{-5} L^{2.8705}$　　($R = 0.9811, n = 520$)

1983 年:$W = 7.2046 \times 10^{-5} L^{2.7299}$　　($R = 0.9704, n = 524$)

2001 年:$W = 2.6594 \times 10^{-5} L^{2.9126}$　　($R = 0.9569, n = 894$)

1997—2000 年[2]:$W = 2.0001 \times 10^{-5} L^{3.0186}$　　($R = 0.9746, n = 880$)

2.2.2　生长参数

随着东海区捕捞强度的日益增大以及环境因子的变化,小黄鱼种群结构已经发生变化。个体小型化、低龄化,性成熟提早现象较为明显[3,5,13-14],其内禀动力也发生了变化。依据各年份调查测定数据,估计 Von Bertalanffy 生长参数如表 2。

表 2 小黄鱼各项生长参数变化(1963—2001)

Tab. 2 The variety of parameters of growth of small yellow croaker in 1963 - 2001

项目 Item	1963 年	1983 年	2001 年
生长系数(Average curvature of growth curve) K	0.24	0.44	0.55
渐进体长(Asymptotic length) L/mm	347.37	292.00	251.58
理论初始年龄(Zero - length age) t_0	-0.59	-0.33	-0.27
拐点年龄 t_r Inflexion age	3.80	1.95	1.67

各年份 Von Bertalaffy 体长生长方程分别为:

1963 年:$L(t) = 347.37 \times [1 - e^{(-0.24 \times (t+0.59))}]$

1983 年:$L(t) = 292.00 \times [1 - e^{(-0.44 \times (t+0.33))}]$

2001 年:$L(t) = 251.58 \times [1 - e^{(-0.55 \times (t+0.27))}]$

依据生长方程,绘制出各年份小黄鱼的生长曲线如图 2。

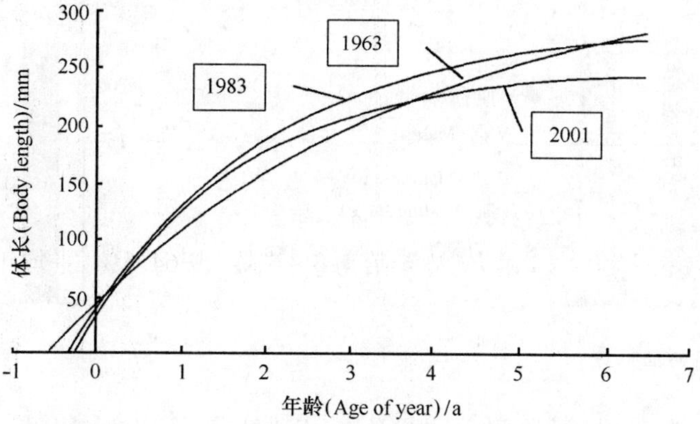

图 2 各年份小黄鱼体长生长曲线

Fig. 2 The growth curve of small yellow croaker in all ages

通过各年份体长体重相关关系式的 b 值,以及体长生长方程中的 k 值和 t_0 值,根据 $t_r = \ln b/k + t_0$ 获得各年份体重生长拐点年龄见表 2。由表 2 可以看出,小黄鱼体重生长拐点年龄呈现出逐渐变小的趋势,从 1963 年的 3.80 龄变小到 1983 年的 1.95 龄,到 2001 年仅为 1.67 龄。

2.3 死亡率和残存率

由于 2001 年小黄鱼以当龄鱼占绝大多数,若利用世代分析法来估算死亡率和残存率,科学性不高,因此,本研究利用生长曲线和平均体长来估算 2001 年小黄鱼平均年龄 $\bar{t}$。1963 年及 1983 年则仍根据世代分析法求得平均年龄 $\bar{t}$,然后根据式(2)式求得年总死亡率,残存率见表 3。

表3 东海区小黄鱼死亡率的变化(1963—2001)

Tab. 3 The variety of mortality rate of small yellow croaker in 1963 - 2001

项目(Item)	1963 年	1983 年	2001 年
平均年龄(mean age) $\bar{t}$	5.660	1.990	0.923
总死亡率(total mortality rate) A	0.151	0.334	0.520
残存率(survival rate) S	0.849	0.666	0.480

2.4 性腺成熟度及性成熟个体的平均体长变化

据1963年、1983年和2001年4月渔获样品的分析结果表明,小黄鱼雌雄比分别为0.79:1、0.75:1和0.82:1,雌雄比例变化相差不大。1963年4月性腺成熟度达Ⅲ期以上即性腺正在成熟的个体占到92.9%,平均体长为246.2 mm,1983年4月这部分个体占89.4%,平均体长为173.6 mm,而2001年这部分个体仅占54.1%,平均体长为123.4 mm,见图3。

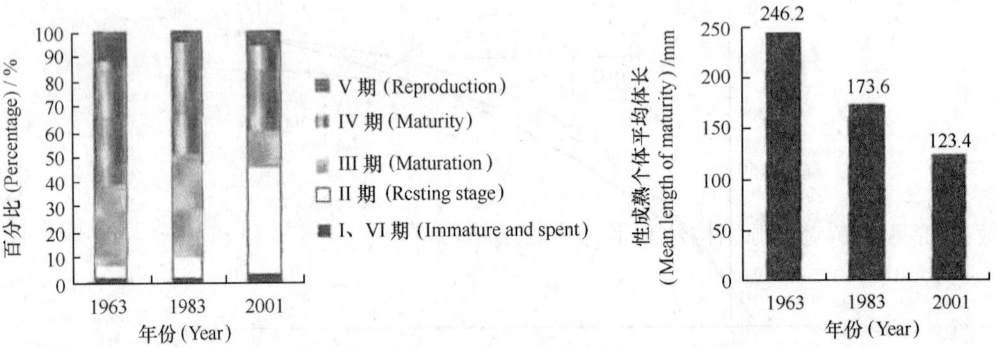

图3 小黄鱼性腺成熟度百分比组成及性成熟个体的平均体长

Fig. 3 Percentage of sexual maturity stage of small yellow croaker and Mean length of maturity

3 讨论

3.1 个体小型化、低龄化现象日益加剧

与1963年相比,2001年小黄鱼2龄鱼以上只占1.2%,而1963年3~6龄鱼就占64.5%,见表1。与1983年相比,2001年当龄鱼比例大幅增加,1~2龄鱼比例则减少了83.1%,平均年龄也从原来的1.99龄降到了0.923龄,平均体长和平均体重也明显减少。与1998年相比[5],2001年的平均体长和平均体重继续减小,分别从1998年的126.6 mm和37.9 g减少到120.97 mm和30.63 g。

小黄鱼体长分布已由原来1963年的多峰态曲线变为1983年的双峰态,到2001年变为明显的单峰态分布曲线,如图1。根据Goedien[15]体长年龄关系经验,这种变化表明,目前小黄鱼的低龄化和小型化相当突出,体长组成及年龄结构趋于简单,资源结构相当脆弱。

3.2 个体生长速度加快

与1983年和1963年相比,2001年东海区小黄鱼的生物学特征和内禀生长动力发生了明显的变化。首先,生长参数 k 和 t_0 逐渐增大,k 值、t_0 值分别由1963年的0.24、-0.59龄,逐步增大至1983年和2001年的0.44、-0.33龄和0.55和-0.27龄。其次,拐点年龄逐渐变小,1963年、1983年和2001年小黄鱼的体重生长拐点年龄分别为3.80龄、1.95龄和1.67龄。这些研究结果表明,近年来小黄鱼的种群结构趋于低龄化,生活史的性成熟前生长速度加快。造成这一生长差异的主要原因,正如彼得逊指出的那样[12]:"鱼类资源对捕捞有很大的适应性。如果捕捞强度不大,资源就稠密,鱼体的生长就受到抑制;如果捕捞强度较大,资源就会变稀,个体生长就会加快。"表明这种变化与捕捞强度的日益增大、小黄鱼早期的食物竞争减弱相关,是生物的某种程度自身调节与适应属性。

3.3 个体性成熟提早

东海小黄鱼的产卵期为2月下旬到5月初,盛期在4月[16]。目前产卵季节性成熟的小黄鱼几乎为当龄鱼,占98.8%,而在1963年,当龄小黄鱼仅占0.1%,4龄鱼以上占65.10%[1]。本研究结果表明,1963年性成熟度在Ⅲ期以上的个体平均体长为246.2 mm,1983年为173.6 mm,2001年为123.4 mm,其性成熟年龄提早,个体不断小型化。此外,与1983年相比,1997—2000年[2]和2001年体长-体重关系中指数 b 值有所增大。根据Ricker[11]的研究结果,这种变化是小黄鱼的营养条件改变或本身小龄化所致,也是小黄鱼对资源结构性衰退的生物学适应性反应。可见,目前小黄鱼产卵亲体已小型化和低龄化,性成熟提早趋势加重。

3.4 种群处于生长型捕捞过度

由于小黄鱼为底层鱼类,根据早期水产资源学家的研究,其资源数量属于相对稳定型,补充量和亲鱼量间存在密切依赖关系[12]。因此,理论上如果大量捕捞其补充量,势必影响其亲鱼量。但是,根据本研究对东海区小黄鱼种群的年龄结构、性腺成熟状况、死亡率及残存率的分析表明,目前小黄鱼延续种群的亲鱼量往往由低龄或当龄鱼构成,性成熟提早现象较为突出,小黄鱼种群的年渔获量处于历史最高水平[4],而渔获物主要为补充群体构成。理论分析与渔业现实显示,现有的小黄鱼资源处于"生长型捕捞过度的危险状况"。如不尽快降低捕捞强度,东海区小黄鱼的种群结构将无从得以好转,小黄鱼渔业也将难以持续。

致谢:本文承蒙郑元甲研究员审阅以及参与东海区渔业资源监测的所有同事协助完成海上调查、生物学测定、数据收集、录入等工作,在此一并致谢。

参考文献:

[1] 赵传絪, 陈永法, 洪港船, 等. 东海区渔业资源调查和区划[M]. 上海: 华东师范大学出版社, 1990.

[2] 郑元甲, 陈雪忠, 程家骅, 等. 东海大陆架生物资源与环境[M]. 上海: 科技出版社, 2003.

[3] 金显仕. 黄海小黄鱼生态和种群动态的研究[J]. 中国水产科学, 1996, 3(1):32-46.

[4] 林龙山．东海区小黄鱼现存资源量分析[J]．海洋渔业，2003，26(1):10－15.

[5] 林龙山，凌建忠，程家骅，等．小黄鱼资源状况及合理利用意见[J]．海洋渔业，2000，22(3)：120－123.

[6] 山田梅芳，田川勝，岸田周三．东シナ海 黄海 のさかな[M]．長崎：日本紙工印刷，1986，2－491.

[7] 时村宗春．東シナ海 黄海における底魚類の資源評估手法の現状と問題点[M]．西日本底魚部会報，1994,(22):41－52.

[8] 程家骅，刘子藩，林龙山，等．东海区伏季休渔渔业生态效果的分析研究[J]．中国水产科学，1999，6(4):81－85.

[9] Gulland J A, Holt S J. Estimation of growth parameters for data at unequal time intervals[J]. J. Cons. Int. Explor. Mer. 1959, 25(1): 47－49.

[10] 詹秉义．渔业资源评估[M]．北京:中国农业出版社，1993.

[11] Ricker W E. Computation and interpretation of biological statistics of fish population[M]. Bull. Fish. Res. Board Can., 1975, 19: 1－382.

[12] 费鸿年，张诗全．水产资源学[M]．北京：中国科学技术出版社，1990.

[13] 水柏年．小黄鱼个体生殖力及其变化的研究[J]．浙江海洋学院学报(自然科学版)，2000，19(1):58－69.

[14] 任一平，高天翔，刘群，等．黄海南部小黄鱼渔获群体结构与繁殖特征的初步研究[J]．海洋湖沼通报，2001,(1):41－46.

[15] Geoden G B. A monograph of the coral trout, *Plectropomns leopardus*[J]. Res. Bull. Fish. Serv. Queeusl., 1978, (1): 42.

[16] 赵传絪，张仁斋．中国近海鱼卵与仔鱼[M]．上海：上海科技出版社，1985.

Analysis of population biology of small yellow croaker (*Larimichthys polyactis*) in the East China Sea region

Lin Longshan[1,2], Cheng Jiahua[1,3], Ren Yiping[3], Ling Jianzhong[1]

(1 *Key and Open Laboratory of Marine and Estuarine Fisheries, Ministry of Agriculture; East China Sea Fisheries Institute, Chinese Academy of Fishery Sciences, Shanghai* 200090, *China*; 2 *Shanghai Fisheries University, Shanghai* 200090, *China*; 3 *Ocean University of China, Qingdao* 266003, *China*)

Abstract: Small yellow croaker is the warm – temperate and economic fish of bottom layer, distributed in the Bohai Sea, the Yellow Sea and the East China Sea. It is the mainly catching target of fishery in China. Since the 1950's, the resource amount and fishery yield of small yellow croaker changed greatly. Its fishery resources have experienced four phases such as prosperity, stabilization, decline and restoration. After the 1990's, because the measures of forbidden fishing zone, forbidden fishing period and summer close season were brought into effect, in the East China Sea the spawning ground and recruitment of small yellow croaker received effective maintenance, and the output obviously went up later on, achieving the historical supreme record of the output of small yellow croaker in the East China Sea region in 2000, which was 15.95×10^4 t, and the output was 12.50×10^4 t in 2001, which is relatively high – level to be in history. In fact, the increase of small yellow croaker's output was not due to the ultimate mending but the commanding fishing intensity. Negatively, the increasing output made the miniaturization and early – maturation more distinct. The catches mainly consisted of young fish and the population structure was low – aged. So in this research, some important population biological parameters of species dynamics such as the composing of the body length and weightiness, age structure, growth and death, remaining ratio and gonad maturing were compared and analyzed according to time sequence in order to master the changing rule of small yellow croaker and to provide theoretic guidance for reasonable use and scientific management.

According to the data obtained from the fishery resources monitoring in the East China Sea in 1963, 1983 and 2001. The results of analysis indicated that the resource of small yellow croaker in the East China Sea was in a poor state. Miniaturization of population structure and trend of low age were quite distinct; the average body length reduced from 224.23 mm of 1963 and 152.31 mm of 1983 to 120.97 mm of 2001; the average age reduced from 5.66 and 1.99 in 1963 and 1983 to 0.923 in 2001; the growth rate increased and growth parameter rose to 0.55 in 2001 from 0.44 in 1983 and 0.24 in 1963; the inflexion age became small, which reduced from 3.80 years of 1963 and 1.95 years of 1983 to 1.67 years of 2001; at the same time the maturation advanced. On the other hand, the total mortality rate increased to 0.520 of 2001 from 0.334 of 1983 and 0.151 of 1963; the survival rate decreased from 0.849 of 1963

and 0. 666 of 1983 to 0. 480 of 2001. Although the output of the small yellow croaker showed a sign of recruit, the object utilized was mainly focused on the recruitment population one – year old and the over – fishing was sharpening.
Key words: East China Sea Region, Small yellow croaker, Population biology

长江口近海小黄鱼食性及营养级①

林龙山

（中国水产科学研究院 东海水产研究所，上海 200090）

摘要： 根据2003年3—12月东海区渔业资源监测调查的渔获样品，对小黄鱼胃含物进行分析。结果表明：小黄鱼食物组成以甲壳类为主（*IRI* = 8 583.10），重量所占比例为43.37%，尾数所占比例为79.66%，出现率为69.77%，其次为鱼类（*IRI* = 1 554.87），重量所占比例为55.26%，尾数所占比例为13.91%，出现率为22.48%；优势种类为糠虾、磷虾、七星底灯鱼、脊腹褐虾和鹰爪虾等。摄食强度存在季节变化，空胃率春季最高，达78.50%，其余依次为冬季（58.70%）、秋季（42.50%）和夏季（33.33%）。食物组成也存在季节变化，根据出现率，各个季节均主要摄食甲壳类；根据重量百分比，春季以甲壳类为主食，其余季节均以鱼类为主食。根据小黄鱼摄食饵料的类群组成变化，长江口近海小黄鱼的营养级为2.72级，属于第三营养级中的低级肉食性动物。

关键词： 小黄鱼，食性，营养级，长江口

小黄鱼（*Larimichthys polyactis*）属暖温性底层鱼类。分布于我国的渤海、黄海和东海[1]。在我国的海洋渔业中占有重要的位置。关于小黄鱼食性的研究，国内已有较多报道[2-9]，研究表明小黄鱼属广食性鱼类，摄食方式是吞食兼滤食，主要摄食甲壳类和鱼类。但是，经历几十年时间，东海区特别是长江口近海的海洋环境及渔业资源结构发生了明显变化，大型鱼类不断减少并小型化，小型鱼类数量急剧增长[1,10-11]，在此环境下，小黄鱼的摄食习性如何不得而知。因此，本文根据2003年3—12月东海区渔业资源监测调查的渔获样品，对长江口近海小黄鱼的胃含物进行了分析，以期了解目前小黄鱼的摄食习性，为今后研究小黄鱼生物学动态及东海区食物网现状等提供参考。

1 材料和方法

1.1 材料

本文所用材料取自2003年3—12月东海区渔业资源监测调查底拖网渔获物，取样时间分别为春季（3—5月）、夏季（7月）、秋季（10—11月）和冬季（12月）；取样海域范围为30°00′—32°00′N，122°30′—124°30′E（图1）。共采集94尾小黄鱼的胃含物，其肛长范围为99～188 mm，体长组分布如图2。

1.2 方法

胃含物样品用10%甲醛溶液固定，摄食强度根据海洋调查规范[12]，分为5级：0级—

① 原文刊载于“海洋渔业，2007，29（1）：44－48”。

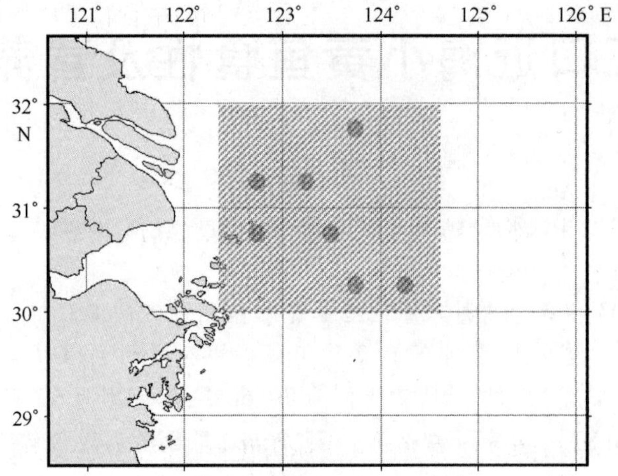

图 1　采样地点示意图

Fig. 1　Location of sampling site

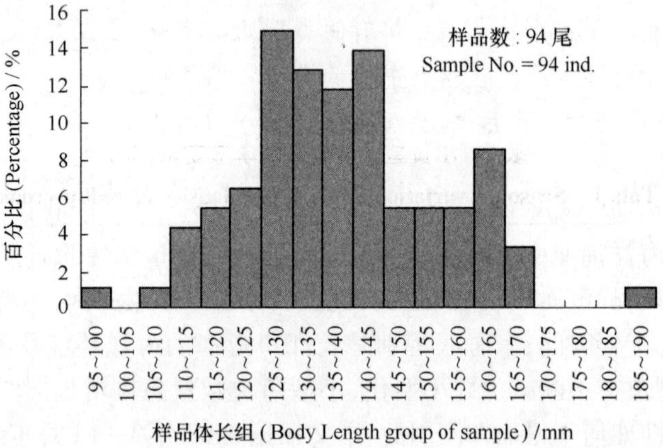

图 2　分析胃含物的小黄鱼体长分布

Fig. 2　Body length frequency distribution of sample of redlip croaker

空胃；1 级—胃内有少量食物，其体积不超过胃腔的 1/2；2 级—胃内食物较多，其体积超过胃腔的 1/2；3 级—胃内充满食物，但胃臂不膨胀；4 级—胃内充满食物，胃臂膨胀变薄。

胃含物分析在实验室进行，分析胃含物时先吸水，使之保持一定的湿度，然后用电子秤（精度 0.001 g）称重，对于个体较大且消化程度较低的胃含物通过形态进行鉴别，消化较为充分的胃含物则通过如耳石、鳞片、眼珠等一些比较难消化的器官进行分析鉴定，并尽可能定到种；对于个体较小的胃含物则利用显微镜（>40 X）进行观察，数量太大时利用计数器计数。

各食物成分的出现率（F）、尾数所占百分比（N）、重量所占百分比（W）和空胃率采用以下公式计算[13]：

出现率（%）=（该食物成分出现次数/各食物成分出现总次数）×100

$$尾数所占比例(\%) = (该食物成分的尾数/食物团中食物组成的总尾数) \times 100$$

$$重量所占比例(\%) = (该食物成分的更正重量/食物团的更正重量) \times 100$$

$$空胃率 = 空胃数/总胃数 \times 100$$

各食物成分的重要性用相对重要性指标 *IRI* 来衡量[14]：

$$IRI = (N + W) F \times 10^4$$

营养级按文献[15-16]的方法计算，即小黄鱼营养级 = 1 + ∑(某种饵料生物类群的营养级大小 × 该饵料类群的出现率)。

2 结果

2.1 摄食强度

本研究期间，小黄鱼的摄食等级以 0 级所占比例最高，为 69.58%，其余依次为 1 级，占 17.48%，2 级占 6.80%；3 级占 4.37%，4 级所占比例最低，仅占 1.78%。

表 1 为小黄鱼在各个季节摄食强度所占比例的分布情况，从表 1 中可以看出，小黄鱼的摄食强度存在季节变化，春季小黄鱼空胃所占比例最高，达 78.50%，其次为 1 级，占 12.15%；夏季空胃所占比例为 33.33%，其次为 1 级和 2 级，所占比例均为 22.22%；秋季空胃和 1 级所占比例分别为 42.50% 和 37.50%；冬季空胃所占比例为 58.70%，1 级占 23.91%。

表 1 小黄鱼摄食等级的季节变化(%)

Tab. 1 Seasonal variation in feeding intensity of redlip croaker

摄食等级(Feeding intensity)	春季(Spring)	夏季(Summer)	秋季(Autumn)	冬季(Winter)
0	78.50	33.33	42.50	58.70
1	12.15	22.22	37.50	23.91
2	4.67	22.22	12.50	8.70
3	3.74	16.67	5.00	4.35
4	0.93	5.56	2.50	4.35

2.2 食物组成

胃含物分析结果表明，小黄鱼主要摄食甲壳类、鱼类、毛颚类和头足类等(表 2)，能够鉴定到种的饵料种类数共有 18 种，其中鱼类 9 种，甲壳类 8 种，头足类 1 种。

依据相对重要性指标(*IRI*)来看，甲壳类为最重要的饵料类群(*IRI* = 8 583.10)，其中以糠虾类(*IRI* = 1 787.69)、虾类(*IRI* = 446.15)和磷虾类(*IRI* = 409.62)为优势种类，在已鉴定出的种类中以长额刺糠虾(*Acanthomysis hwanhaiensis*)、中华假磷虾(*Pseudeuphausia sinica*)、脊腹褐虾(*Crangon affinis*)、鹰爪虾(*Trachypenaeus curvirostris*)和口虾姑(*Oratosquilla oratoria*)为主要饵料种类；鱼类为第二重要饵料类群(*IRI* = 1 554.87)，主要种类有七星底灯鱼(*Benthosema pterotum*)、六丝钝尾虾虎鱼(*Amblychaeturichthys hexanema*)、蓝圆鲹(*Decapterus maruaelsi*)、细条天竺鲷(*Apogon lineatus*)、发光鲷(*Acropoma japonicum*)和

矛尾虾虎鱼(*Chaeturichthys stigmatias*),其余鱼种的 *IRI* 均小于 1;毛颚类、头足类和鱼卵等为次要饵料类群。

表 2 长江口近海小黄鱼各食物成分组成

Tab. 2 The diet compositions of redlip croaker of Changjiang esturary

胃含物(Stomach contents)	重量所占比例/%(Weight percentage)	尾数所占比例/%(Numerical percentage)	出现率/%(Percentage frequency of occurrence)	*IRI*
鱼类 Fishes	55. 26	13. 91	22. 48	1 554. 87
七星底灯鱼 *Benthosema pterotum*	24. 87	11. 72	11. 63	425. 47
蓝圆鲹 *Decapterus maruaelsi*	21. 71	0. 23	0. 78	17. 01
细条天竺鲷 *Apogon lineatus*	2. 46	0. 11	0. 78	1. 99
带鱼 *Trichiurus japonicus*	1. 80	0. 34	1. 55	3. 33
矛尾虾虎鱼 *Chaeturichthys stigmatias*	1. 23	0. 11	0. 78	1. 04
六丝钝尾虾虎鱼 *Amblychaeturichthys hexanema*	1. 21	0. 69	2. 33	4. 43
发光鲷 *Acropoma japonicum*	0. 94	0. 23	1. 55	1. 82
麦氏犀鳕 *Bregmaceros macclellandi*	0. 45	0. 11	0. 78	0. 44
龙头鱼 *Harpadon nehereus*	0. 15	0. 11	0. 78	0. 20
未辨认出的鱼类 Other fishes	0. 45	0. 23	1. 55	1. 05
甲壳类 Crustaceans	43. 37	79. 66	69. 77	8 583. 10
糠虾类 Mysidacea	22. 58	36. 55	30. 23	1 787. 69
长额刺糠虾 *Acanthomysis hwanhaiensis*	5. 26	15. 75	3. 10	65. 13
未辨认出的糠虾类 other mysidacea	17. 32	20. 80	27. 13	1 034. 43
磷虾类 Euphausiacea	6. 37	24. 71	13. 18	409. 62
中华假磷虾 *Pseudeuphausia sinica*	2. 13	3. 79	4. 65	27. 56
未辨认出的磷虾 Other euphausiacea	4. 24	20. 92	8. 53	214. 52
口足类 Stomalopoda	2. 80	6. 90	1. 55	15. 03
口虾蛄 *Oratosquilla oratoria*	2. 80	6. 90	1. 55	15. 03
虾类 Decapoda	10. 97	10. 34	20. 93	446. 15
脊腹褐虾 *Crangon affinis*	3. 40	0. 80	5. 43	22. 83
鹰爪虾 *Trachypenaeus curvirostris*	2. 52	1. 49	4. 65	18. 66
水母虾 *Latreutes mucronatus*	0. 47	0. 23	0. 78	0. 54
葛氏长臂虾 *Palaemon gravieri*	0. 38	0. 34	0. 78	0. 57
细螯虾 *Leptochela gracilis*	0. 14	0. 11	0. 78	0. 20
未辨认出的虾类 Other crustaceans	4. 06	7. 36	8. 53	97. 32
端足类 Amphipoda	0. 65	1. 03	3. 10	5. 22

续表

胃含物(Stomach contents)	重量所占比例/%(Weight percentage)	尾数所占比例/%(Numerical percentage)	出现率/%(Percentage frequency of occurrence)	*IRI*
涟虫类 Cumacea	0.00	0.11	0.78	0.09
头足类 Cephalopods	1.06	0.23	1.55	2.01
多钩钩腕乌贼 *Abralia multihamata*	0.94	0.11	0.78	0.82
耳乌贼科 *Sepiolidae* sp.	0.13	0.11	0.78	0.19
毛颚类 Sagittoidea	0.06	1.95	3.88	7.81
鱼卵 Fish eggs	0.25	4.25	2.33	10.47

小黄鱼终年摄食,各季节食物组成存在差异(表3),根据出现频率,各季节均主要摄食甲壳类,其所占比例均超过50%,主要以糠虾类和磷虾类为优势种,其次为鱼类。根据重量百分比,春季主要摄食甲壳类,其他季节均主要摄食鱼类,其中,夏季和秋季鱼类饵料类群的重量所占比例均超过70%;在秋季和冬季未发现有头足类饵料。

表3 小黄鱼主要饵料类群重量百分比(*W*)和出现频率(*F*)的季节变化

Tab. 3 Seasonal variation in the percentage weight(*W*) and percentage frequency of occurrence(*F*) for major prey groups to the diets of redlip croaker

饵料类群(Prey group)	春季(Spring)		夏季(Summer)		秋季(Autumn)		冬季(Winner)	
	W	*F*	*W*	*F*	*W*	*F*	*W*	*F*
甲壳类(Crustacea)	79.48	74.24	11.14	50.00	29.60	56.25	64.22	78.26
鱼类(Fish)	16.42	13.64	88.36	25.00	70.39	40.63	35.78	21.74
头足类(Cephalopoda)	3.10	1.52	0.48	12.50	–	–	–	–
其他(Others)*	1.00	10.61	0.01	12.50	0.01	3.13	–	–

注:*"其他"当中包括毛颚类和鱼卵,"–"未发现该类群饵料。

Note: * Others includes sagitta and fish eggs, "–" No found in this seasons.

2.3 营养级

根据表2小黄鱼摄食的饵料类群组成变化,小黄鱼摄食鱼类的出现频率占22.48%(营养级为3.0),糠虾类占30.23%(营养级为1.1),磷虾类占13.18%(营养级为1.1),口足类占1.55%(营养级为1.6),虾类占20.93%(营养级为1.8),端足类占3.1%(营养级为1.3),涟虫类占0.78%(营养级为1.1),头足类占1.55%(营养级为2.5),毛颚类占3.88%(参照多毛类的营养级大小,营养级定为1.4),鱼卵占2.33%(营养级定为1.1),以此计算长江口近海小黄鱼营养级大小为2.72级。

3 结论与讨论

本文利用相对重要性指标分析小黄鱼摄食,既考虑到饵料生物的重量,又顾及到饵料生物的数量和出现频率,较为客观地反映了近年长江口近海小黄鱼摄食特征[17]。根据全年分析结果,小黄鱼以甲壳类和鱼类为主要食物,优势种类有糠虾、磷虾、七星底灯鱼、脊腹褐虾和鹰爪虾等。从饵料类群的组成来看,与以往多数研究结果相似,但种类发生了较大变化,过去甲壳类的种类数比现在种类多;出现的饵料鱼种与过去也发生了较大变化,七星底灯鱼从原来没有的饵料种类变为目前最主要的鱼类饵料种类。由此表明,鱼类摄食习性随着海域生态环境和生态系统的变化已经发生较大变化。

鱼类食性包括摄食强度和食物组成的季节变化,这些变化除了与鱼类本身行为相关外,与周围环境的水温变化和海区中饵料生物分布的季节变化也有着密切的联系[18]。春季是东海小黄鱼产卵季节,特别是4月末5月初为产卵盛期[1],为降低消耗身体能量,其摄食欲较弱,接近生殖期时通常减少或停止摄食,因此春季的空胃率为全年最高(表1);夏季小黄鱼处于产卵后初期,通常鱼类在该期间的摄食欲最强,需要大量摄食以弥补因产卵而消耗的能量,表现在摄食强度上为空胃率全年最低,而摄食强度3级以上的比例为全年最高,且饵料中营养级较高的种类(鱼类)也明显增多(表3);秋季小黄鱼大多属于当年生未成熟鱼(就近年的渔获组成来看),生长发育相对比较旺盛,摄食欲较强,摄食量较大,因此其摄食等级也较高,仅次于夏季,摄食鱼类的频率也为全年最高(表3);冬季小黄鱼随着海水温度的下降,其新陈代谢的速率减小[19],摄食欲逐渐降低,并开始进行越冬洄游,此时消耗能量主要为越冬前所积蓄的营养,因此,其摄食等级中空胃率仅次于春季,摄食种类也较为简单(表3)。

参照 Odum(1975)[5]对食物网中各营养级相对量度的划分,第一营养级为自养级(0级),第二至第四级为异养级(1.0~4.0),其中第三营养级包括低级肉食性动物(2.0~2.8)和中级肉食性动物(2.9~3.4),第四营养级为高级肉食性动物(3.5~4.0)。本研究根据小黄鱼摄食的饵料类群组成变化,计算长江口近海小黄鱼的营养级为2.72级,属于第三营养级中的低级肉食性动物。该结果与韦晟[7]对黄海小黄鱼营养级大小(2.7)的研究结果基本一致,因此,可以认为东黄海小黄鱼的营养级均属于低级肉食性动物。

致谢: 胃含物分析得到了邓思明研究员和戴国梁副研究员的指导,东海区渔业资源监测站的所有同事协助完成样品收集、数据录入等工作,在此一并谢忱。

参考文献:

[1] 郑元甲, 陈雪忠, 程家骅, 等. 东海大陆架生物资源与环境[M]. 上海: 上海科技出版社, 2003. 286-635.

[2] 洪惠馨. 洪惠馨文集[M]. 北京: 中国农业出版社. 1993. 153-174.

[3] 林景祺. 小黄鱼幼鱼和成鱼的摄食习性及其摄食条件的研究[C]//海洋渔业资源论文选集. 北京: 农业出版社, 1962, 34-43.

[4] 白雪娥. 渤海小黄鱼 *Pseudosciaena polyactis* 仔幼鱼的摄食习性[C]//太平洋西部渔业研究委员会第八次会议论文辑. 北京: 科学出版社, 1966.

[5] 邓景耀, 孟田湘, 任胜民. 渤海鱼类食物关系的初步研究[J]. 生态学报, 1986, 6(4): 356-363.

[6] 孟田湘. 渤海重要底层鱼类食物重叠系数与鱼类增殖[J]. 海洋水产研究, 1989, 10:1-7.

[7] 韦晟，姜卫民．黄海鱼类食物网的研究[J]．海洋与湖沼，1992，23(2)：182－192.
[8] 邓景耀，姜卫民，杨纪明，等．渤海主要生物种间关系及食物网的研究[J]．中国水产科学，1997，4(4)：1－7.
[9] 唐启升，叶懋中．山东近海渔业资源开发与保护[M]．北京：农业出版社，1990.
[10] 林龙山．东海区小黄鱼现存资源量分析[J]．海洋渔业，2004，26(1)：10－15.
[11] 李建生，程家骅．长江口渔场渔业生物资源动态分析[J]．海洋渔业，2005，27(1)：33－37.
[12] 国家技术监督局．海洋调查规范－海洋生物调查[M]．北京：中国标准出版社，1991.
[13] 窦硕增，杨纪明．渤海南部半滑舌鳎的食性及摄食的季节性变化[J]．生态学报，1992，12(4)：368－376.
[14] Pinkas L, Oliphant M S, Iverson I L K. Food habits of albacore, bluefin tuna, and bonito in California waters[J]. Calif Dep Fish Game Fish Bull, 1971, 152: 1－105.
[15] 邓景耀，赵传絪．海洋渔业生物学[M]．北京：农业出版社，1989. 60.
[16] 张其永，林秋眠，林尤通，等．闽南－台湾浅滩渔场鱼类食物网研究[J]．海洋学报，1981，3(2)：275－290.
[17] 林龙山，严利平，凌建忠，等．东海带鱼摄食习性的研究[J]．海洋渔业，2005，27(3)：187－192.
[18] Schafer L N, Platell M E, Valesinni F J, *et al.* Comparisons between the influence of habits type, season and body size on the dietary compositions of fish species in nearshore marine waters[J]. J Exp Mar Biol Ecol, 2002, 278: 67－92.
[19] MacPherson E, Duarte C M. Bathymetric trends in demersal fish size: is there a general relationship[J]. Mar Eco Pro Ser, 1991, 71: 103－112.

Study on feeding habit and trophic level of redlip croaker in Changjiang estuary

Lin Longshan

(*East China Sea Fisheries Research Institute*, *Chinese Academy of Fishery Sciences*, *Shanghai* 200090, *China*)

Abstract: Stomach contents of redlip croaker (*Larimichthys polyactis*) were collected in Changjiang estuary from Mar. to Dec. in 2003. The diet composition of redlip croaker were analysed. The result showed that crustaceans was the dominant in the whole composition, with *IRI* 8583.10, component weight in 43.37% of the studied redlip croakers, accounts for 79.66% of component individuals and 69.77% for frequency of occurrence. Secondly, fish component weight in 55.26% of the studied redlip croakers, accounts for 13.91% of component individuals and 22.48% of occurring with *IRI* 1554.87. The dominant species were *Mysidacea* sp., *Euphausia* sp., *Benthosema pterotum*, *Crangon affinis* and *Trachypenaeus curvirostris*. The feeding intensity was showed difference among seasons, the highest percentage of empty stomach was in spring (78.50%), and others successively were in winter (58.70%), autumn (42.50%) and summer (33.33%). The major diet composition was also showed difference among seasons, the main food item was crustaceans with the highest occurring of the total food in all seasons, but with the highest weight percentage of the total food only in spring, fish was the highest weight percentage in others seasons. The average trophic level of redlip croaker was 2.72, which is in the third nutrition layer (lower carnivores).

Key words: Redlip croaker, Feeding habit, Trophic level, Changjiang estuary

黄海南部和东海小黄鱼产卵亲体分布特征与繁殖力的研究①

林龙山[1]，姜亚洲[1]，严利平[1]，高天翔[2]，王金辉[3]

（1. 中国水产科学研究院 东海水产研究所，上海 200090；2. 中国海洋大学，青岛 266003；3. 国家海洋局东海环境监测中心，上海）

摘要：根据2007年4月在黄海南部和东海进行的底拖网调查资料，分析了小黄鱼产卵亲体空间分布和分布海域的环境特征，以及小黄鱼个体繁殖力及其与体长、体重的关系等。结果表明，目前在近海海域和外海海域均有小黄鱼产卵亲体分布；产卵亲体分布海域的水温分布范围为9.77～18.85℃，平均13.46℃；盐度分布范围为31.59～34.65，平均33.46；分布水深范围为13.21～104.67 m，平均57.56 m；小黄鱼绝对繁殖力范围为2 753～46 657粒/尾，平均为15 676粒/尾，体长相对繁殖力（F_L）范围为21～323粒/mm，平均为113粒/mm，体重相对繁殖力（F_W）范围为85～1 307粒/g，平均为360粒/g；卵径大小范围为0.48～1.15 mm，平均0.809 mm。与历史资料相比较，小黄鱼产卵亲体分布范围已经扩大，产卵亲体分布海域的环境特征已经改变，相对繁殖力也显著提高，卵径变小。这些变化是小黄鱼本身对环境压力产生的一种适应性反映，也是小黄鱼为延续种群所采取的一种生存策略。

关键词：小黄鱼，产卵亲体，繁殖力，黄海南部，东海

小黄鱼（*Larimichthys polyactis*）属于近底层鱼类，主要分布在渤海、黄海和东海海域，在中日韩三国的渔业中占有重要地位[1-3]。近几十年来，由于海域过度捕捞问题愈发严重，近岸生态环境所受污染程度不断加剧，各海洋生物种群所面临的生存压力日益增加，渔业生物学特征已发生较大变化。有研究表明，近几十年来小黄鱼的生物学特征发生了明显变化，渔获物个体小型化、低龄化和性成熟提早等现象已十分突出[4-6]。由此也引起了小黄鱼生物学特征的诸多变化，包括摄食习性、繁殖习性和繁殖力等方面的变化，而研究在强大的外界干扰压力下小黄鱼群体的繁殖习性和繁殖力的变化趋势，是制定合理渔业管理政策的必要理论基础，鉴于目前此类研究相对缺失，本文利用近期调查资料，对黄海南部和东海小黄鱼产卵亲体空间分布及其环境特征和个体繁殖力状况进行分析，以期全面认识小黄鱼繁殖习性的变化趋势及探讨其变化原因，对今后小黄鱼渔业生物学研究和渔业管理提供参考。

---

① 原文刊载于“上海海洋大学学报，2009，18（4）：453－459”。

1 材料与方法

1.1 调查取样

本文数据取自 2007 年春季黄海南部和东海底拖网调查，调查站位如图 1。用以繁殖力分析的小黄鱼产卵亲体取样站位如图 2，获取小黄鱼产卵亲体样品数量为 121 个，其体长范围为 110 ~ 172 mm，纯体重范围为 23 ~ 88 g。

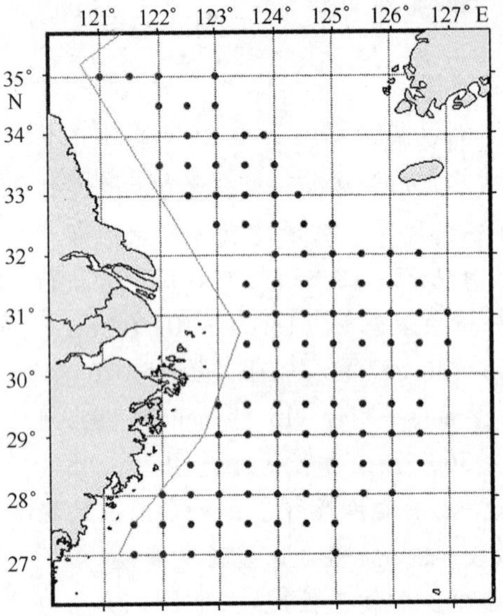

图 1　调查站位

Fig. 1　Sampling stations

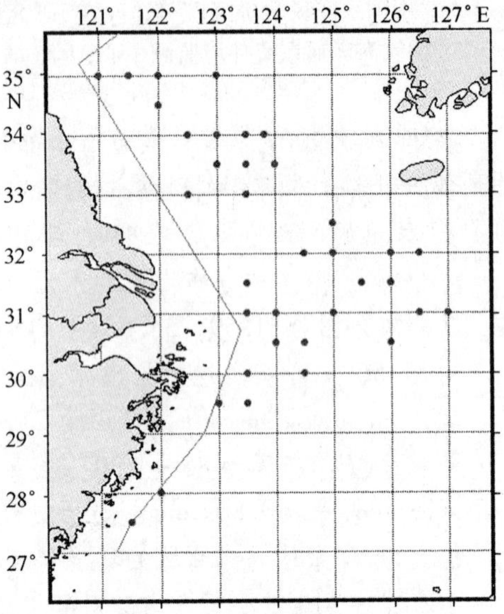

图 2　产卵亲体的取样站点

Fig. 2　Location of sampling site of the spawning stock

调查船功率为 205.07 kW，网具规格为（96 × 4）m 的底拖网，为及时掌握小黄鱼产卵亲体分布的生态环境特征，调查方式采用 6 对底拖网船同步进行，调查日期为 2007 年 4 月 17 日—4 月 23 日，拖网时间均为 1 h，资源密度指数以单位时间渔获尾数（ind./h）来表示。

1.2 调查和分析方法

海上调查以及生物学测定根据海洋调查规范（GB/T 12763.2 1991）操作[7]，小黄鱼性腺成熟度划分采用目测等级法分为 6 级，以Ⅳ期、Ⅴ期和Ⅵ期作为小黄鱼产卵亲体，产卵亲体分布的环境特征包括水温、盐度和水深，调查中采用 Seabird - 37 型 CTD 获取这些数据。

绝对繁殖力和相对繁殖力计算：选取小黄鱼性腺成熟度达到 V_A 期的性腺样品用于繁殖力的研究。用无水乙醇溶液固定保存性腺，用质量比例法随机从各性腺左、右卵巢的前、中、后部分取样，记录有卵黄沉积的卵子数，即小黄鱼的个体绝对繁殖力，用 F 表示，分别以 F_L 和 F_W 表示单位体长和单位纯体重的相对繁殖力，对于每个性腺样品，随机取样 100 个左右的卵子，用目微尺测量其卵径。

小黄鱼繁殖力与体长和纯体重相关分析等数据处理过程均采用 Statistica 统计软件进行。小黄鱼产卵亲体空间分布图采用 Arcview 软件进行绘制。

2 结果与分析

2.1 小黄鱼产卵亲体空间分布

过去国内学者研究认为，黄海南部小黄鱼产卵场主要位于吕四沿岸一带，东海产卵场主要位于嵊泗与台州列岛一带和长江口海域，部分到达福建三都澳沿岸一带[1,8]。本研究利用于2007年小黄鱼主要产卵期（4月17日—4月23日）在东海区实施的大面定点调查数据，分析得出小黄鱼产卵群体的资源分布状况（图3）。小黄鱼的产卵群体主要分布在三个海域，分别为30°00′—31°00′N，124°30′—125°30′E海域、30°30′—31°30′N以西的长江口海域和32°30′—34°00′N，124°30′—125°30′E靠近韩国专属经济区的海域。调查发现，在近海和外海海域均有性腺成熟度达到Ⅳ期、Ⅴ期和Ⅵ期的小黄鱼个体，若把性腺成熟个体分布海域作为产卵场分布区域，则调查结果表明目前小黄鱼产卵场不仅分布在过去认为的沿岸海域，外海海域也有其产卵场存在。

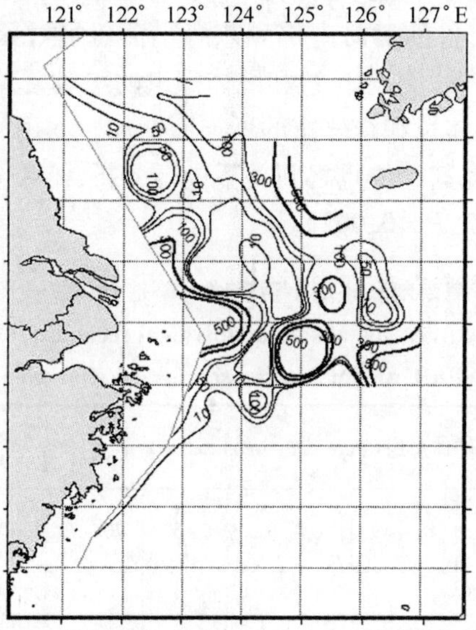

图3 2007年4月黄海南部和东海小黄鱼资源密度分布

Fig. 3 Stock density distribution of *Larimichthys polyactis* in the southern Yellow Sea and the East China Sea in April 2007

2.2 产卵亲体分布海域的环境因子特征

调查期间，调查海域底层水温分布范围为9.77～21.27℃，平均为15.33℃，底层盐度分布范围为31.12～35.14，平均为33.83。其中，有小黄鱼产卵亲体分布海域底层水温分布范围为9.77～18.85℃，平均为13.46℃，盐度分布范围为31.59～34.63，平均为33.46，水深分布范围为13.21～104.67，平均为57.56，从变异系数大小来看，小黄鱼产卵亲体水深分布的离散程度较高，盐度分布的离散程度最低（表1）。与过去研究认为的小黄鱼产卵场环境特征为底层水温分布范围为11～15℃，盐度分布范围为24～33，水深分布为50 m以浅海域相比，目前，小黄鱼产卵亲体的水温分布范围和水深分布范围已经大大扩大，其中，水温分布范围的下限降低了1.23℃，上限增加了3.85℃，最大水深分布范围甚至达到了100 m以上。

表1 黄海南部和东海小黄鱼产卵亲体分布的底层水温、盐度及水深

Tab. 1 Bottom temperature, salinity and depth in spawning ground of *Larimichthys polyactis* located in the southern Yellow Sea and the East China Sea

项目(Item)	水温(Temperature)/℃	盐度(Salimity)	水深(Water depth)/m
分布范围(Range)	9.77~18.85	31.59~34.63	13.21~104.67
平均和标准差(Mean & S. D.)	13.46±2.27	33.46±0.73	57.56±17.28
变异系数(C. V.)	0.17	0.02	0.30

2.3 繁殖力和卵径大小

2.3.1 绝对繁殖力

绝对繁殖力一般是反映生物个体繁衍下一代的能力,是指在一个生殖季节中可能排出卵子的绝对数量,但并不能代表物种的发生量,小黄鱼产卵量约为怀卵量的90%[9-10]。本研究表明,目前黄海南部和东海小黄鱼绝对繁殖力范围为2 753~46 657粒/尾,平均为15 676粒/尾,各体长组和纯体重组的绝对繁殖力变化如表2所示,可以看出,小黄鱼绝对繁殖力随体长和纯体重的增加而增加。利用spearman等级相关分析对小黄鱼的个体绝对繁殖力与其纯体重之间关系进行分析,结果表明其间存在显著的正相关关系(相关系数 $R=0.272$, $P=0.002$)。

表2 黄海南部和东海小黄鱼绝对繁殖力和体长及纯体重关系

Tab. 2 The relationship between the absolute individual fecundity of *Larimichthys polyactis* and the body size (length and net weight) in the southern Yellow Sea and the East China Sea

体长组(Body legth class)/mm	纯体重组(Pure body weight class)/g							平均绝对繁殖力(Mean of absolute-individual-fecundity)/(粒·尾$^{-1}$)	样本数量(Sample)
	20~30	30~39	40~49	50~59	60~69	70~79	80~89		
110~119	12 249.86	25 438.29						13 898.41	8
120~129	12 487.27	17 980.25	8 365.69					15 302.33	20
130~139		11 854.16	16 119.07					14 105.09	36
140~149		8 181.53	15 280.97	17 747.04	14 582.86			16 214.10	36
150~159			24 526.65	15 524.23	15 407.43	17 155.61		15 972.01	14
160~169					9 605.11	27 172.61		22 780.73	4
170~179						17 649.43	29 026.25	25 233.98	3
平均绝对繁殖力(Mean of absolute-individual-fecundity)/(粒·尾$^{-1}$)	12 368.57	15 863.56	16 073.10	16 635.63	13 198.47	20 659.22	29 026.25		
样本数量(Sample)	15	30	32	21	15	6	2		

2.3.2　相对繁殖力

相对繁殖力一般反映鱼类个体单位长度或单位纯体重的怀卵量，以绝对繁殖力与体长或纯体重的比值表示。本研究表明，目前黄海南部和东海小黄鱼体长相对繁殖力 F_L 范围为 21 ~ 323 粒/mm，平均为 113 粒/mm，各体长组和纯体重组的体长相对繁殖力变化如表 3 所示，由表 3 可以看出，小黄鱼最小的单位体长相对繁殖力落在体长组 150 ~ 159 mm（104.50 粒/mm）和纯体重组 60 ~ 69 g（86.06 粒/mm）中，最大值落在最大体长组 170 ~ 179 mm（147.50 粒/mm）和最大体重组 80 ~ 89 g（169.64 粒/mm）中，从总的趋势来看，小黄鱼单位体长相对繁殖力随体长和纯体重的增加有增加趋势（表 3）。体重相对繁殖力 F_W 范围为 85 ~ 1 307 粒/g，平均为 360 粒/g，各体长组和纯体重组的体重相对繁殖力变化如表 4 所示，从表 4 可以看出，小黄鱼最小的单位体重相对繁殖力落在体长组 150 ~ 159 mm（267.09 g/mm）和纯体重组 60 ~ 69 g（204.42 g/mm）中，最大值落在体长组 120 ~ 129 mm（497.88 g/mm）和体重组 20 ~ 30 g（456.48 g/mm）中，从总的趋势来看，小黄鱼单位体重相对繁殖力随体长和纯体重的增加有减少趋势（表 4）。利用 spearman 等级相关分析对小黄鱼的个体相对繁殖力（F_W）与其纯体重之间关系进行分析，结果表明其间无显著的相关关系（相关系数 $R = 0.075$，$P = 0.413$）。

表 3　黄海南部和东海小黄鱼单位体长相对繁殖力 F_L 和体长及纯体重关系

Tab. 3　The relationship between the relative individual fecundity (F_L) of *Larimichthys polyactis* and the body size (length and net weight) in the southern Yellow Sea and the East China Sea

体长组（Body length class）/mm	纯体重组（Pure body weight class）/g							平均相对繁殖力 F_L（Mean of relative individual - fecundity）/（粒·mm^{-1}）	样本数量（Sample）
	20 ~ 30	30 ~ 39	40 ~ 49	50 ~ 59	60 ~ 69	70 ~ 79	80 ~ 89		
110 ~ 119	105.33	219.30						119.58	8
120 ~ 129	103.09	143.16	66.93					123.32	20
130 ~ 139		89.43	118.98					105.03	36
140 ~ 149		56.42	106.43	122.05	98.53			112.01	36
150 ~ 159			160.30	101.88	101.08	109.36		104.50	14
160 ~ 169					58.57	166.81		139.75	4
170 ~ 179						103.21	169.64	147.50	3
平均相对繁殖力（Mean of relative individual - fecundity）/（粒·mm^{-1}）	104.21	127.08	113.16	111.96	86.06	126.46	169.64		
样本数量（Sample）	15	30	32	21	15	6	2		

表 4　黄海南部和东海小黄鱼单位体重相对繁殖力 F_W 和体长及纯体重关系

Tab. 4　The relationship between the relative fecundity (F_W) of *Larimichthys polyactis* and the body size (length and net weight) in the southern Yellow Sea and the East China Sea

体长组(Body legth class) /mm	纯体重组(Pure body weight class)/g							平均相对繁殖力 F_W (Mean of relative individual - fecundity) /(粒·g^{-1})	样本数量(Sample)
	20 ~ 30	30 ~ 39	40 ~ 49	50 ~ 59	60 ~ 69	70 ~ 79	80 ~ 89		
110 ~ 119	463.7	668.95						489.36	8
120 ~ 129	449.25	559.4	210.15					497.88	20
130 ~ 139		328.14	377.32					354.10	36
140 ~ 149		221.14	330.9	332.56	230.61			323.65	36
150 ~ 159			588.42	271.81	243.17	242.98		267.09	14
160 ~ 169					139.49	354.51		300.76	4
170 ~ 179						234.02	331.35	298.91	3
平均相对繁殖力 (Mean of relative individual - fecundity) /(粒·g^{-1})	456.48	444.41	376.70	302.19	204.42	277.17	331.35		
样本数量(Sample)	15	30	32	21	15	6	2		

2.3.3　卵径大小

研究共测量了 12 100 个小黄鱼卵径大小,结果表明,目前黄海南部和东海小黄鱼卵径(r)分布范围为 0.48 ~ 1.15 mm,主要分布范围为 0.5 ~ 1.0 mm(图 4),平均卵径大小为(0.809 ± 0.09)mm;若把样品的取样地点划分为黄海南部和东海进行比较,则黄海南部小黄鱼卵径分布范围为 0.59 ~ 0.92 mm,平均卵径大小为(0.812 ± 0.005)mm,东海小黄鱼鱼卵卵径分布范围为 0.48 ~ 1.15 mm,平均卵径大小为(0.805 ± 0.02)mm,黄海南

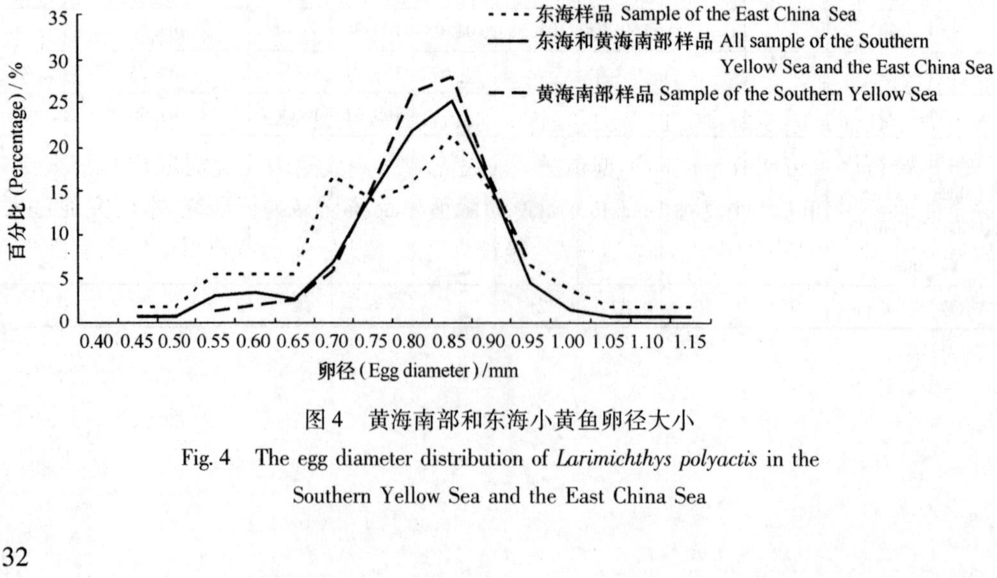

图 4　黄海南部和东海小黄鱼卵径大小

Fig. 4　The egg diameter distribution of *Larimichthys polyactis* in the Southern Yellow Sea and the East China Sea

部海域的小黄鱼卵径稍大于东海海域的小黄鱼卵径,该结果符合多数鱼类鱼卵大小随纬度气候(首先是水温)变化呈自南而北逐渐增大的规律[10]。但与过去邱望春等、赵传絪和水柏年等研究结果相比[9,11-13],当前小黄鱼鱼卵卵径显然小很多,这可能与近年来小黄鱼渔获物个体小型化以及性成熟提早等有关。

3 结论与讨论

过去50年来,关于黄海南部和东海海域小黄鱼产卵场分布和繁殖力状况,国内学者做了较多的研究工作[8-9,11-14]。杨钧标[10]根据上海海洋渔业公司1952—1962年的生产资料,推断小黄鱼产卵场分布于吕泗洋至福建三都澳近海一带;赵传絪等[8]依据20世纪80年代的产卵场调查资料总结出小黄鱼产卵场主要位于吕泗和长江口、舟山等地沿岸的近海海域,产卵场海域的底温范围为11~15℃,盐度范围为24~33,分布海域水深一般不超过50 m,此后,该观点一直为国内学者所沿用。邱望春等[9]根据1959—1961年采集的黄海南部和东海小黄鱼繁殖亲体样品,计算得出小黄鱼个体绝对繁殖力在2.44~35.41万粒/尾,相对繁殖力 F_W 范围为250~400粒/g,平均约300粒/g;同时经其测定得出,Ⅳ期和Ⅴ期小黄鱼鱼卵卵径分布范围在0.025~1.625 mm,其中Ⅳ期卵径大小主要分布在0.650~1.030 mm范围内,Ⅴ期卵径大小主要分布在0.700~1.500 mm范围内。赵传絪[11]根据1960年调查资料,测定得出黄海南部小黄鱼卵径大小主要分布在1.40~1.65 mm,水柏年[12]根据1993—1995年调查资料,测定得出小黄鱼Ⅳ期和Ⅴ期卵径大小主要分布范围分别在0.7~1.0 mm和0.8~1.2 mm;任一平等[13]于2000年对黄海南部小黄鱼个体繁殖力的研究结果表明,小黄鱼产卵亲体的绝对繁殖力达到2 686~34 702粒/尾,平均达到9 518粒/尾。

通过2007年4月黄海南部和东海底拖网调查获得的小黄鱼产卵群体分布情况的分析可以看出,当前在外海海域确实存在小黄鱼产卵场,并且分布范围相当广泛,与此同时,其产卵场生态习性也发生较大改变,水温分布范围和水深分布范围较过去已经扩大,水温范围下限降低1.23℃,上限增加接近4℃,最大水深分布范围达到100 m以上。产生这些变化的主要原因是长期的海洋捕捞扰动和过度捕捞改变了小黄鱼生殖习性,使得小黄鱼产卵亲体对环境的适应性提高,这些变化的表现形式还包括性成熟提早、繁殖力提高和产卵场范围扩大等。另外,通过分析认为目前小黄鱼产卵场的主要分布区往往处在冷水团与其他水团交汇的海域,这与丁峰元等的研究结果基本一致[15]。

小黄鱼属于短期分批产卵类型鱼类[16],因此观察其繁殖力变化时取样非常重要,最好是能够采集到已经性成熟但尚未开始产卵的繁殖个体样品进行研究,本研究通过大量取样获得121个 V_A 期性腺成熟度样品,能较为客观反映目前小黄鱼繁殖力的实际情况。研究结果显示,当前小黄鱼绝对繁殖力在2 753~46 657粒/尾之间,平均为15 676粒/尾,绝对繁殖力显然小于20世纪50年代和60年代的水平[9],但相对体重繁殖力达360粒/g比50年代末期60年代初期增加了20%。这表明,小黄鱼在其产卵亲体小型化、个体绝对怀卵数量减少的情况下,能够通过提高相对繁殖力繁衍后代并以此增加其种群数量,这种相对繁殖力的提高可能也是20世纪90年代以来小黄鱼资源数量不断增加的重要原因之一。

目前,发生的小黄鱼渔获物个体小型化、低龄化、性成熟提早、相对繁殖力提高、产卵场范围扩大和产卵场生态环境因子分布特征发生变化等原因相当复杂,既可能是人为因素的捕捞扰动影响,也可能是气候长期变化等影响所导致,但总的来看,可以归结为小黄鱼本身对环境压力产生的一种适应性反映,也是小黄鱼为延续种群所采取的一种生存策略,是"自然选择"的结果。

致谢:感谢参与海上调查、生物学测定、数据收集、录入等工作的所有同事。

参考文献:

[1] 郑元甲, 陈雪忠, 程家骅, 等. 东海大陆架生物资源与环境[M]. 上海: 上海科学技术出版社, 2003.

[2] 山田梅芳, 田川勝, 岸田周三, 等. 東シナ海・黄海 のさかな[M]. 长崎: 日本纸工印刷, 1986. 2-491.

[3] Hwang B N. Stock assessment of yellow croaker in the Yellow Sea and the East China Sea[J]. Bull. Fish. Res. 1977, (17): 87-98.

[4] 林龙山, 程家骅. 东海区小黄鱼渔业生物学现状的分析[J]. 中国海洋大学学报, 2004, 34(4): 565-570.

[5] 林龙山, 程家骅, 任一平, 等. 东海区小黄鱼种群生物学特性的分析[J]. 中国水产科学, 2004, 11(4):333-338.

[6] 郭旭鹏, 金显仕, 戴芳群. 渤海小黄鱼生长特征的变化[J]. 中国水产科学, 2006, 13(2): 243-249.

[7] 中华人民共和国国家质量监督检验检疫总局. 国家标准化管理委员会. GB/T 12763.6-1991. 海洋调查规范第6部分:海洋生物调查[S]. 北京: 中国标准出版社,1991.

[8] 赵传絪, 张仁斋. 中国近海鱼卵仔鱼[M]. 上海: 上海科学技术出版社, 1983. 96-98.

[9] 邱望春, 蒋定和. 黄海南部、东海小黄鱼繁殖习性的初步研究[C]//海洋渔业资源论文选集. 北京: 农业出版社, 1965. 58-71.

[10] 陈大刚. 渔业资源生物学[M]. 北京: 中国农业出版社, 1997. 65-80.

[11] 赵传絪. 渤海小黄鱼鱼卵、幼鱼生态学几个问题的初步研究[C]//海洋渔业资源论文选集. 北京: 农业出版社, 1965. 12-19.

[12] 水柏年. 黄海南部、东海北部小黄鱼的年龄与生长研究[J]. 浙江海洋学院学报, 2003, 22(1): 17-20.

[13] 任一平, 高天翔, 刘群, 等. 黄海南部小黄鱼渔获群体结构与繁殖特征的初步研究[J]. 海洋湖沼通报, 2001,(1):41-46.

[14] 杨钧标. 小黄鱼洄游若干问题的探讨[C]//海洋渔业资源论文选集. 北京: 农业出版社, 1965. 1-8.

[15] 丁峰元, 林龙山, 李建生, 等. 东海区北部小黄鱼生殖群体分布及与水团关系[J]. 自然资源学报, 2007, 22(6):1013-1019.

[16] 吴佩秋. 小黄鱼不同产卵类型卵巢成熟期的组织学观察[J]. 水产学报, 1981, 5(2): 161-169.

Study on the distribution characteristics and fecundity of spawning stock of *Larimichthys polyactis* in the southern Yellow Sea and the East China Sea

Lin Longshan[1], Jiang Yazhou[1], Yan Linping[1], Gao Tianxiang[2], Wang Jinhui[3]

(1 *East China Sea Fisheries Institute*, *Chinese Academy of Fishery Sciences*, *Shanghai* 200090; 2 *Ocean University of China*, *Qingdao* 26600; 3 *East China Sea Environmental Monitoring Center*, *SOA*, *Shanghai*)

Abstract: Based on the data collected from bottom trawl survey conducted in the southern Yellow Sea and the East China Sea in April 2007, the paper analyzed regional distribution of the spawning stock of small yellow croaker, environmental characteristics of the spawning ground and the relationship between the absolute individual fecundity and body size (weight and length). The results indicated that the spawning stock of small yellow croaker inhabited in both shallow sea area and deep sea area. The ranges of temperature, salinity and depth of the spawning ground were 9.77 ~ 18.85℃, 31.59 ~ 34.65 and 13.21 ~ 104.67m, respectively. And the mean of temperature, salinity and depth of the spawning ground were 13.46℃, 33.46 and 57.56 m, respectively. The mean of absolute individual fecundity of small yellow croaker was 15676eggs/ind., with a range of 2 753 ~ 46 657 eggs/ind.; the mean of relative individual fecundity (F_L) was 113 eggs/mm, with a range of 21 ~ 323 eggs/mm; the mean of relative fecundity (F_W) was360 eggs/g, with a range of 85 ~ 1307 eggs/g. The mean of egg diameter was 0.809mm, with a range of 0.48 ~ 1.15 mm. Through comparing the present results with the historical data, the following changes were detected: the distribution area of the spawning stock of small yellow croaker extended; the environmental characteristics of the spawning ground changed obviously; the relative individual fecundity increased significantly; and the egg diameter decreased. All of these changes were due to the adaptability reflection of small yellow croaker to the environmental pressure, and they are helpful for small yellow croaker to promote its population.

Key words: *Larimichthys polyactis*; Spawning stock; Fecundity; Southern Yellow Sea; East China Sea

第二篇　小黄鱼渔业生态学

黄海南部和东海小黄鱼产卵场分布及其环境特征研究①

林龙山[1,2],程家骅[1],姜亚洲[1],袁兴伟[1],李建生[1],高天翔[2]

(1. 农业部海洋与河口渔业重点开放实验室,中国水产科学研究院 东海水产研究所,上海 200090;2. 中国海洋大学, 山东 青岛 266003)

摘要: 根据2003—2005年和2007年4月在黄海南部和东海海域进行的底拖网调查数据,分析了小黄鱼产卵场分布和产卵场环境特征等。结果表明,目前小黄鱼产卵场范围较过去有扩大,范围已经扩展到外海海域,产卵场可分为黄海南部产卵场和东海产卵场;其中黄海南部产卵场主要集中在33°00′—34°00′N,122°30′—124°00′E,产卵场最适水温范围为9.65~12.17℃,最适盐度范围为32.25~34.54,最适水深范围为29.74~76.49 m;东海产卵场主要集中在30°30′—31°00′N,124°00′—125°00′E海域和30°30′—32°30′N,125°00′—126°00′E海域,产卵场最适水温范围为10.13~16.64℃,最适盐度范围为32.50~34.37,最适水深范围为40.23~85.61 m;黄海南部和东海产卵场水温分布差异极显著($P<0.01$);小黄鱼产卵场较过去发生较大变化的主要原因可能是在过度捕捞等扰动因素的影响下,小黄鱼对环境适应性明显提高。

关键词: 小黄鱼,产卵场,黄海南部,东海

小黄鱼(*Larimichthys polyactis*)属于近底层鱼类,分布范围主要在东海、黄海和渤海海域[1-4]。小黄鱼渔业在我国渔业中占有重要地位,其资源曾经历兴盛期、衰退期和恢复期几个阶段[5,6],自资源恢复以来,其海洋捕捞产量从20世纪80年代末期的2×10^4 t已上升到近年来的30×10^4 t多,近年来其年产量仍在不断创出新高(图1)。但是,在产量增加的同时,渔获物个体小型化、低龄化、性成熟提早现象严重,资源结构仍然较为脆弱[7,8]。

针对小黄鱼资源恢复原因,国内学者从伏季休渔制度的作用[9,10]、小黄鱼繁殖习性的变化[11,12]、摄食习性的变化[13-16]、生长过程的变化和海域自然环境的变化[17-20]等多方面进行了分析研究,认为小黄鱼资源的恢复主要有以下几方面原因:首先,1981年国务院批准同意对小黄鱼主要产卵场吕泗渔场实行休渔保护,1995年又决定每年在东黄海实施2个月的伏季休渔制度,并于1998年将伏休期延长为3个月,伏休时间与该海域小黄鱼种群育幼期较为吻合,这对小黄鱼资源恢复起到关键作用;第二,由于近年来东黄海区过度捕捞问题严重,许多大型鱼种相继衰退,小黄鱼被捕食压力降低,同时与小黄鱼生态习性相近的大黄鱼种群已近衰竭,进一步为小黄鱼种群提供了更为宽松的生存空间,有

① 原文刊载于"生态学报,2008,28(8):3485-3494"。

利于小黄鱼资源恢复；第三，20 世纪 90 年代以后，由于东黄海渔业资源密度减少，日韩两国大幅减少在该海域作业的渔船数量，客观上保护了小黄鱼越冬群体，小黄鱼亲体得到很好的养护，对小黄鱼资源恢复起到保障作用。但是，过去的研究均未分析小黄鱼产卵场和产卵场环境特征改变对其资源恢复是否起到积极作用。为此，本文根据 2003—2005 年和 2007 年小黄鱼主要产卵季节的调查数据，对黄海南部和东海小黄鱼产卵场的空间分布及其环境特征进行研究分析，以期对今后小黄鱼渔业管理和合理利用提供参考。

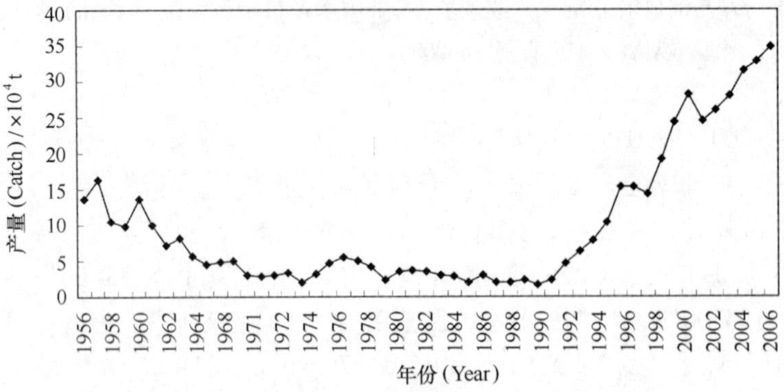

图 1　1956—2006 年小黄鱼在我国海洋捕捞产量

（1996 年产量未包含我国水产总公司的产量）

Fig. 1　The total yield of Small yellow croaker over the period 1956—2006 (the catch of China National Fisheries Corp. was excluded in 1996)

1　材料与方法

1.1　数据来源

本文数据取自 2003—2005 年和 2007 年东黄海小黄鱼主要产卵季节 4 月底拖网调查，调查范围为 27°00′—34°00′N（2007 年为 27°00′—35°00′N），127°00′E 以西至机轮底拖网禁渔区线之间海域，包括黄海南部（SYS）和东海（ECS），调查时一般为每经度 30′、纬度 30′内设置一个调查站点，调查时站位数量和位置因海上实际情况略有变动（表 1）。

表 1　2003—2007 年 4 月调查时间和站位

Tab. 1　The survey periods and sampling stations in April of 2003 - 2007

调查年份 (Year)	日期 (Date)	设计站位 (No. of designed stations)	实际调查站位 (No. of surveyed stations)
2003	4 - 07—4 - 27	121	120
2004	4 - 02—4 - 23	121	114
2005	4 - 15—5 - 02	121	110
2007	4 - 07—4 - 22	125	112

调查船为 205.07 kW 的底拖网船，网具规格为（96 ×4） m 的底拖网，为及时掌握小

黄鱼产卵期的环境特征,调查方式采用6对底拖网船同时进行。拖网时间均标准化为1 h,资源密度指数以实际取样尾数数量(ind. /h)表示。

1.2 调查和分析方法

海上调查以及生物学测定根据海洋调查规范[21]进行,调查航线采用"之"字形走航,小黄鱼性腺成熟度划分采用目测等级法。

产卵场界定:性成熟小黄鱼个体出现的区域为小黄鱼产卵场,本研究中性成熟个体的生物学特征包括雌性个体体长达到最小性成熟体长(108 mm[18]),且其性腺发育已达到成熟期Ⅳ期以上或正在产卵或刚产卵完毕。

产卵群体资源密度指数计算:通过各站位生物学测定得到的体长频率分布,把体长达到最小性成熟长度且性腺发育达到Ⅳ期以上或正在产卵或刚产卵完毕的小黄鱼个体数作为产卵群体的资源密度。利用体长概率分布函数 $p(x) = \int_{108}^{l\infty} \frac{1}{\sqrt{2\pi\sigma}} e^{-\frac{(x-\mu)^2}{2\sigma^2}} dx$(式中:$x$为体长;$\mu$为均值;$\sigma$为标准差)计算体长大于小黄鱼最小性成熟体长108 mm的概率值 $P(\xi > 108)$,然后再根据各调查站位取样渔获物中108 mm以上雌性成熟个体比例进行换算,最后得到小黄鱼产卵群体资源尾数密度。

产卵场环境特征研究包括生殖期产卵亲体分布的水温范围、盐度范围和水深范围,海水水温、盐度和深度采用Seabird-37型CTD测定。

采用ANOVA比较分析2003—2005年和2007年各年份黄海南部和东海小黄鱼产卵群体分布区域内水温、盐度和水深的差异,数据处理均采用SPSS统计软件进行。

2 结果与讨论

2.1 产卵场分布

通过2003—2005年和2007年4月共4个航次的调查,获取各个调查站位渔获物中个体达到最小性成熟体长且性腺发育达到Ⅳ期以上或正在产卵或刚产卵完毕的小黄鱼资源尾数分布数据(图2),由于调查时间基本在小黄鱼产卵盛期或产卵期间,因此这部分产卵群体的分布区域可认为是小黄鱼产卵场位置。从分布图可以看出,小黄鱼产卵场分布范围较广,大致可与分为黄海南部和东海两个主要区域,且产卵场因各年海洋环境条件变化呈现一定的年际差别,其中,黄海南部主要产卵场分布各年变化较小,主要集中在33°00′—34°00′N,122°30′—124°00′E海域,东海海域产卵场分布较为分散,各年变化较大,但总体来看,产卵场主要集中在两块海域,分别为济州岛西南部海域和长江口渔场与舟山渔场交界处海域,即主要集中在30°30′—31°00′N,124°00′—125°00′E和30°30′—32°30′N,125°00′—126°00′E。

从各调查站位小黄鱼产卵亲体数量分布来看,多数站位以50~200 ind. /h为多,2007年和2003年亲体数量较多,2005年最少,这与2007年和2003年调查时间较为接近小黄鱼产卵盛期,而2005年调查时间较其他年份晚,且当年小黄鱼剩余群体数量较少等因素有关。另外,由于2003—2005年和2007年调查范围均没有包括近岸调查以及2007年调查未包括韩国专属经济区,因此,本文得出的小黄鱼产卵场范围具有局限性,即只能代表调查海域产卵场分布情况,至于其他海域的产卵场分布,还应通过相关调查进一步

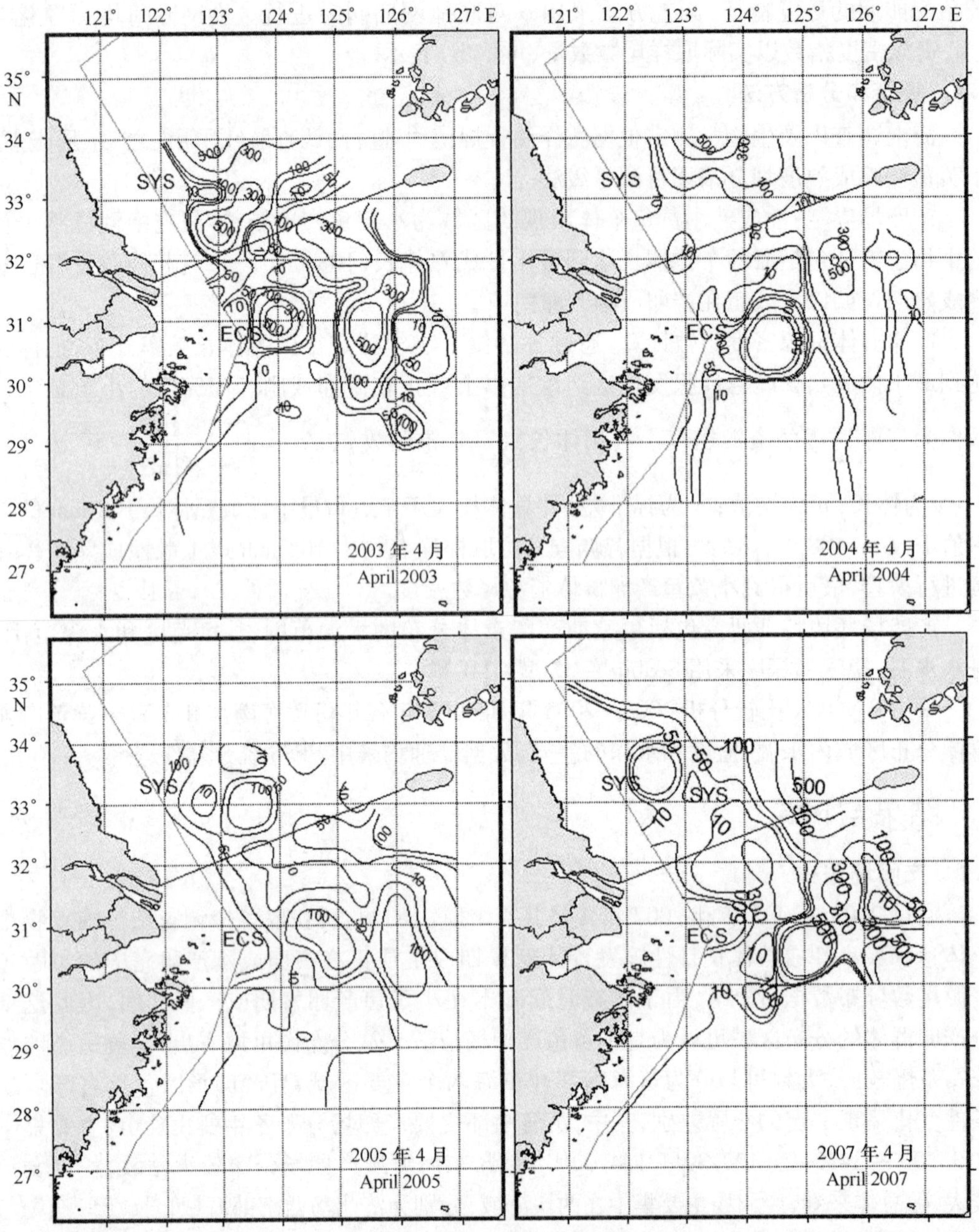

图 2　2003—2005 年和 2007 年小黄鱼产卵群体分布

Fig. 2　Variations in spatial distribution of the spawning stock (ind. /h) of small yellow croaker in 2003—2005 and 2007

研究。

2.2　产卵场的变化

20 世纪 80 年代的研究表明[22]，黄海南部小黄鱼产卵场主要有海州湾产卵场(图 3

中的 S1）和吕泗产卵场（图 3 中的 S2），东海小黄鱼产卵场主要有长江口外海区佘山产卵场（图 3 中的 S3）和浙江沿岸东亭、韭山、鱼山、大陈、洞头山等海区产卵场（图 3 中的 S4），但是从近年来的监测调查发现，外海海域（125°00′E 以外）经常能够捕到正在产卵或者刚完成产卵的小黄鱼鱼群，且所占范围面积逐渐扩大，近年来春季专项调查进一步反映了外海海域确实存在小黄鱼产卵场的事实。

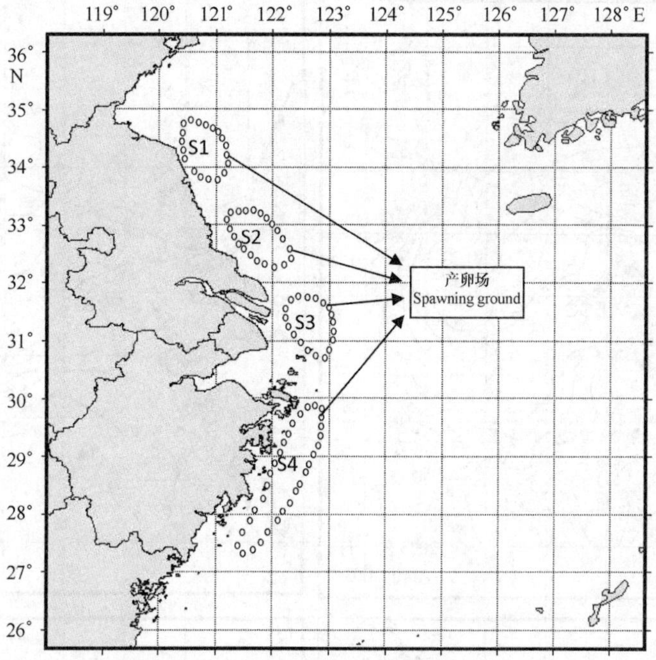

图 3　20 世纪 80 年代黄海南部和东海小黄鱼产卵场分布

注：S1 为海州湾产卵场，S2 为吕泗产卵场，S3 为长江口外海区佘山产卵场，S4 为浙江沿岸的东亭、韭山、鱼山、大陈、洞头山等海区的产卵场

Fig. 3　Accepted locations of spawning ground of Small yellow croaker in 1980s.

Note：S1 Haizhou Bay spawning ground，S2 Lusi spawning ground，S3 Zhejiang coast spawning ground（including the coast of Dongting，Jiushan，Yushan，Dachen，Dongtoushan）

引起小黄鱼产卵场大范围扩大的主要原因有：20 世纪 80 年代以前，近海海域受污染程度较低，海域捕捞努力量较小，小黄鱼每年进行产卵洄游，到近岸浅水水域进行产卵，产卵场主要集中在近岸。但从 20 世纪 80 年代中期以后，东黄海捕捞力量不断增加[5]，导致小黄鱼资源长期处于过度捕捞状态[18]，尽管 2000 年以后国家采取了一系列措施用以限制海洋捕捞力量[9-10]，但实际上并没有完全控制住，沿海有些地方尽管船只数量没有增长，但通过自行更换大马力主机和增加网具数量等渔船动力不断提高，因此，鱼类面临的捕捞压力仍在增加，少数鱼类迫于如此恶劣环境仍要延续种群的生存，则通过提升自身适应环境的能力和改良自身遗传基因等予以适应[12]，在生长、死亡、繁殖和发育等方面均出现了一系列变化，包括生殖期间对外界环境的适应能力的变化，产卵场范围扩大等，反映出小黄鱼具有较强的适应环境能力。

2.3 产卵场环境特征

图4为2003—2005年和2007年小黄鱼产卵期间黄海南部和东海的水温等值线分布图,从图中可以看出,各年极低水温和极高水温分布范围变化不大,最小值一般分布在最北面的33°00′N附近海域,最大值分布在最南面的调查水域;等温线的分布趋势也大体相似,

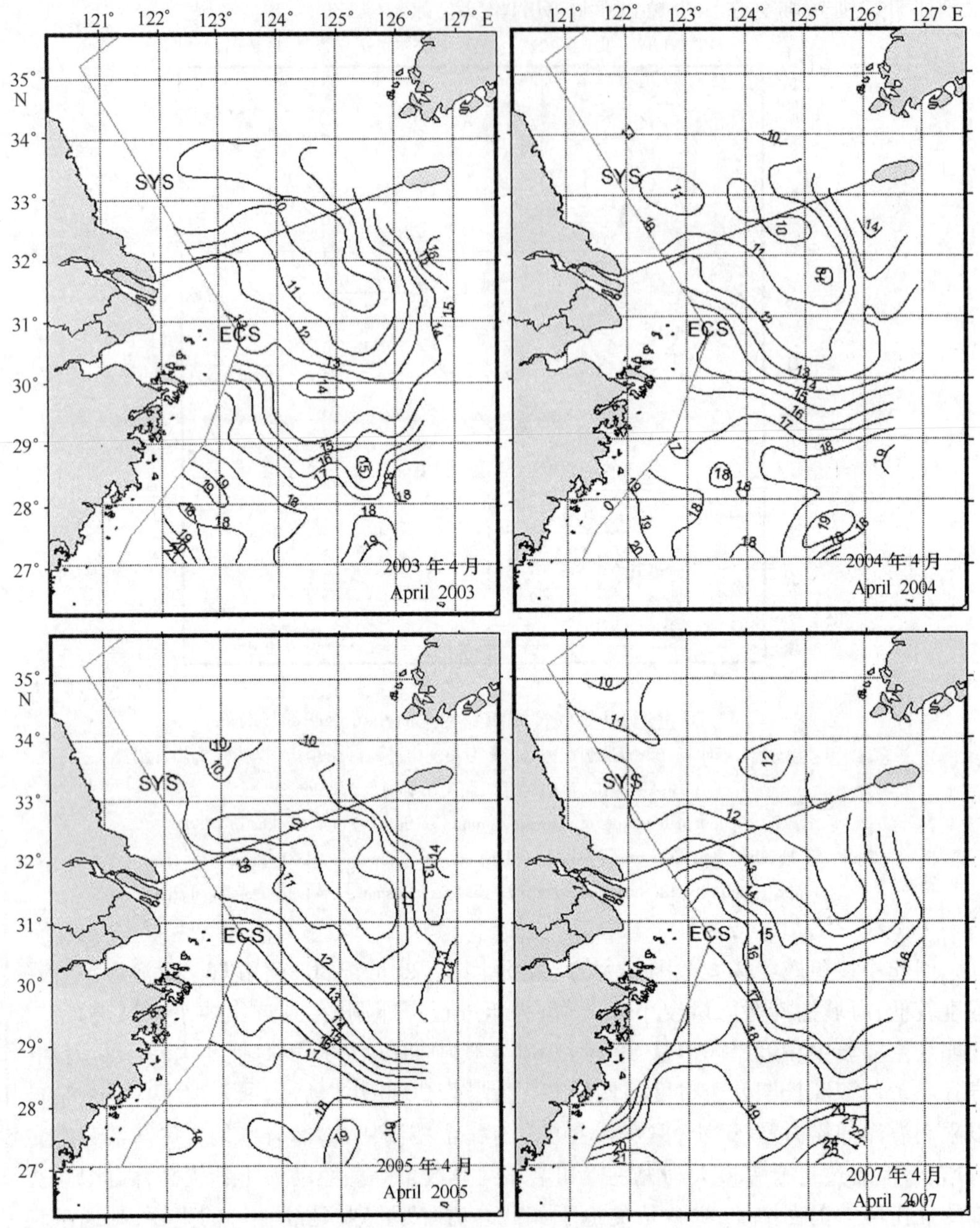

图4 2003—2005年和2007年小黄鱼产卵期间黄海南部和东海水温分布

Fig. 4 Temperature (℃) in spawning season of Small yellow croaker in the East China Sea and southern Yellow Sea in 2003—2005 and 2007

只是水团势力有所差别，2007年冷水势力最弱，而暖水势力最强，2003年冷水势力最强，而暖水势力最弱[23-24]；结合小黄鱼产卵场分布来看，小黄鱼集中产卵的位置一般是处于底层冷水团与其他水团交汇处。可以认为，水温在合适范围内，小黄鱼无论在近岸还是外海均可以达到产卵条件，而较强的冷水团与其他水团交汇处更加有利于小黄鱼产卵。

图5为2003—2005年和2007年小黄鱼产卵期间黄海南部和东海的盐度等值线分布

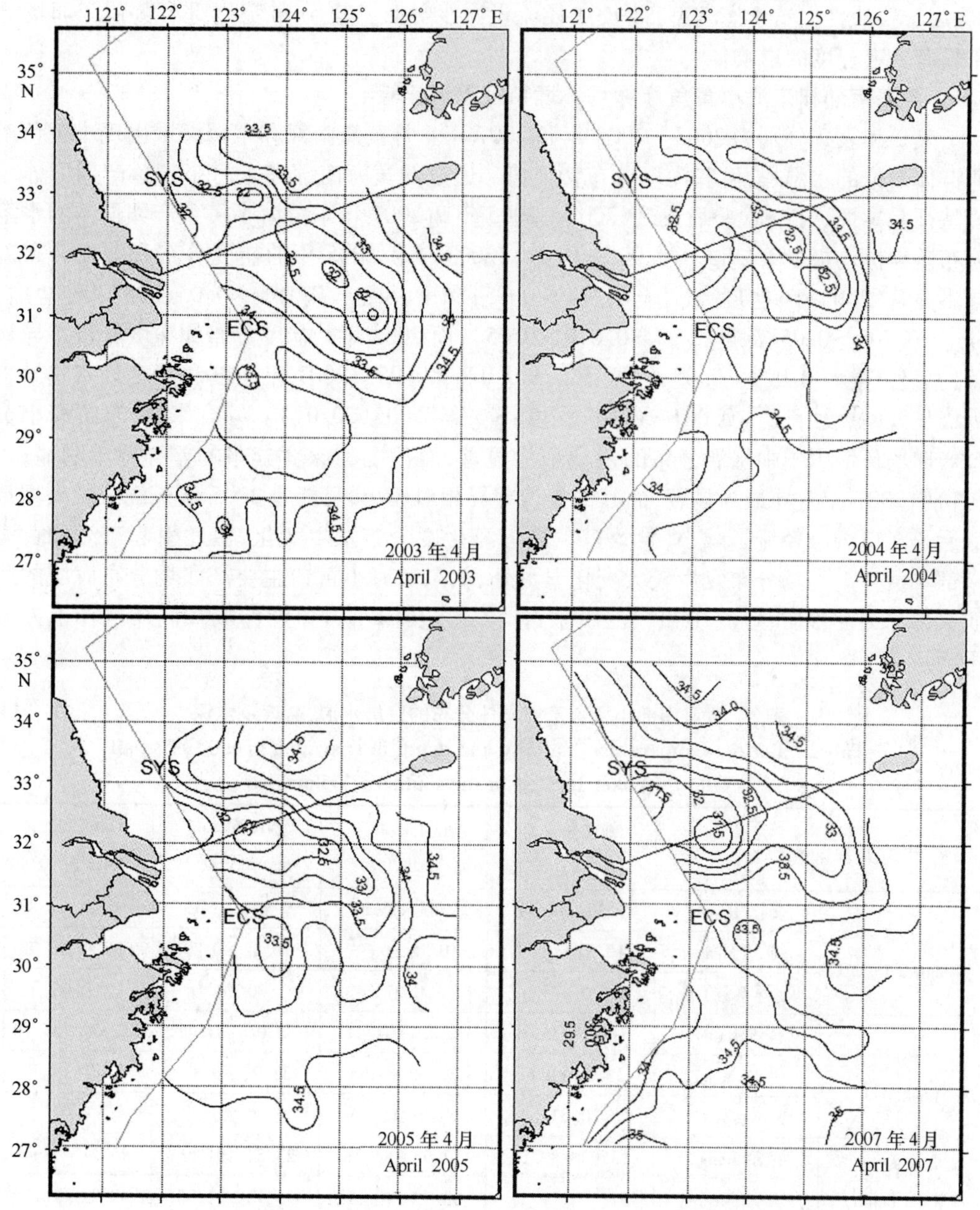

图5 2003—2005年和2007年小黄鱼产卵期间黄海南部和东海盐度分布

Fig. 5 Salinity in spawning ground of small yellow croaker in the East China Sea and southern Yellow Sea in 2003—2005 and 2007

图,从图中可以看出,各年盐度均呈现南部海区高、北部海区低、外海盐度高、长江口附近盐度低的特点,各年均以长江口北部海区为最低,南部外海海域为最高,小黄鱼主要产卵场的盐度分布范围主要在33~34之间;2005年由于长江三峡大坝截流后长江口淡水径流量减小,导致江口低盐海域面积缩小,盐度在33以上的高盐水舌更为接近长江口;各年盐度分布和等值线分布趋势大体一致,表明小黄鱼产卵场盐度分布固定在某一范围内,属于狭盐性生殖生态类型,而长江径流量减少导致盐度分布变化对小黄鱼产卵场分布具有一定程度的影响。

2.4 黄海南部和东海小黄鱼产卵场环境特征差异比较

表2和表3分别为2003—2005年和2007年4月黄海南部和东海海域出现小黄鱼产卵群体站位的水温、盐度和深度分布特征值。通过对黄海南部和东海小黄鱼产卵群体环境特征差异性进行 t 检验后发现,2003—2005年和2007年东黄海小黄鱼产卵群体的水温分布差异性均极显著(Sig. =0.000 <0.01),2003年和2005年的盐度分布和深度分布差异不显著(2003年:盐度,Sig. =0.774 >0.05;深度,Sig. =0.183 >0.05;2005年:盐度,Sig. =0.705 >0.05;深度,Sig. =0.070 >0.05),而2004年的盐度分布和深度分布差异显著(盐度:Sig. =0.027 <0.05;深度:Sig. =0.026 <0.05),2007年盐度和深度分布差异均为极显著(盐度:Sig. =0.001 <0.01;深度:Sig. =0.003 <0.01)。综合来看,东黄海小黄鱼产卵场环境因子中水温分布的差异最为显著,而盐度和深度分布的差异并不明显;各年份中2007年差异最为显著,而其他年份差异相对较小,可能是2005年长江三峡大坝截流后长江口淡水径流量减小,导致东黄海近海盐度分布发生变化,由此引起东海和黄海南部小黄鱼产卵场分布发生较大变化。另外,从东黄海小黄鱼主要产卵场分布海域的底质大部分为泥沙质、沙泥质和软泥质来看[5-6],东黄海小黄鱼产卵场在底质选择上差异不大。

表2 黄海南部小黄鱼产卵群体分布的底层水温、盐度及水深

Tab. 2 Bottom temperature, salinity and depth in spawning ground of small yellow croaker located in the southern Yellow Sea

指标(Items)		2003年4月 (April 2003)	2004年4月 (April 2004)	2005年4月 (April 2005)	2007年4月 (April 2007)
水温 (Temperature)/℃	范围 Range	9.30~12.41	9.53~13.27	9.42~12.73	9.77~12.83
	平均 Mean	10.34±0.69	10.72±0.78	10.47±0.79	11.44±0.73
	变异系数 CV	0.07	0.07	0.08	0.06
盐度 (Salinity)	范围 Range	31.81~33.79	32.21~34.21	32.07~34.62	31.59~34.18
	平均 Mean	33.03±0.61	33.30±0.63	33.71±0.83	33.07±0.82
	变异系数 CV	0.02	0.02	0.02	0.02
水深 (Water depth) /m	范围 Range	13.93~89.17	27.95~83.21	23.54~91.65	13.21~78.49
	平均 Mean	51.39±21.66	53.79±19.35	55.13±21.36	49.23±16.72
	变异系数 CV	0.42	0.36	0.39	0.34

表 3　东海小黄鱼产卵群体分布的底层水温、盐度及水深

Tab. 3　Bottom temperature, salinity and depth in spawning ground of small yellow croaker located in the East China Sea

指标(Items)		2003 年 4 月 (April 2003)	2004 年 4 月 (April 2004)	2005 年 4 月 (April 2005)	2007 年 4 月 (April 2007)
水温 (Temperature)/℃	范围 Range	9.27 ~ 19.10	9.83 ~ 18.75	9.11 ~ 17.71	11.41 ~ 18.85
	平均 Mean	12.62 ± 2.49	12.93 ± 2.15	12.30 ± 2.54	14.60 ± 2.04
	变异系数 CV	0.20	0.17	0.21	0.14
盐度 (Salinity)	范围 Range	31.45 ~ 34.69	32.38 ~ 34.75	32.07 ~ 34.59	32.41 ~ 34.63
	平均 Mean	33.25 ± 0.75	33.69 ± 0.68	33.64 ± 0.42	33.68 ± 0.58
	变异系数 CV	0.02	0.02	0.02	0.02
水深 (Water depth) /m	范围 Range	28.01 ~ 91.72	30.92 ~ 110.69	33.96 ~ 111.56	39.80 ~ 104.67
	平均 Mean	58.01 ± 17.77	65.74 ± 19.88	63.54 ± 16.59	62.24 ± 15.95
	变异系数 CV	0.31	0.30	0.26	0.26

2.5　产卵场环境特征的变化

过去研究表明,小黄鱼海州湾产卵场和吕泗产卵场的产卵期为每年 4 月至 5 月,底温在 11 ~ 14℃之间,长江口外海区佘山产卵场和浙江沿岸的东亭、韭山、鱼山、大陈、洞头山等海区的产卵场的产卵期为每年 3 月至 5 月,底温在 11 ~ 15℃之间,水深一般在 50 m 以浅海域,盐度在 24 ~ 33 之间[22]。但是,经过长期的海域捕捞扰动和对小黄鱼资源的过度利用已经对小黄鱼生殖习性产生较大的影响,其产卵期的水温和盐度适应范围扩大,水深范围也较以往向深海海域扩展。另外,相关研究表明,环境变化已经对小黄鱼产卵群体生物学特征产生影响,表现形式有性成熟提早和繁殖力提高等[7,11,12,17,20]。

一般而言,水温是影响鱼类洄游分布的最重要因素之一,在产卵前期和产卵期间表现得特别明显[25],目前东黄海小黄鱼产卵场底层水温分布范围较过去已有扩大,表明小黄鱼产卵亲体对环境的适应性提高。另外,不同种群对水温变化的适应会表现出选择性,黄海南部和东海小黄鱼产卵亲体的水温分布差异最为显著,与这两个水域的小黄鱼分属不同种群有关,因此,这两个海域小黄鱼产卵场分布的优势水温范围即产卵最适水温范围不同。产卵场环境特征的差异反映在繁殖习性上的产卵期也有变化,一般东海种群产卵盛期较黄海南部种群产卵盛期早 15 ~ 30 天[22]。

3　结论

(1) 目前黄海南部和东海小黄鱼产卵场范围较过去已经扩大,在 125°00′E 以外的外海海域已经存在小黄鱼产卵场,其中,黄海南部以 33°00′—34°00′N, 122°30′—124°00′E 海域为中心,东海以 30°30′—31°00′N, 124°00′—125°00′E 海域和 30°30′—32°30′N, 125°00′—126°00′E 海域为中心。

(2) 当前小黄鱼产卵场水温、盐度和水深分布特征较过去已经发生较大变化。综合来看,黄海南部小黄鱼产卵场最适水温范围为 9.65 ~ 12.17℃,最适盐度范围为 32.25 ~

34.54，最适水深范围为29.74～76.49 m；东海小黄鱼产卵场最适水温范围为10.13～16.64℃，最适盐度范围为32.50～34.37，最适水深范围为40.23～85.61 m。

（3）近年来，小黄鱼种群呈现不断增长态势，产卵场范围扩大和适应环境能力提高可能是其种群不断恢复的重要原因，但目前小黄鱼渔获物幼鱼比例过高，对其资源长期恢复不利，小黄鱼资源很可能从目前的生长型捕捞过度转变为补充型捕捞过度，进而步入衰竭状态。因此，保护小黄鱼幼鱼，严格执行最小捕捞规格是当前渔业管理者和生产者的共同任务。

参考文献：

[1] 池田郁夫. Study on the fisheries biology of yellow croaker in the East China and Yellow Sea. 西海区水产研究所报告, 1954, 第4号.

[2] 裴東煥. 韓国近海におけるキグチ漁業の資源生物学の研究. 水産局中央水産試験場水産資源調査報告, 1960(4), 1-106.

[3] 山田梅芳, 田川勝, 岸田周三, 等. 東シナ海・黄海 のさかな[M]. 长崎: 日本纸工印刷, 1986, 2-491.

[4] 农牧渔业部水产局, 农牧渔业部东海区渔业指挥部. 东海区渔业资源调查和区划[M]. 上海: 华东师范大学出版社, 1987,339-356.

[5] 郑元甲, 陈雪忠, 程家骅, 等. 东海区大陆架生物资源与环境[M]. 上海: 上海科学技术出版社, 2003, 286-637.

[6] 金显仕, 赵宪勇, 孟田湘, 等, 黄、渤海生物资源与栖息环境[M]. 北京: 科学出版社, 2005.

[7] 林龙山, 程家骅, 凌建忠, 等. 东海区小黄鱼种群生物学特性的分析研究[J]. 中国水产科学, 2004, 11(4):333-338.

[8] 林龙山, 郑元甲, 程家骅, 等. 东海区底拖网渔业主要经济鱼类渔业生物学的初步研究[J]. 海洋科学, 2006, 30(2):21-25.

[9] 程家骅, 汤建华, 林龙山, 等. 东海区伏季渔业生态效果的分析研究[J]. 中国水产科学, 1999, 6(4):81-86.

[10] 程家骅, 林龙山, 凌建忠, 等. 东海区小黄鱼伏季休渔效果及其资源合理利用探讨[J]. 中国水产科学, 2004, 11(6):554-560.

[11] 水柏年. 黄海南部、东海北部小黄鱼的年龄与生长研究[J]. 浙江海洋学院学报, 2003, 22(1): 17-20.

[12] 曾玲, 金显仕, 李富国, 等. 渤海小黄鱼生殖力及其变化[J]. 海洋科学, 2005, 29(5):80-83.

[13] 薛莹, 金显仕, 等. 黄海中部小黄鱼摄食习性的体长变化与昼夜变化[J]. 中国水产科学, 2004a, 11(5):220-225.

[14] 薛莹, 金显仕, 等. 黄海中部小黄鱼的食物组成和摄食习性的季节变化[J]. 中国水产科学, 2004b, 11(3):237-243.

[15] 薛莹, 金显仕, 张波, 等. 南黄海三种石首鱼类的食性[J]. 水产学报,2006, 29(2):178-187.

[16] 林龙山. 长江口近海小黄鱼食性及营养级分析[J]. 海洋渔业, 2007, 29(1):44-48.

[17] 金显仕. 黄海小黄鱼生态和种群动态的研究[J]. 中国水产科学, 1996, 3(1):32-46.

[18] 林龙山, 程家骅, 凌建忠, 等. 东海区主要经济鱼类开捕规格的初步研究[J]. 中国水产科学, 2006, 13(2):250-256.

[19] 林龙山, 程家骅. 东海区小黄鱼渔业生物学现状的分析研究[J]. 青岛海洋大学学报, 2004, 34

(4):565－570.
[20] 郭旭鹏，金显仕，戴芳群．渤海小黄鱼生长特征的变化[J]．中国水产科学，2006，13(2):243－249.
[21] GB/T 12763.2－1991．海洋调查规范－海洋生物调查．1991.
[22] 赵传絪，张仁斋．中国近海鱼卵仔鱼．上海：上海科学技术出版社，1983，96－98.
[23] 丁峰元，程家骅．东、黄海水团动态与夏季休渔效果间的关系[M]．生态学报，2007，27(6)：2242－2248.
[24] 程家骅，丁峰元，李圣法，等．东海区大型水母数量分布特征及其与温盐度的关系[J]．生态学报，2005，25(3):440－445.
[25] 陈大刚．渔业资源生物学[M]．北京：中国农业出版社，1997.

Spatial distribution and environmental characteristics of the spawning grounds of small yellow croaker in the southern Yellow Sea and the East China Sea

Lin Longshan[1,2], Cheng Jiahua[1], Jiang Yazhou[1], Yuan Xingwei[1], Li Jiangsheng[1], Gao Tianxiang[2]

(1 *Key Laboratory of Marine and Estuarine Fisheries, Ministry of Agriculture. East China Sea Fisheries Institute, Chinese Academy of Fishery Sciences, Shanghai* 200090, *China*; 2 *Ocean University of China, Shandong* 266003, *China*)

Abstract: Small yellow croaker (*Larimichthys polyactis* Bleeker), one of the most important demersal trawling fish in China, is widely distributed in the Bohai Sea, the Yellow Sea and the East China Sea. This fishery has undergone a prosperous – decline – recovery chronological development in the past 50 years. During the recent recovery period, the annual landing of this fish has increased from 20,000 t in the late 1980s to the current 300,000 t. Compared to its population biology 50 years ago, reduction of individual size, advance of maturation and accelerated growth are frequently observed in the current wild small yellow croaker population, suggesting its vulnerability to fishing pressure and environmental changes. Our previous studies revealed that the mid – summer moratorium regulations implemented in the spawning grounds from 1995, and the changes of reproductive strategy of individuals are potential driving forces for the recent fishery recovery. Understanding the changes of the spawning grounds is also critical for exploring the mechanism governing the fishery recovery, but there is little information available on this topic at present.

Based on the data collected from demersal trawling surveys conducted in the southern Yellow Sea and the East China Sea in April of 2003, 2004, 2005 and 2007, the spatial distribution and environmental characteristics of spawning grounds of the small yellow croaker are investigated. The results indicate that the spawning grounds have obviously expanded from the near – shore to offshore waters in the recent years. Two spawning grounds are discriminated in the current investigation. One is located in the Yellow Sea ranging within 33°00′ – 34°00′N, 122°30′ – 124°00′E. This area was environmentally characterized by an optimal water temperature of 9.65 ~ 12.17℃, a salinity of 32.25 ~ 34.54 and a water depth of 29.74 ~ 76.49 m in April. The other one includes two parts in the East China Sea: 30°30′ – 31°00′N, 124°00′ – 125°00′E and 30°30′ – 32°30′N, 125°00′ – 126°00′E with an optimal water environment of 10.13 ~ 16.64℃, 32.50 ~ 34.37 and 40.23 ~ 85.61 m, respectively. Spatial extension of the

spawning grounds may be an ecological adaptation strategy of the small yellow croaker to over-fishing and environmental changes in nature.
Key words: Small yellow croaker, Spawning ground extension, the southern Yellow Sea, the East China Sea.

Current status of small yellow croaker resources in the southern Yellow Sea and the East China Sea①

Lin Longshan[1,2,3], Liu Zunlei[2], Jiang Yazhou[2], Huang Wei[4], Gao Tianxiang[3]

(1 *Third Institute of Oceanography' SOA*, *Xiamen* 361005, *P. R. China*; 2 *East China Sea Fisheries Research Institute*, *Chinese Academy of Fishery Sciences*, *Shanghai* 200090, *P. R. China*; 3 *Ocean University of China*, *Qingdao* 266003, *P. R. China*; 4 *Key Laboratory of Marine Ecology and Environmental Science*, *Institute of Oceanology*, *Chinese Academy of Sciences*, *Qingdao* 266071, *P. R. China*)

Abstract: We used data from bottom trawl surveys to study the factors influencing the abundance of small yellow croaker, *Larimichthys polyactis*, in the southern Yellow Sea (SYS) and the East China Sea (ECS). The resource density index (RDI) was generally higher in summer and autumn than in spring and winter. RDIs were also significantly greater in the SYS than in the ECS in summer and autumn. The bottom water salinity and depth of spatial distribution of small yellow croaker was similar between the two areas in summer, but different in other seasons. Regression analysis suggested that environmental factors such as bottom water temperature, salinity, and depth influenced the RDIs in summer in these areas. Growth condition factor (GCF) in the two areas varied monthly and the croaker in the SYS grew more slowly than those in the ECS. This was likely due to the low bottom temperature of the Yellow Sea Cold Water Mass in summer and autumn or to higher human fishing pressure in the ECS. To ensure sustainable utilization of the croaker stocks in these regions, we recommend reducing the fishing intensity, increasing the cod – end mesh size, and improving the protection of juveniles.

Key words: *Larimichthys polyactis*, biology, ecology, Akaike Information Criterion (AIC)

1 INTRODUCTION

Small yellow croaker *Larimichthys polyactis* (Pisces: Sciaenidae) is a demersal warm – temperate fish species that is widely distributed in the southern Yellow Sea (SYS) and the

---

① 原文刊载于"Chinese Journal of Oceanology and Limnology, 2011, 29(3): 547 –555."

northern East China Sea (ECS) (Hwang, 1977; Yamada, et al., 1986; Zhao et al., 1987; Suam et al., 1997; Zheng et al., 2003). Due to their high commercial value, small yellow croaker constitute one of the most important marine fisheries in China. They have been exploited for several decades using a variety of methods, including bottom trawl, canvas stow net, and gill nets (Zhao et al., 1987; Zheng et al., 2003). Since the 1950s, the small yellow croaker fishery has been defined by three significant periods: abundance (annual catches from 136.5 thousand tons in 1956 to 81.7 thousand tons in 1963), declining harvest (from 56.3 thousand tons in 1964 to 16.8 thousand tons in 1989), and recovery (from 23.5 thousand tons in 1990 to 347.9 thousand tons in 2006, more than 2.5 times higher than harvest during the early period in 1956) (Zhang et al., 2007). To protect and restore this fishery, a range of programs have been implemented in China since the 1990s, such as establishment of non-fishing regions and seasons along the coast. These measures have played a constructive role in recovering the fishery in recent years. However, in contrast to increasing catches, the population structure and eco-biological characteristics of the small yellow croaker stocks have changed considerably. These include a reduction in individual size and age, a shift in foraging niche and feeding ecology, early maturation, and dispersal of spawning grounds (Jin, 1996; Ren. et al., 2001; Shui, 2003; Lin et al., 2004, 2007, 2008; Guo et al., 2006;). These changes may subsequently affect the sustainable development of the fishery.

For effective fishery management, it is essential to have a clear understanding of the changes in recruitment mechanisms as well as the bio-ecological characteristics of the small yellow croaker populations. In particular, the primary spawning and nursery grounds of small yellow croaker in the SYS and ECS, are characterized by distinctly different oceanographic conditions (Su, 2005). The small yellow croaker populations may have developed different bio-ecological characteristics and have probably undergone drastic changes in response to the ecological regime shift in these waters in the past decades. Using the data collected from fishery monitoring and resources surveys in the SYS and the ECS from January 2006 to April 2007, we analyzed the bio-ecological characteristics of small yellow croaker populations. These included the biomass index and growth performance of the populations and their relationship with environmental factors. Our results provide information that may be used for the implementation of small yellow croaker fishery management strategies in China.

2 Materials and Methods

2.1 Data

We collected data from fixed-point fishery surveys and routine fishery monitoring surveys in the SYS and ECS. The surveys were conducted by the East China Sea Fisheries Research Institute, Chinese Academy of Fishery Sciences from January 2006 to April 2007 using pair bottom trawlers and a net that was (100×4) m at the mouth and had a cod-end mesh size of 25 mm. The duration of each trawl was 1 h at a vessel speed of 2.5 knots. The trawl fishery surveys (N = 4) were conducted in June (summer), September (autumn), and December (winter) 2006 and April (spring) 2007 (Table 1). Environmental data (e. g. water temperature, salinity, and depth) were collected at the time of each trawl survey. One hundred and twenty five stations covering the waters of 27°00′ – 35°00′N and between 127°00′E and the prohibited fishing line were surveyed in all cruises, except for the winter survey when only 67 stations were surveyed due to rough sea conditions. The location of the survey sites was based on a spatial resolution of 30′N × 30′E (Fig. 1). Survey and sampling procedures followed the National Marine Survey Criteria of China (GB13763. 6 – 91). A subsample, 20 kg of the catch was collected from each trawl, frozen, and stored on the vessel. The samples were transferred to our laboratory at the end of each survey. We measured the body length (to the nearest 0. 1 cm) and body weight (to the nearest 0. 1 g) of at least 30 individuals from each site. In situ measurements of water temperature, salinity, and water depth were obtained using a Seabird – 37 CTD in all surveys.

Table 1 The numbers of fixed – point fishery survey sites and sampling sites (occurrence of small yellow croaker) in the southern Yellow Sea (SYS) and the East China Sea (ECS) 2006 – 2007

Season	Survey sites			Sampling sites		
	Total	SYS	ECS	Total	SYS	ECS
Summer (Jun. 2006)	125	32	93	62	26	36
Autumn (Sept. 2006)	125	32	93	85	30	55
Winter (Dec. 2006)	67	9	58	47	9	38
Spring (Apr. 2007)	125	32	93	65	24	41

In addition, monthly samples were collected for routine monitoring of growth. The sampling procedures and methods were the same as those in the four seasonal fixed – point surveys. We examined a total of 4 927 individuals (2 341 and 2 586 from the SYS and the ECS, respectively).

2. 2 Data analysis

2. 2. 1 Resource density index (RDI)

We calculated the resource density index following the method of Zheng et al. (2003):

$$(1)\ D = \frac{C}{q \times A}$$

where D is the resource density index (number of individuals/km^2), C represents the total catch (number of ind. /h) at each sampling station, q is a measure of catchability (0. 5 for small yellow croaker; Zheng et al. 2003), and A is the sampling area swept by the trawl (km^2/h).

2. 2. 2 Relationship between RDI and environmental factors

We used multiple regression to model the relationship between the RDI and environmental factors (temperature, salinity and depth) in each seasons. Model selection was conducted u-

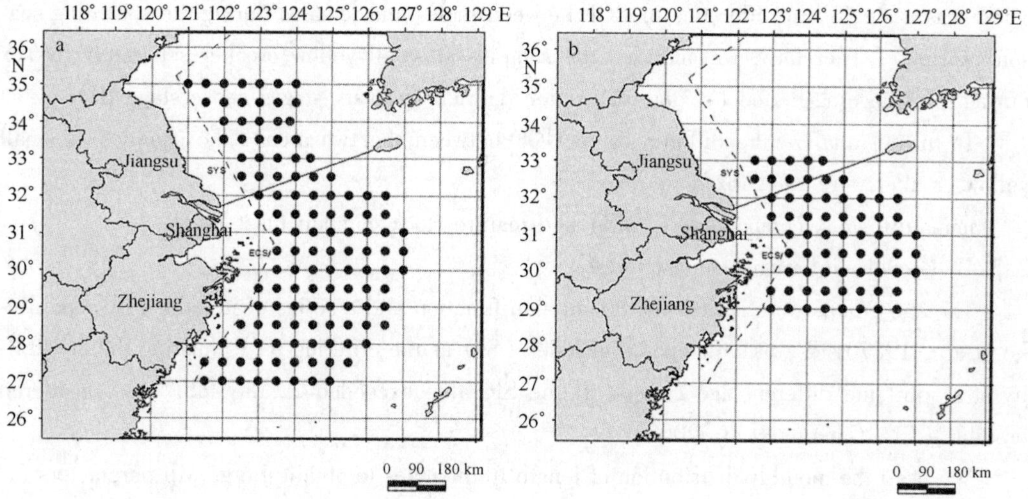

Fig. 1 Map of survey sites and sampling sites (occurrence of small yellow croaker)
a: Summer (Jun. 2006) and autumn (Sept. 2006), spring (Apr. 2007); b: winter (Dec. 2006). Dashed line: prohibited fishing line; solid line, border of the southern Yellow Sea and the East China Sea

sing backward stepwise regression with AIC (Akaike Information Criterion; Zuur et al., 2007). The initial model was:

(2) $\eta(\mu) = \alpha + \beta_1 X_{i1} + \cdots + \beta_k X_{ik} + \varepsilon$

where μ is the expectation of the dependent variable, α is the intercept, β_i is the regression coefficient, X_{ik} represents the design matrix of independent variables. The independent variables included bottom temperature, bottom salinity, depth, and their quadratic and interaction terms. ε represents the error term.

2.2.3 Growth condition factor (GCF)

We fitted the weight – length model, $W = a \times L^b$, to the relationship between body length (L, mm) and body weight (W, g). b is the rate at which the length of the fish increases (i. e. $b = 3$, isometric growth; $b \neq 3$, allometric growth), and a is the growth condition factor (GCF). We evaluated the difference in the weight – length relationship between samples from the SYS and ECS using an F test for the residual sum of squares.

GCF is typically used as an indicator of the well – being of a fish. It can be used to describe the growth and adaptation of the fish to its environment (Ricker, 1975). GCF was calculated as follows:

(3) $GCF = (W/L^3) \times 100$

where W is the total weight and L is the body length. The data were log transformed achieve normality. To avoid bias caused by dominant length groups, we selected representative length groups for the regression analysis. The b – parameters computed from the weight – length relationships of small yellow croaker were close to, but not exactly, 3 (Table 4). We also calculated the confidence interval for the slope to evaluate the significance of isometric growth.

There was a significant difference in GCF between males and females during the spawning season (spring). Therefore, we analyzed the samples of small yellow croaker separately by sex during the spawning period (sexual maturation defined by ovary stages above stage III).

To further analyze the differences in GCF between the two areas, the samples of small yellow croaker were categorized into

immature stock components (NMS) and mature stock components (MS).

2.2.4 Growth performance index (GPI)

The age groups were split using a Gaussian function and a series of iterations (Goonetilleke et al., 1987). We used a separation index (SI) as the criterion for estimating the credibility of a split into different age groups. If the SI value exceeded 2, the split was considered credible (El – Ganainy et al, 2008).

We used the monthly distribution of length frequencies to obtain the growth parameters L_∞ (asymptotic length) and K (average growth rate), curvature parameter of the VBGF (von Bertalanffy, 1938). We constructed histograms of the length frequencies using a 10 mm bin size. Estimates of the growth parameters were obtained by electronic length frequency analysis (ELEFAN I; Pauly and Morgan, 1987) by FISAT (Gayanilo et al., 1995).

We used the growth performance index (GPI) to evaluate the pattern growth in small yellow croaker. The GPI was expressed by the relationship between average growth rate and

asymptotic length (Gayanilo et al., 1995):

(4) $GPI = Log(K) + 2Log(L_\infty)$ A P value of $\leqslant 0.05$ was considered statistically significant in all analyses.

3 RESULTS

3.1 Resource density index

Small yellow croakers were widely distributed in the SYS and the northern ECS with the highest RDI values occurring in the waters between 30.5°N and 35°N. In general, the RDI was higher in the SYS and the ECS in summer and autumn than in the spring and winter (Fig. 2). In the SYS, RDI values ranged from 22 ~ 3 024 (mean: 785), 9 ~ 117 711 (11 556), 10 ~ 137 959 (23 130), and 11 ~ 3 558 (432) ind./km^2 in spring, summer, autumn, and winter, respectively. Similarly, the RDI values ranged from 11 ~ 19 708 (mean: 1 851), 11 ~ 146 868 (9 252), 11 ~ 37 916 (4 583), and 11 ~ 26 717 (1 936) ind./km^2 for the same seasons in the ECS.

3.2 Resources density index in relation to environmental factors

The bottom salinity and depth of habitat of small yellow croaker did not differ significantly during the summer between the SYS and the ECS (Table 2). However, we did observe significant differences for these two indices in spring, autumn, and winter. Average temperature, salinity, and depth were generally higher in the ECS than the SYS (Table 2).

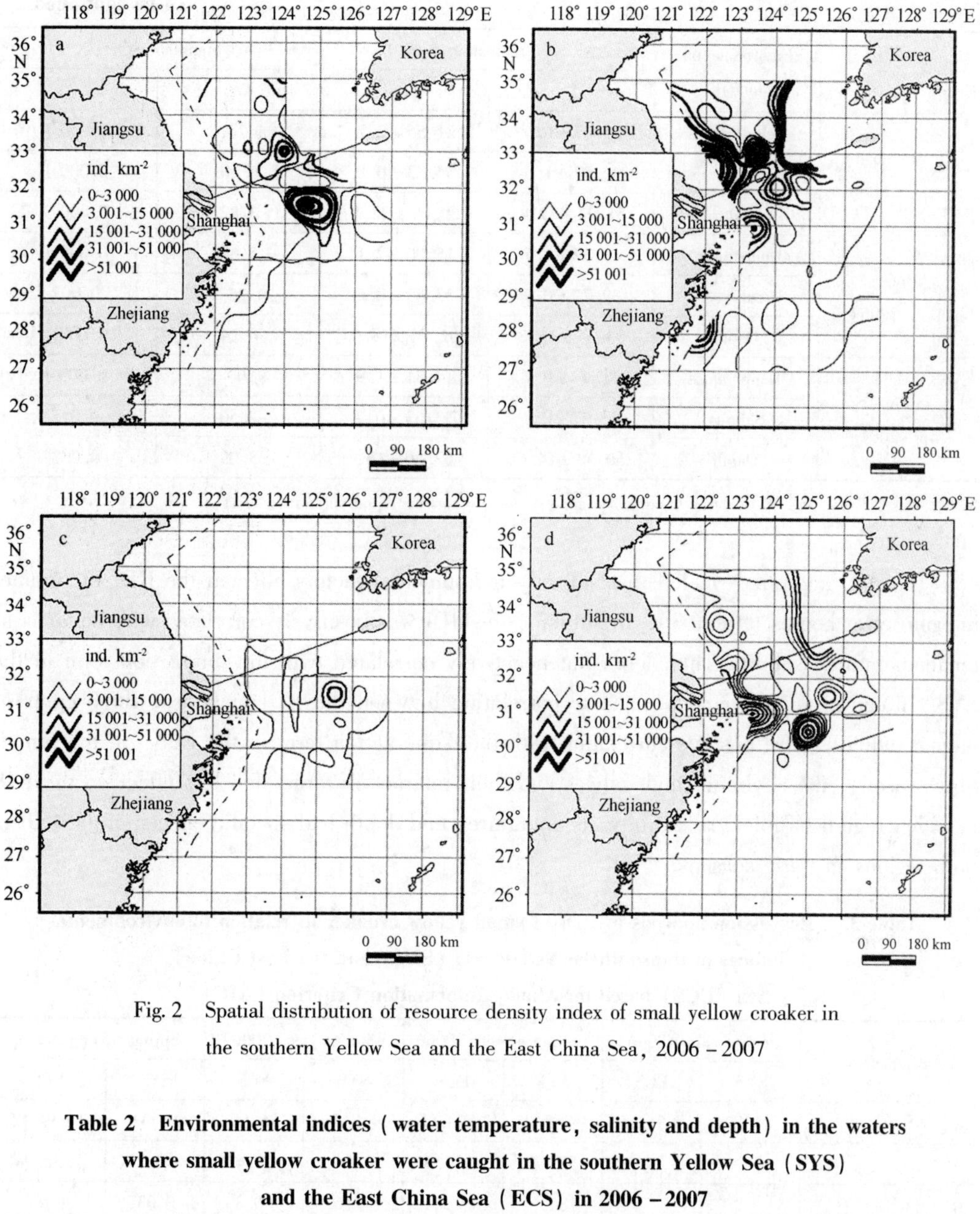

Fig. 2 Spatial distribution of resource density index of small yellow croaker in the southern Yellow Sea and the East China Sea, 2006 – 2007

Table 2 Environmental indices (water temperature, salinity and depth) in the waters where small yellow croaker were caught in the southern Yellow Sea (SYS) and the East China Sea (ECS) in 2006 – 2007

Season	Environmental factors	Mean		Significance test	
		SYS	ECS	t	P
Summer (Jun. 2006)	Temperature	12. 52 ± 3. 1	16. 86 ± 3. 2	5. 37	0. 000 1
	Salinity	33. 34 ± 1. 4	33. 45 ± 1. 1	0. 35	0. 729
	Depth	54. 75 ± 17. 4	61. 71 ± 17. 9	1. 54	0. 128

To be continued

Season	Environmental factors	Mean		Significance test	
		SYS	ECS	t	P
Autumn (Sept. 2006)	Temperature	15. 07 ± 6. 0	21. 55 ± 2. 7	5. 74 *	0. 000 1
	Salinity	32. 97 ± 1. 0	34. 23 ± 0. 8	6. 50	0. 000 1
	Depth	51. 94 ± 17. 4	69. 69 ± 22. 5	3. 82	0. 000 3
Winter (Dec. 2006)	Temperature	11. 37 ± 1. 7	15. 00 ± 2. 1	5. 66	0. 000 1
	Salinity	32. 77 ± 0. 9	33. 69 ± 0. 6	3. 25 *	0. 007
	Depth	38. 34 ± 11. 2	62. 74 ± 18. 0	4. 24	0. 000 1
Spring (Apr. 2007)	Temperature	11. 47 ± 0. 7	14. 81 ± 1. 9	9. 90 *	0. 000 1
	Salinity	33. 07 ± 0. 8	33. 63 ± 0. 9	2. 50	0. 015
	Depth	50. 58 ± 14. 6	62. 66 ± 16.	3. 09	0. 003

Note: t – test, $P < 0.05$; * denoting unequal variance t – test, otherwise equal variance t – test.

The AIC analysis revealed that several environmental factors affected the RDI in summer in both water bodies (Table 3). In autumn, the RDI was positively correlated with bottom water temperature, salinity, and depth but negatively correlated with the interaction term in the SYS. In contrast, we found a negative correlation between the RDI and these three environmental indices and a positive correlation with their interaction term in the ECS. In the remaining seasons, the environmental indices and their interaction terms had less effect on the RDI in either region (Table 3). Salinity, temperature, and depth had specific effects on the RDI in both regions in these seasons.

Table 3. Regression analysis of RDI of small yellow croaker in relation to environmental indices in the southern Yellow Sea (SYS) and the East China Sea (ECS) based on Akaike Information Criterion (AIC)

Parameters	Summer (Jun. 2006)		Autumn (Sept. 2006)		Winter (Dec. 2006)		Spring (Apr. 2007)	
	SYS	ECS	SYS	ECS	SYS	ECS	SYS	ECS
α	1 849. 26	-51. 15	-888. 05	2 394. 06	-1. 46	86. 69	10. 92	1 639. 18
$\beta1$		-28. 71	57. 44	-133. 95	0. 64	-1. 42	-0. 39	-32. 94
$\beta2$		1. 36	18. 26	-39. 52	0. 16	-0. 39	0. 03	1. 04
$\beta3$	-113. 58	7. 34	27. 77	-69. 89		-1. 16		-85. 52
$\beta4$		0. 09	-1. 12	2. 22	-0. 01	0. 02		-0. 07
$\beta5$			-1. 79	3. 93				
$\beta6$			-0. 56	1. 16				
$\beta7$			0. 03	-0. 07				
AIC models								
Null model	105. 07	94. 07	111. 91	126. 90	173. 32	204. 54	105. 57	135. 33

To be continued

Parameters	Summer (Jun. 2006)		Autumn (Sept. 2006)		Winter (Dec. 2006)		Spring (Apr. 2007)	
	SYS	ECS	SYS	ECS	SYS	ECS	SYS	ECS
Full model	86.28	81.43	108.41	121.38	172.74	189.22	111.96	133.15
Selected model	77.09	76.20	107.87	122.24	167.01	179.99	99.39	130.14

Note: α: intercept; β1: temperature; β2 - depth; β3: salinity; β4: temperature × depth; β5: temperature × salinity; β6: salinity × depth; β7: temperature × salinity × depth.

Table 4 Parameters of the length - weight equations for small yellow croaker in the southern Yellow Sea and the East China Sea, with 95% confidence interval indicated for the parameters ln *a* and *b*

Parameters	ln (*a*)			*b*			R^2
	Value	Se	CI95%	Value	Se	CI95%	
SYS	-10.96	0.10	(-11.2, -10.7)	2.996 8	0.02	(2.950, 3.040)	0.999
ECS	-11.60	0.26	(-12.2, -11.0)	3.021 3	0.05	(3.004, 3.038)	0.997

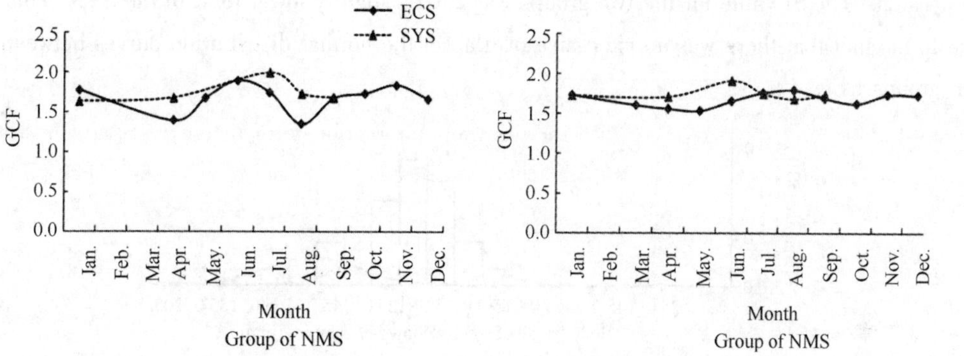

Fig. 3 Monthly variation in the mean condition factor of groups of immature (NMS) and mature (MS) *Larimichthys polyactis* in the southern Yellow Sea and the East China Sea from January to December 2006

Of the environmental factors we evaluated, bottom water temperature made the largest contribution to RDI in the models for both the SYS and the ECS. We found a positive relationship between RDI and bottom water temperature in summer and autumn in the SYS and a negative relationship between these indices in spring in the SYS and in all seasons in the ECS.

3.3 Growth condition factor (GCF)

We compared the monthly changes in the GCF of immature (NMS) and mature (MS) stock components in each region (Fig. 3). There was no difference in the mean monthly GCF of the NMS (mean: 1.78, range: 1.6 ~ 2.0) and MS (mean: 1.75, range: 1.7 ~ 1.9) groups in the SYS. Similarly, there was no significant difference in GCF between the NMS (1.68, range 1.4 ~ 1.9) and MS (1.67, 1.5 ~ 1.8) groups in the ECS. GCF declined sharply in the NMS group in the ECS during two periods (December - April and June - August) then peaked in June (Fig. 3). The pattern was similar in the SYS, but was delayed by ca. 1 month. The pattern of monthly changes in the GCF of the MS group was similar in both regions although the peak in the SYS was ca. 1 month earlier than in the ECS. There was no significant difference in the mean GCF of either group between the two areas (NMS: $t = 1.77$, $df = 13$, $P > 0.05$; MS: $t = 1.75$, $df = 15$, $P > 0.05$). The mean GCF of the MS group was higher between January – April than in the NMS group in both areas. However, the mean GCF of the MS group was lower than in the NMS group between late June and August in the SYS.

3.4 Growth performance index (GPI)

The body length frequency data were divided into different age groups using Bhattacharya's method (Goonetilleke et al., 1987). Small yellow croakers in the SYS were categorized into a one – year (body length: mean ± SD, 113.1 ± 15.1 mm) and 2 – year – old group (151.3 ± 16.2 mm). The catches of one – year – old fish accounted for 79.8% of the total catch. The SI value for the two groups was 2.11, thus, the split was considered credible. Similarly, small yellow croakers in the ECS were also categorized into a one – year (128.6 ± 14.6 mm) and 2 – year – old group (149.2 ± 17.9 mm) with the younger group accounting for 82.8% of the total catch. The SI value for the two groups was 2.01, slightly lower than in the SYS. This was due to the fact that there was an excessive overlap of the normal distribution curves between the two groups (Fig. 4).

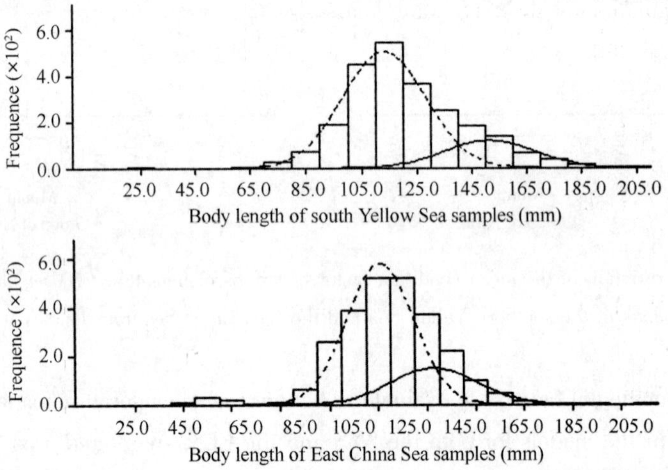

Fig. 4 Age group divisions based on length distribution data using the Bhattacharya method

Dashed line: 1 – year – old group; solid line, 2 – year – old group

The L_∞ and K were 250.5 mm and 0.4 respectively, in the SYS and 257.3 mm and 0.4 for small yellow croaker in the ECS. The estimated GPI in the SYS and in the ECS were 2.39 and 2.45 respectively.

4 DISCUSSION

We observed significant seasonal differences in the spatial distribution of small yellow croaker in the SYS and the ECS. These differences may reflect the migration of small yellow croaker. In spring (March – May), small yellow croaker in both regions migrated towards the coastal waters of Jiangsu (northern waters of Yangtze estuary) and Zhejiang Provinces (north Zhejiang coast and Yangtze estuary waters), respectively, to spawn. After spawning, the spent fish remained in these areas to feed whereas the juveniles dispersed to the nursery grounds in both the SYS and the ECS until autumn (Yamada, et al., 1986; Hwang, 1977; Zhao et al., 1987). Thus, small yellow croakers were widely distributed in the coastal waters and the adjacent waters (30°00′ – 35°00′N, 122°00′ – 127°00′E) during this period, evidenced by the high RDI in these areas. As the water temperature decreased in late autumn (October), the small yellow croaker population mixed with recruits and migrated offshore to deeper waters in the ECS (28°00′ – 32°00′N, 123°00′ – 124 °00′E) and SYS (west off Cheju Island) for overwintering (Zheng et al., 2003).

Hydrological parameters (water temperature, salinity, and depth) were generally different in each season in the areas of the SYS and the ECS containing small yellow croaker, with the exception of salinity and depth in summer. The distribution of small yellow croaker in the SYS was primarily regulated by the SYS water masses with low temperature and medium salinity. Similarly, their distribution in the ECS was primarily influenced by the surface water mass of the Taiwan Warm Current and the Zhejiang Coastal Water Mass (Su, 2005). Particularly in summer and winter, water temperature was the most important environmental factor influencing the spatial distribution of small yellow croaker and was associated with high RDI values. During this period, RDI increased as water temperature increased in the SYS. In contrast, the values decreased with the increase in water temperature in the ECS suggesting that the distribution of small yellow croaker is a function of the environmental characteristics of the two areas.

Many factors influence the growth and condition of fish species. Fish living under marginal environmental conditions will theoretically weigh less at any particular body length than those living under more optimal circumstances. Body condition may also vary between geographically isolated stocks due to genetic inequality of stocks or geographic variation in habitat quality (Doyon, 1988). The GCF was highest in summer in both areas (Zheng et al., 2003), then declined to its lowest values in autumn. During their spawning migration from the overwintering grounds in deeper waters in the ECS towards the coastal waters in spring (April), the small yellow croaker generally feed with low intensity. This is likely a function of low prey abundance in spring and higher abundance in summer in both waters (Zheng et al., 2003). As a result, the stomach fullness index of small yellow croaker is low in spring but high in summer (Hong, 2004). The combination of expending large amounts of energy during the migration and limited prey availability likely explains the slowing of growth in migrating small yellow croaker, leading to a slight decrease in individual GCF values. After arriving at the spawning grounds, the fish forage intensively for a short period during which the GCF of the spawners increases rapidly because of ovary and testis development. After spawning, the GCF decreases somewhat in autumn but remains relatively stable until the overwintering period. The young – of – the – year (YOY) small yellow croaker had high GCF values in spring because of their intensive foraging and abundant supply of food in the nursery grounds, However, their GCF declined drastically in summer, possibly due to limited prey availability. Thereafter, the GCF began to increase in autumn and was relatively high and stable during the overwintering period. It is thought that small yellow croaker may conserve energy, via an unknown mechanism, for survival through the winter when the fish do not forage as actively (Hong, 2004).

Teleostean growth parameters are closely related to environmental conditions such as habitat type, prey diversity and availability, exploitation, and interspecific competition (Getabu, 1992; Salvanes et al., 2004). For example, fish live a relatively long time and have low growth rates due to the lower temperatures (Gordon et al., 2004). Therefore, the differences in growth parameters among different areas are likely a direct reflection of the quality of the habitat. Thus, these parameters could be used to compare the differences among habitats for different populations (Treer et al., 2000). We found that small yellow croaker grew faster in the ECS than in the SYS. We speculate that this difference is related to the environmental characteristics of the two regions, which differed in several ways. First, the bottom temperature was generally low in the SYS compared with the ECS, particularly in summer and autumn because of the effect of the Yellow Sea Cold Water Mass. Thus, small yellow croaker in this region are likely to grow relatively slowly during this time. Second, prey availability differed significantly in the two areas. The prey species and biomass were more abundant in the ECS, and more favorable for small yellow croaker growth (Getabu, 1992; Zhang et al., 2007). Hong (2004) noted that similar prey species were found in the stomach contents of the small yellow croaker in both areas, but the frequency of occurrence of the principal prey items differed remarkably. Crustacean plankton, which are highly nutritional and easily digested, accounted for a predominant proportion of the food contents in the small yellow croaker in the ECS. The abundance of high quality prey may explain the higher growth rate in this region. Third, feeding intensity is closely related to water temperature. The low temperatures in the SYS resulted in retarded growth as well as low feeding intensity.

Commercial fishery exploitation may be another factor influencing growth parameters.

Fisheries in the ECS have been heavily exploited for several decades, leading to a decline in the abundance of fish populations and oversupply of prey populations (Lin et al., 2004). The recently recovered fisheries, including the small yellow croaker fishery, may have experienced environmental changes that are favorable for survival and growth (e.g. expansion of available habitat and niche space). Furthermore, intense fishing pressure can result in changes in life history strategies. This may have caused an increase in growth rates and early maturation in small yellow croaker in the ECS.

In summary, we showed that small yellow croaker in the SYS and ECS exhibited different biological and ecological characteristics due to the differences in environmental conditions of the two regions. These differences should be incorporated into the management strategies for the fisheries in these two regions. First, YOY and 1 – year – old small yellow croaker dominated the catch in both areas. Second, the life history characteristics differed between the two stocks, particularly during the spawning season. The time of spawning depended largely on water temperature. When the temperature in the spawning grounds reaches a certain level, small yellow croaker begin spawning. Generally, the ECS stock of small yellow croaker began spawning in early April. This timing should be considered when setting the closed seasons for fishing in summer. We suggest an earlier time for the closure of fishing in summer in the ECS. Last, we noted that one – year – old small yellow croaker accounted for a high proportion of the catch in the ECS. These fish grew faster and had a shorter life than those in the SYS suggesting that this region contains important nurseries. To ensure the sustainable utilization of the small yellow croaker stocks, methods should be implemented to protect the ECS small yellow croaker, such as enlargement of the mesh size, and greater protection for the juvenile year classes.

5 ACKNOWLEDGMENTS

We would like to thank Professor Yuanjia Zheng and all colleagues for their help in collecting the fishery data. This work was supported by the Fund for Creative Research Groups by NSFC (No. 40821004) and the Ministry of Science and Technology of China (2007BAD43B01) and The Open Fund of Key Laboratory of Marine Ecology and Environmental Science, Institute of Oceanology, CAS (KLMEES201001).

References

Doyon J F, Downing J A, Magnin E. 1988. Variation in the condition of Northern Pike, Esox lucius, Canadian Journal of Fisheries and Aquatic Sciences, 45: 479 – 483.

El – Ganainy A A, Sabra M M M. Age. 2008. Growth, mortality and yield per recruit of the filefish *Stephanolepis diaspros* (Fraser – Brunner, 1940) (Pisces: Monacanthidae), in the Gulf of Suez, Egypt. Journal of Fisheries and Aquatic Science, 3: 252 – 260.

Gayanilo F C, Sparre P, Pauly D. 1995. The FAO – ICLARM Stock Assessment Tools II User's Guide (FISAT) User's Guide. FAO computerized Information Series, Rome. pp. 186.

Getabu A. 1992. Growth parameters and total mortality in *Oreochromis niloticus* (Linnaeus) from Nyanza Gulf, Lake Victoria. Hydrobiologia, 232: 91 – 97.

Goonetilleke H, Sivasubramaniam K. 1987. Separating mixtures of normal distribution: basic programs for Bhattacharya's method and their applications to fish population analysis. Marine Fishery Resources Management in the Bay of Bengal. BOBP/MAG/4: 1 – 17.

Gordon H C, Michael G F, Miroslaw P, Framcisso N G, Anna V. 2004. Life – time growth patterns of pumpkinseed *Lepomis gibbosus* introduced to Europe, relative to native North American populations. Folia Zoologica, 53: 237 -254.

Guo X P, Jin X S, Dai F Q. 2006. Growth variations of small yellow croaker *Pseudosciaena polyactis* in the Bohai Sea. Journal of Fishery Sciences of China, 13: 243 -249. (in Chinese with English abstract)

Hong H X. 2004. Papers Collection of Hong Hui - xin. China Agricultural Press, Beijing. pp. 153 - 174. (in Chinese)

Hwang B N. 1977. Stock assessment of yellow croaker in the Yellow Sea and the East China Sea. Bulletin of Fisheries Research Development Agency. 17: 87 -98.

Jin X S. 1996. Ecology and population dynamics of small yellow croaker *Pseudosciaena polyactis* in the Yellow Sea. Journal of Fishery Sciences of China, 3: 32 -46. (in Chinese with English abstract)

Lin L S, Cheng J H, Ren Y P, Ling, J Z. 2004. Analysis of population biology of small yellow croaker in the East China Sea region. Journal of Fishery Sciences of China, 11: 333 -338. (in Chinese with English abstract)

Lin L S. 2007. Study on feeding habit and trophic level of redlip croaker in Changjiang estuary. Marine Fisheries, 29: 44 -48. (in Chinese with English abstract)

Lin L S, Cheng J H, Jiang Y Z, Yuan X W, Li J S, Gao T X. 2008. Spatial distribution and environmental characteristics of the spawning grounds of small yellow croaker in the southern Yellow Sea and the East China Sea. Acta Ecologica Sinica, 28: 3485 -3494. (in Chinese with English abstract)

Pauly D, Morgan G R. 1987. Length - based Methods in Fisheries Research. *In*: ICLARM Conference Proceedings, International Center for Living Aquatic Resources Management, Manila, and Kuwait Institute for Scientific Research, Safat, 13: 468.

Ren Y P, Gao T X, Liu Q, Xue Y. 2001. Study on the population structure and reproduction of *Pseudosciaena polyactis* in southern Yellow Sea. Transactions of Oceanology and Limnology, 1: 41 -46. (in Chinese with English abstract)

Ricker W E. 1975. Computation and interpretation of biological statistics of fish populations. Fisheries Research Board of Canada Bulletin, 191: 209 -210.

Salvanes A G V, Skjæaasen J E, Nilsen T. 2004. subpopulations of coastal cod with different behaviour and life - history strategies. Marine Ecology Progress Series, 267: 241 -251.

Shui B N. 2003. Study on the age and Growth of *Pseudosciaena polyactis* in the South of the Yellow Sea and the North of the East China Sea. Journal of Zhejiang Ocean University, 22: 17 -20. (in Chinese with English abstract)

Su J L. 2005. Hydroclimate in China Seas. Ocean Press, Beijing. (in Chinese)

Suam K, Sukgeun J, Chang I Z. 1997. The effect of seasonal anomalies of seawater temperature and salinity on the fluctuation in yields of small yellow croaker, *Pseudosciaena polyactis*, in the Yellow Sea. Fisheries Oceanography, 6: 1 -9.

Treer T, Habekovió D, Anicic I, Safner R, Piria M. 2000. Growth of five spirlin (*Alburnoides bipunctatus*) populations from the Croatian rivers. Agriculturae Conspectus Scientificus, 65: 175 -180.

von Bertalanffy L. 1938. A quantitative theory of organic growth (inquiries on growth laws II). Human Biology, 10:181 -213.

Yamada U, Tagawa M, Kishida S, Honjo K. 1986. Fishes of the East China Sea and the Yellow Sea. Printed by Nihon Shiko Printing Co., Ltd. Nagasaki. (in Japanese)

Zhang Q H, Cheng J H, Xu H X, Shen X Q, Yu G P, Zheng Y J. 2007. Fisheries Resource and Sustainable Utilization in East China Sea. Fudan University Press, Shanghai. (in Chinese)

Zhao C Y, Chen Y F, Hong G C. 1987. The Fisheries Resources Survey and Divisions in the East China Sea Region. East China Normal University Press, Shanghai. p. 339 – 356. (in Chinese)

Zheng Y J, Chen X Z, Cheng J H, Wang Y L, Shen X Q, Chen W Z, Li C S. 2003. Biology Resource and Environment in the East China Sea Continental Shelf. Shanghai Scientific & Technical Press, Shanghai. pp. 286 – 637. (in Chinese)

Zuur A F, Ieno E N, Smith G M. 2007. Analysing Ecological Data. Springer, New York.

东海北部秋季小黄鱼分布特征及其与底层温度和盐度的关系①

李建生[1],林龙山[1,2],程家骅[1]

(1. 农业部海洋与河口渔业重点开放实验室,中国水产科学研究院东海水产研究所,上海 200090;2. 中国海洋大学,山东 青岛 266003)

摘要:根据2003—2006年每年秋季(9月下旬)在东海北部的渔业资源和温盐度同步调查资料,对小黄鱼(*Larimichthys polyactis*)和底层温盐度的分布特征进行了研究,并对它们的关系进行探讨。结果表明:东海北部秋季小黄鱼主要分布在大沙、长江口和江外水域。小黄鱼索饵群主要出现在暖水控制区和它的边缘水域:暖水区底层水温22~25℃,底层盐度31.5~33.0;暖水边缘区底层水温14~21℃,底层盐度33.0~34.0。长江口水域是当龄索饵群的主要出现水域,为高温低盐特征;江外、舟外、沙外水域是隔龄索饵群的主要出现水域,为低温高盐特征;混合索饵群主要出现在水温和盐度均偏低的南黄海和大沙水域。长江冲淡水和东海暖水势力较强的年份,小黄鱼的分布面较广且单位捕捞努力量渔获量(CPUE)值较高;长江冲淡水中心水温大于25℃的年份,小黄鱼在其影响范围内出现率较高;在黄海冷水团控制的南黄海水域,水温和盐度偏低的年份,小黄鱼的CPUE值也较低。东海北部秋季小黄鱼当龄群体主要在长江冲淡水控制的高温低盐的近海海域索饵;隔龄群体由于对环境的适应性较强,主要在低温高盐的外海水域进行索饵。

关键词:东海北部,小黄鱼,索饵群,底层温盐度

东海北部海域地处台湾暖流、对马暖流、苏北沿岸流、东海沿岸流、长江冲淡水以及黄海冷水团的综合作用区域,基础饵料丰富[1],是秋季南黄海群小黄鱼(*Larimichthys polyactis*)的主要索饵场[2]。

小黄鱼属石首鱼科(*Sciaenidae*)、黄鱼属,为暖温性近底层鱼类。小黄鱼广泛分布于中国东海、黄海和渤海以及朝鲜半岛西岸海域,其中主要集中在28°00′N以北、125°30′E以西,水深不超过100 m的海区,以及受长江径流影响较大的黄海南部和东海北部的水深40~80 m的海区。该鱼种曾经是中国、日本、朝鲜、韩国四国的重要捕捞对象,在中国传统渔业历史上与大黄鱼(*L. crocea*)、墨鱼(*Sepiella maindroni*)、带鱼(*Trichiurus japonicus*)并称"四大鱼产",是中国海洋渔业开发利用价高质优的重要经济物种,在中国海洋渔业历史中占有十分重要的地位[2-3]。20世纪70年代以后,由于受到过度捕捞和环境等因素影响,小黄鱼资源逐渐步入衰退、严重衰退期。20世纪90年代之后,由于东海区

① 原文刊载于"中国水产科学,2004,16(3):348-356"。

伏季休渔制度的有效实施，资源数量有所恢复，产量虽然有明显上升[3-4]，但是渔获物绝大部分是以当龄鱼为主[5]，当前小黄鱼渔业已经处于严重补充型捕捞过度状态。近年来，国内学者对于东海北部的小黄鱼群体已经开展了广泛的研究，主要涉及伏季休渔效果的分析[6]、生物学特征[7-8]、资源量估算[4]、数量分布与浮游动物的关系[9]、产卵群体的分布与水团的关系[10]等方面。由于小黄鱼为近底层鱼类，因此其索饵群体的生态习性受索饵海域的底层温盐度影响较大，但目前对于小黄鱼的秋季索饵群体的分布特征与底层温盐度的关系尚缺少研究，为了初步探明它们之间的关系及影响机制，故本研究利用2003—2006年共4年度秋季的调查数据对东海北部秋季小黄鱼资源分布特征及与底层温盐度的关系进行研究，以期更好地了解秋季小黄鱼索饵群体的生态习性，有助于今后加强对小黄鱼资源群体的保护。

1 材料与方法

1.1 调查范围与调查时间

研究区域位于东海北部水域，范围为30°00′—34°00′N、122°30′—127°00′E（图1）。按照传统渔场的划分原则[2]以及为了方便研究，把调查水域分为南黄海、大沙、沙外、长江口、江外、舟山、舟外共7块水域进行研究，分区示意图如图1所示。采用网格式布点调查方法，在禁渔区线外每隔0.5度设置一个站位，2003—2006年实际调查站位数分别为62、68、56、59个。因2005年6月30日韩国专属经济区生效，故2005年和2006年沙外水域没有设置调查站位。

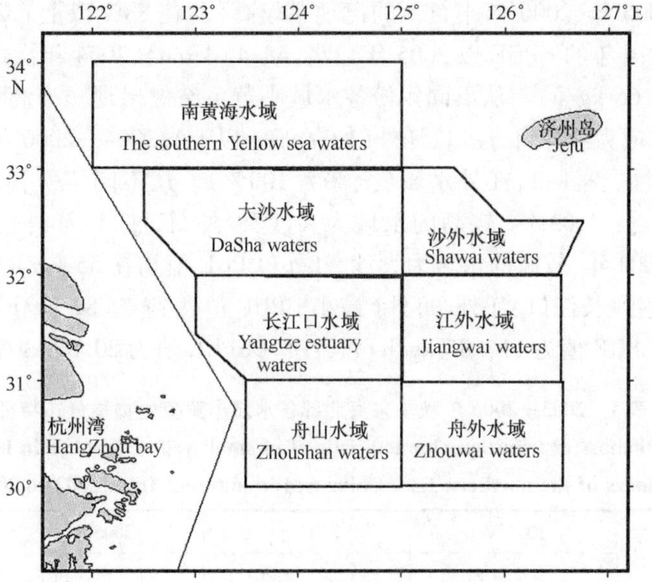

图1 东海北部调查水域划分示意图

Fig. 1 Partition map of investigated waters in the northern East China Sea

1.2 调查设备与分析方法

调查时间为每年的9月中下旬；调查船采用220.5 kW底层拖网渔船；海上调查时每

站拖网 1 h，拖网速度为 3 kn/h，调查网具规格为 100 目 ×400 cm，网囊网目 25 mm，网口高度 20 ~ 23 m。每站所获样品取 1 箱(15 kg)带回实验室进行分类鉴定，不满 1 箱时则全部取样。各站位温盐度数据用 Seabird 37 温盐深数据仪现场测定，并把数据下载至计算机保存。所有数据输入 Access 数据库以便对数据进行查询修正，采用 ArcView GIS 3.2 绘图软件绘制各年份的底层水温盐度等值线，以分析它们的变化特征。

1.3 数据处理方法

出现频率为各水域小黄鱼出现站位数除以该水域的总调查站位数；各水域 CPUE 为该水域小黄鱼出现站位的 CPUE 之和除以该水域的总调查站位数。以出现频率和 CPUE 值来表征不同水域的小黄鱼生物量特征。各水域底层温度或盐度的平均值由该水域所有调查站位的底层温度或盐度之和除以该水域的总调查站位数所得。

小黄鱼的索饵群主要由当龄群体、隔龄群体及两者的混合群体组成。按照小黄鱼生长方程[7-8]计算得到 9 月中旬当年生小黄鱼体质量约 9 g，1 龄小黄鱼体质量 34 g。以各站位小黄鱼的总渔获重量除以总渔获尾数得到该站位的小黄鱼平均体质量，由此判断小黄鱼平均体质量小于 9 g 的站位为当龄索饵群组成，9 ~ 34 g 主要由混合索饵群组成，大于 34 g 主要由隔龄索饵群组成。

2 结果与分析

2.1 小黄鱼生物量的分布特征

各年份秋季小黄鱼的出现率和 CPUE 具有一定的差异(表 1)：东海北部整个调查水域以 2004 年、2005 年、2006 年小黄鱼的出现率较高(均在 88% 以上)，2003 年出现率较低(为 83.87%)；4 年的 CPUE 以 2005 年最高(48.45 kg/h)，2004 年次之(37.83 kg/h)，2003 年最低(19.66 kg/h)。从不同年份各水域小黄鱼站位出现频率高低来看：2003 年，出现率较高的水域为沙外、长江口、江外(均在 90% 以上)；2004—2006 年，出现率较高的均为南黄海、大沙、长江口、江外水域(全部为 100%)。从不同年份各水域小黄鱼平均 CPUE 值分布来看：2003 年，较高的水域为大沙、沙外、长江口、江外(最小 CPUE 值为 19.11 kg/h)；2004 年，较高的水域为大沙、江外(CPUE 值均在 55 kg/h 以上)；2005 年，较高的水域为大沙、长江口、江外、舟外(最小 CPUE 值达到 49.82 kg/h)；2006 年，较高的水域为大沙(CPUE 值为 116.85 kg/h)、长江口(CPUE 值为 20.87 kg/h)。

表 1　2003—2006 年秋季东海北部各水域小黄鱼生物量分布特征

Tab. 1　Biomass distribution characteristic of of small yellow croaker in investigated waters of the northern East China Sea in autumns from 2003 to 2006

水域 (Waters)	2003 年		2004 年		2005 年		2006 年	
	O/%	CPUE /(kg · h^{-1})	O/%	CPUE /(kg · h^{-1})	O/%	CPUE /(kg · h^{-1})	O/%	CPUE /(kg · h^{-1})
南黄海 (Southern Yellow Sea)	88.89	2.69	100.00	7.82	100.00	15.52	100.00	7.39
大沙(Dasha)	88.89	19.11	100.00	58.93	100.00	55.24	100.00	116.85

续表

水域 (Waters)	2003 年		2004 年		2005 年		2006 年	
	O/%	CPUE /(kg · h⁻¹)	O/%	CPUE /(kg · h⁻¹)	O/%	CPUE /(kg · h⁻¹)	O/%	CPUE /(kg · h⁻¹)
沙外(Shawai)	100.00	23.40	75.00	4.88	----	----	----	----
长江口(Yangtze estuary)	90.00	27.78	100.00	8.02	100.00	92.78	100.00	20.87
江外(Jiangwai)	100.00	41.23	100.00	76.54	100.00	51.64	100.00	6.17
舟山(Zhoushan)	75.00	3.63	83.33	12.43	75.00	17.20	83.33	11.32
舟外(Zhouwai)	66.67	3.02	83.33	18.23	80.00	49.82	58.33	3.83
全调查水域 (Investigated waters)	83.87	19.66	92.65	37.83	91.07	48.45	88.14	33.04

注:CPUE 为单位时间努力量渔获量;O 为出现频率;---- 表示该水域无调查数据。

Note:CPUE - Catoh per hour of effort, kg/h; O - Frequency of occurrence, %; ---- No investigated data in the waters.

2.2 小黄鱼索饵群体的分布特征

2003—2006 年东海北部不同水域小黄鱼各索饵群体的组成百分比见表 2。2003 年,全调查水域以混合群体为主(59.62%),隔年生群体次之(23.07%),当年生群体最少(17.31%);当年生群体主要出现在长江口水域,大沙水域也有少许,其余水域没有出现;混合群体主要出现在南黄海、大沙、江外、舟山水域,长江口水域没有出现;隔年生群体主要出现在舟外水域,沙外和长江口水域没有出现。2004 年,全调查水域当年生群体仅占 3.17%,以混合群体所占比例最高(53.97%);当年生群体仅在南黄海和舟外水域出现,但比例较低;混合群体主要出现在南黄海、大沙、长江口和舟山水域,沙外水域没有出现;隔年生群体主要出现在沙外、江外、舟外水域,长江口水域没有出现。2005 年,全调查水域各索饵群体出现比例以当龄群体最高(64.71%)、混合群体次之(27.45%)、隔龄群体最低(7.84%);当年生群体主要出现在南黄海、大沙、长江口、舟山水域,其余水域所占比例较低;混合群体所占比例除舟外水域较高、长江口水域没有出现外,其余水域均较低;隔年生群体仅出现在南黄海、大沙、江外水域,但比例较低。2006 年,全调查水域各索饵群体出现比例以混合群体最高(65.38%)、隔年生群体次之(28.85%)、当年生群体最低(5.77%);当年生群体仅出现在南黄海水域,混合群体主要出现在大沙、长江口、舟山、舟外水域,隔年生群体出现比例以长江口、江外水域相对较高,而大沙水域没有出现。

2.3 底层水温的分布特征

根据各年秋季(9 月中下旬)实测底层水温数据,统计各水域的底层水温特征值并绘制等值线图分别见表 3 和图 2 。全调查水域 4 个年份的底层水温平均值以 2006 年最高,2004 年次之,2003 年最低。各年份不同水域的底层水温均以长江口水域最高,舟山水域次之,南黄海水域最低;近海的水温相对较高,而外海较低。研究水域主要受长江冲淡水、东海暖水、黄海水团、黄东海混合水的控制,不同年份各个水系的相互消长构成了该水域的水文环境特征[2-3]。由图 2 可以看出,东海暖水控制了研究水域的西南隅小部分及东南部的外海水域,以 2003 年、2004 年控制范围较大,2005 年、2006 年较小;长江冲淡水基本上控制了西南部的大部分范围，其中以2004年、2005年、2006年控制范围较大，而2003年较小；黄海冷水团主要控制北部水域，其势力以2003年最强，2004年次之，而2006年最弱；黄东海混合水的控制范围年间差异较小，但其在南北方向上则随着长江冲淡水和黄海水团的消长而有所变化，长江冲淡水势力强时偏北，弱时偏南。

表2 2003—2006年秋季东海北部各水域小黄鱼索饵群体的百分比组成

Tab. 2 Percent composing of small yellow croaker searching – bait shoal in investigated waters of the northern East China Sea in autumns from 2003 to 2006

年份 (Year)	索饵群 (Searching – bait stock)	南黄海 (Southern Yellow Sea)	大沙 (Dasha)	沙外 (Shawai)	长江口 (Yangtze estuary)	江外 (Jiangwai)	舟山 (Zhoushan)	舟外 (Zhouwai)	全调查水域 (Investigated waters)
2003	当年生群体 (YOY stock)	0.00	12.50	0.00	100.00	0.00	0.00	0.00	17.31
	混合群 (Mixed feeding stock)	62.50	62.50	100.00	0.00	83.33	88.89	37.50	59.62
	隔年生群体 (Age 1⁺ stock)	37.50	25.00	0.00	0.00	16.67	11.11	62.50	23.07
2004	当年生群体 (YOY stock)	8.33	0.00	0.00	0.00	0.00	0.00	10.00	3.17
	混合群 (Mixed feeding stock)	58.34	63.64	0.00	100.00	16.67	60.00	30.00	53.97
	隔年生群体 (Age 1⁺ stock)	33.33	36.36	100.00	0.00	83.33	40.00	60.00	42.86
2005	当年生群体 (YOY stock)	75.00	54.55	-----	100.00	40.00	75.00	44.44	64.71
	混合群 (Mixed feeding stock)	12.50	27.27	-----	0.00	40.00	25.00	55.56	27.45
	隔年生群体 (Age 1⁺ stock)	12.50	18.18	-----	0.00	20.00	0.00	0.00	7.84
2006	当年生群体 (YOY stock)	30.00	0.00	-----	0.00	0.00	0.00	0.00	5.77
	混合群 (Mixed feeding stock)	40.00	100.00	-----	55.56	40.00	70.00	71.43	65.38
	隔年生群体 (Age 1⁺ stock)	30.00	0.00	-----	44.44	60.00	30.00	28.57	28.85

注：----表示该水域无调查数据。

Note: ---- No investigated data in the waters.

表 3　2003—2006 年秋季东海北部各水域的底层水温特征值

Tab. 3　Discriptive statistic values of bottom layer water temperatures in investigated waters of the northern East China Sea in autumns from 2003 to 2006

水域 (Waters)	2003 年		2004 年		2005 年		2006 年	
	平均值 (Average)	标准差 (SD.)	平均值 (Average)	标准差 (SD.)	平均值 (Average)	标准差 (SD.)	平均值 (Average)	标准差 (SD.)
南黄海 (The southern Yellow Sea)	10.46	1.77	12.75	4.92	----	----	12.89	4.81
大沙(Dasha)	16.74	4.96	20.37	5.39	----	----	21.48	3.90
沙外(Shawai)	14.39	1.17	13.99	2.10	----	----	----	----
长江口 (Yangtze estuary)	23.67	0.86	25.08	1.02	24.75	2.54	24.86	0.49
江外(Jiangwai)	15.08	0.67	22.32	3.38	21.23	2.06	19.90	2.67
舟山(Zhoushan)	21.95	2.18	24.43	2.57	24.66	2.14	22.59	2.03
舟外(Zhouwai)	20.52	2.02	20.65	2.40	22.72	1.19	20.31	1.83
全调查水域 (Investigated waters)	18.39	5.14	20.27	5.74	----	----	20.46	4.71

注：---- 表示该水域无调查数据。

Note：---- No investigated data in the waters.

2.4　底层盐度的分布特征

根据各年秋季(9 月中下旬)实测底层盐度数据,统计各水域的底层盐度特征值并绘制等值线图分别见表 4 和图 3 。全调查水域底层盐度平均值以 2004 年最高,2003 年次之,2006 年最低。2003 年,底层盐度平均值以沙外水域最高、大沙水域次之、舟外水域最低;底层盐度较高水域主要集中在 31°00′ - 33°00′N 之间的大沙、沙外、长江口、江外水域,4 个水域的底层盐度均值都在 34 以上;而在 31°00′N 以南的舟山和舟外水域以及 33°00′N 以北的南黄海水域,底层盐度均值都小于 34,其中舟外水域的平均值仅有 32.57。2004 年,底层盐度较高的水域主要集中在 30°00′—32°00′N 的长江口、江外、舟山、舟外水域,另外还有 33°00′N 以北的南黄海水域,大沙水域的底层盐度值最低。2005 年,底层盐度测定仅局限于 30°00′—32°00′N 的长江口、江外、舟山、舟外水域,除长江口水域外,其他 3 个水域的盐度值均较高。2006 年,南黄海、大沙、长江口水域的底层盐度值相对较低,在 32.39 ~ 33.54 之间;江外、舟山、舟外水域的底层盐度值较高,在 34.30 ~ 34.52 之间。

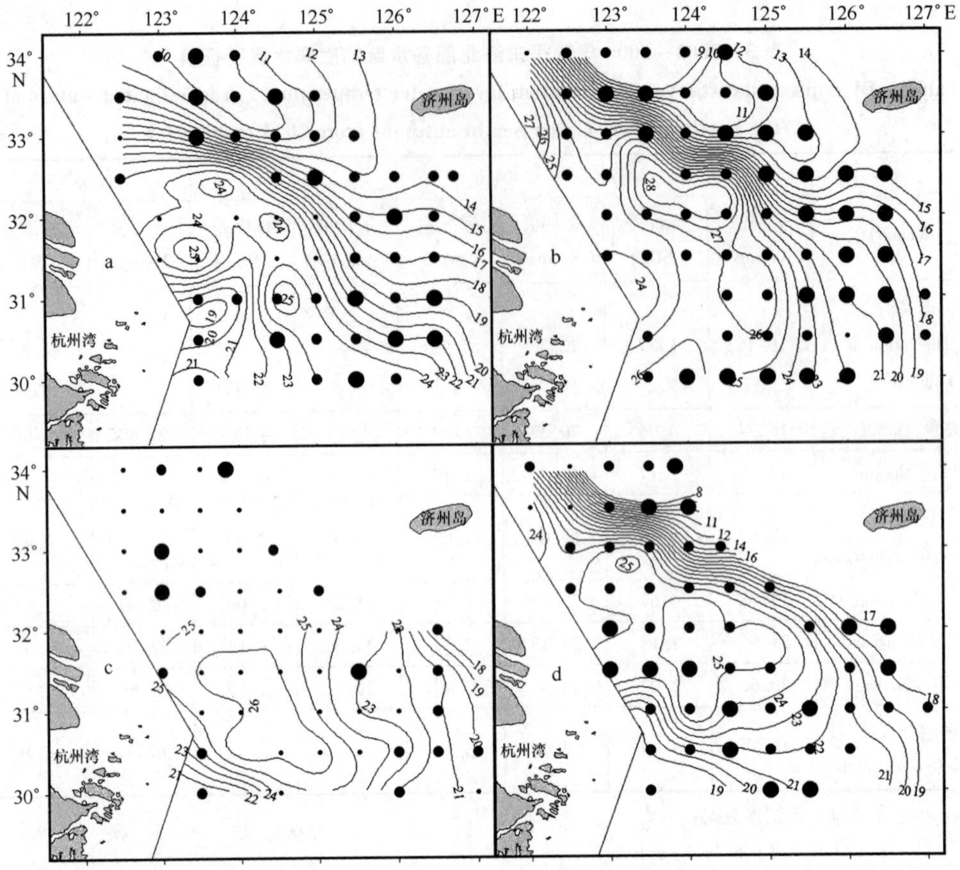

图例 ·当龄索饵群 ●混合索饵群 ●隔龄索饵群

a:2003 年,b:2004 年,c:2005 年,d:2006 年

图 2　2003—2006 年秋季东海北部底层水温分布

Fig. 2　Contour distribution of bottom layer water temperature in the northern East China Sea in autumns from 2003 to 2006

表 4　2003—2006 年秋季东海北部各水域的底层盐度特征值

Tab. 4　Discriptive statistic value of bottom layer salinity in investigated waters of the northern East China Sea in autumns from 2003 to 2006

水 域 (Waters)	2003 年		2004 年		2005 年		2006 年	
	平均值 (Average)	标准差 (SD.)	平均值 (Average)	标准差 (SD.)	平均值 (Average)	标准差 (SD.)	平均值 (Average)	标准差 (SD.)
南黄海 (The southern Yellow Sea)	33.36	0.45	33.86	2.05	----	----	32.93	0.82
大沙(Dasha)	34.57	0.43	32.57	1.08	----	----	32.39	0.84
沙外(Shawai)	34.74	0.23	33.44	0.69	----	----	----	----

续表

水域 (Waters)	2003 年		2004 年		2005 年		2006 年	
	平均值 (Average)	标准差 (SD.)	平均值 (Average)	标准差 (SD.)	平均值 (Average)	标准差 (SD.)	平均值 (Average)	标准差 (SD.)
长江口 (Yangtze estuary)	34.37	0.38	33.84	0.48	33.27	0.63	33.54	0.63
江外(Jiangwai)	34.36	0.43	34.27	0.39	34.52	0.22	34.44	0.39
舟山(Zhoushan)	33.08	1.05	34.26	0.09	34.23	0.31	34.30	0.25
舟外(Zhouwai)	32.57	0.88	34.64	0.40	34.42	0.30	34.52	0.28
全调查水域 (Investigated waters)	33.69	1.01	33.85	1.26	----	----	33.59	0.99

注：----表示该水域无调查数据。

Note: ---- No investigated data in the waters.

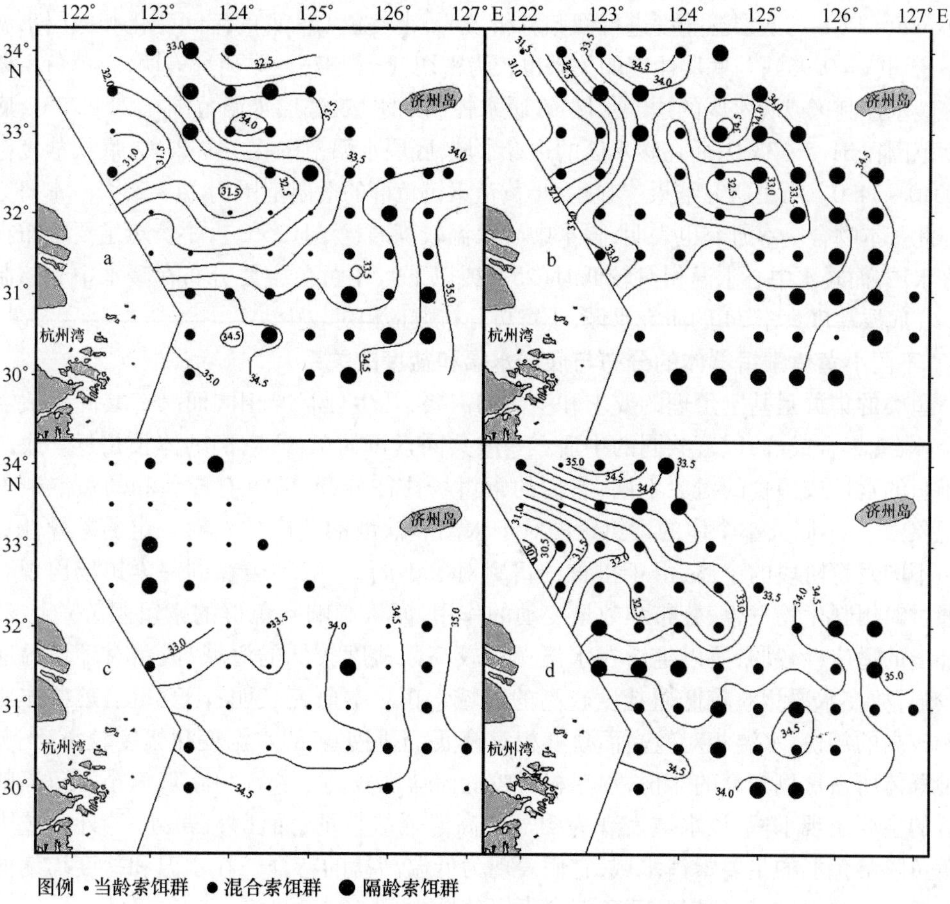

a:2003 年，b:2004 年，c:2005 年，d:2006 年

图 3　2003—2006 年秋季东海北部底层盐度分布

Fig. 3　Contour distribution of bottom layer salinity in the northern East China Sea in autumns from 2003 to 2006

3 讨论

3.1 小黄鱼索饵群体的分布与底层水温和盐度的关系

水温不仅对鱼类的繁殖、生长、发育、成活以及新陈代谢等有影响，而且对鱼类的洄游行动影响也很大，并直接影响渔期的早晚和长短、中心渔场位置的变动和鱼群集群程度[11]。因此，水温的分布与变化和鱼类的集群分布密切相关。而盐度也是鱼类生活环境重要因素之一。一般海洋鱼类的繁殖、孵化、发育等阶段对盐度都有一定的要求，如鱼卵的分布和水层就与盐度有密切的关系，因此盐度不论在水平、垂直方面发生变化时往往直接反映出鱼类洄游和集群的变化[12]。鱼类对海水温盐度的变化非常敏感，海水的温盐变化是鱼群集结分布的重要条件。东海北部海域为东黄海小黄鱼的秋季主要索饵场，并且是海洋渔业生产时拖网、帆张网等捕捞小黄鱼的主要作业场所，其主要渔场为大沙、沙外、长江口和江外渔场[13]。对4个年份的调查结果分析表明，虽然各个年份略有差异，但秋季小黄鱼资源还是主要分布在大沙、长江口和江外3个渔场，无论是出现率还是CPUE都是较高的。对4个年份小黄鱼CPUE与底层温盐度进行回归分析表明，小黄鱼CPUE的年间变化和底层水温的关系密切($r=0.96$)；与底层盐度的关系也较为密切($r=0.87$)。本研究表明，小黄鱼主要出现在暖水控制区或暖水区的边缘水域：在暖水控制的水域，底层水温范围在22～25℃，底层盐度范围在31.5～33.0；而在暖水区的边缘水域，底层水温范围在14～21℃，底层盐度范围在33.0～34.0。历史研究结果[2]显示，小黄鱼索饵鱼群的适温范围为14～26℃。本研究结果与此基本吻合。本研究也表明，暖水中心水温较高时（大于25℃），小黄鱼主要分布在其边缘水域；而暖水中心水温相对较低时（25℃或以下），小黄鱼主要分布在暖水中心控制水域。在底层盐度大于34的研究水域，小黄鱼分布数量相对较少。

3.2 不同小黄鱼索饵群体的分布与底层水温和盐度的关系

鱼类的集群是基于生理的要求和生活的需要，凡生理状况相同而又有共同生活需要的个体，就集合成群，以营共同的生活。一般共同索饵的鱼群，它们的体长相近。成鱼和幼稚鱼的食性或摄食的对象不同，它们的索饵场往往分开，但也有成鱼和幼鱼混杂索饵的现象[12]。不同大小个体的索饵鱼群对于水温和盐度的适应性具有一定的差异性。同种鱼不同发育阶段的个体，由于摄食的饵料对象不同，一般不会在同一索饵场出现。温度通过对饵料生物发生、分布和数量变动的作用，间接影响到鱼群的索饵洄游[14]。幼鱼对环境的适应性较弱，所以生活在水温相对较高而盐度较低的海域；成鱼对环境的适应性较强，故在水温相对较低而盐度较高的海域索饵。本研究表明：小黄鱼当龄群体所占比例较高的年份，水温相对较高而盐度相对较低，不同水域的水温变化幅度较小；小黄鱼隔龄群体所占比例较高的年份，水温相对较低而盐度较高。长江口水域为小黄鱼当龄索饵群的主要出现水域，该水域表现为明显的高温低盐特征，而江外、舟外、沙外水域则为小黄鱼隔龄鱼群的主要索饵水域，它们表现为低温高盐的特征。在水温和盐度均偏低的南黄海和大沙水域，主要以小黄鱼混合索饵鱼群为主。

3.3 海流水团对小黄鱼资源分布的影响

海流和水团的分布及消长变化构成了东海区重要的水文特征，直接影响着各种鱼类的生长发育、分布和洄游，良好的渔场往往形成于不同水团的交汇区[2]。鱼类通常在一定的水团中栖息活动。通常暖温性鱼类栖息在暖流水域,其洄游移动也随暖流的变化而变化[15]。东海北部海域主要受到长江冲淡水、东海暖水和黄海冷水团的控制[12],这几股海流和水团的年间强度的变化以及相互的强弱差异对小黄鱼索饵群的资源分布有着重要的影响。本研究表明:长江冲淡水和东海暖水势力较强的年份,小黄鱼的分布面较广且资源量指数较高;长江冲淡水控制区中心水温较高(大于25℃)的年份,小黄鱼在其控制区的出现率较高,但资源量的高低则与当年幼鱼的发生量具有密切的关系。在黄海冷水团控制的南黄海水域,在水温偏低的年份,小黄鱼的出现率和资源量指数均较低;而在盐度偏低的年份,即使出现率较高但其资源量指数还是相对较低的。在冷暖水团交汇的大沙和沙外水域,平均水温达到20℃以上且平均盐度低于33时,小黄鱼的出现率和资源量指数也是较高的。

影响渔场和鱼类资源量变化的环境因子是错综复杂的,各因子彼此联系,相互制约和相互影响,并与生物种群形成动态平衡。本研究只是对秋季小黄鱼的资源分布与海水底层温盐度的初步探讨,其与海洋环境的更复杂的关系,还有待今后更深入的研究。

参考文献:

[1] 李圣法,严利平,李长松,等. 黄海南部、东海北部鱼类组成特征分析[J]. 水产学报,2004,28(4):384-392.

[2] 农牧渔业部水产局,农牧渔业部东海区渔业指挥部. 东海区渔业资源调查和区划[M]. 上海:华东师范大学出版社,1987.

[3] 郑元甲,陈雪忠,程家骅,等. 东海大陆架生物资源与环境[M]. 上海:上海科学技术出版社,2003.

[4] 林龙山. 东海区小黄鱼现存资源量分析[J]. 海洋渔业,2004,26(1):18-23.

[5] 严利平,胡芬,凌建忠,等. 东海北部和黄海南部小黄鱼年龄和生长的研究[J]. 中国海洋大学学报,2006,36(1):95-100.

[6] 程家骅,林龙山,凌建忠,等. 东海区小黄鱼伏季休渔效果及其资源合理利用探讨[J]. 中国水产科学,2004,11(6):554-560.

[7] 林龙山,程家骅. 东海区小黄鱼渔业生物学现状的分析[J]. 中国海洋大学学报,2004,34(4):565-570.

[8] 林龙山,程家骅,任一平,等. 东海区小黄鱼种群生物学特性的分析[J]. 中国水产科学,2004,11(4):333-338.

[9] 李建生,严利平,李惠玉,等. 黄海南部、东海北部夏秋季小黄鱼数量分布及与浮游动物的关系[J]. 海洋渔业,2007,29(1):31-37.

[10] 丁峰元,林龙山,李建生,等. 东海区北部小黄鱼生殖群体分布及与水团关系[J]. 自然资源学报,2007,22(6):1013-1019.

[11] 李雪渡. 海水温度与渔场之间的关系[J]. 海洋学报,1982,14(1):103-113.

[12] 胡杰. 渔场学[M]. 北京:中国农业出版社,1995:31-57.

[13] 程家骅,张秋华,李圣法,等. 东黄海渔业资源利用[M]. 上海:上海科学技术出版社,2006:80-186.

[14] 殷名称. 鱼类生态学[M]. 北京:中国农业出版社,2000:171-187.

[15] 唐逸民. 海洋学[M]. 北京:中国农业出版社,1997:102-128.

Distribution characteristic of small yellow croaker (*Larimichthys polyactis* Bleeker) and its relationship with bottom layer water temperature and salinity in the northern East China Sea in autumn

Li Jiansheng[1], Lin Longshan[1,2], Cheng Jiahua[1]

(1 *Key and Open Laboratory of Marine and Estuarine Fisheries, Ministry of Agriculture, East China Sea Fisheries Research Institute, Chinese Academy of Fishery Sciences, Shanghai*, 200090, *China*; 2 *Ocean university of china, shandong*, 266003, *china*)

Abstract: Based on data collected from the bottom trawl surveys in autumn over the period 2003 to 2006, the paper analyzed distribution characteristics of small yellow croaker in the northern East China Sea and its relationship with temperature and salinity of bottom water. The results showed that small yellow croaker in the northern East China Sea distributed mainly in the waters of Dasha, Yangtze estuary and Jiangwai in autumn. The feeding stock of small yellow croaker appeared primarily in the area controlled by warm water and its marginal area. The ranges of temperature and salinity of bottom water in the warm waters were 22 ~ 25℃ and 31.5 ~ 33.0, respectively, while they were 14 ~ 21℃ and 33.0 ~ 34.0 in marginal area of warm water correspondingly. The feeding stock composed by YOY stock was appeared primarily in the waters of Yangtze estuary, where the water was characterized by high temperature and low salinity. The feeding stock composed by age 1^+ individuals appeared mainly in the waters of Jiangwai, Zhouwai and Shawai, where the water was characterized by low temperature and high salinity. The mixed feeding stock appeared mainly in the southern yellow sea and the waters of Dasha, where the water was characterized by low temperature and low salinity. There were obvious effects of ocean current and water masses on distribution of small yellow croaker. When the strength of Yangtze River diluted water and East China Sea warm water were strong, the distribution scope of small yellow croaker was rather wide and biomass index of the stock was quite high; when the temperature of the center of Yangtze River diluted water was above 25℃, the appearance frequency of small yellow croaker was quite high in the distribution region affected by diluted water; when the water temperature and salinity were low in the southern Yellow Sea controlled by Yellow Sea cold water masses, the biomass index of small yellow croaker was quite low. The YOY stock individuals are mainly feeding in the offshore sea waters where the water was characterized by high temperature and low salinity controlled by Yangtze River diluted water and the feeding stock composed by age 1^+ individuals are mainly feeding in the offsea waters where the water was characterized by low temperature

and high salinity because it has better adaptability to the environment in the northern East China Sea in autumn.
Key words: the northern East China Sea; small yellow croaker; feeding stock; bottom layer temperature and salinity

第三篇　小黄鱼渔业管理

东海区小黄鱼现存资源量分析①

林龙山

(农业部海洋与河口渔业重点开放实验室,中国水产科学研究院东海水产研究所,上海 200090)

摘要:本文以2002年东海区渔业资源监测调查资料为依据,对小黄鱼的体长、体重和现存资源量进行了分析研究。结果表明,2002年东海区小黄鱼种群的平均体长仅为123.89 mm,优势体长组为110~130 mm,占46.15%;平均体重为35.27 g,优势体重组为20~40 g,占59.41%;个体小型化相当突出。现存资源量评估结果为2.51×104 t,7.12×108尾,资源发生量处于历史较高水平,但种群处于严重生长型捕捞过度。建议采取更加科学、更加严格的管理措施,促使小黄鱼资源走向可持续发展的道路。

关键词:东海区,小黄鱼,渔业资源评估

小黄鱼(*Larimichthys polyactis*)隶鲈形目、石首鱼科、黄鱼属,俗称小鲜(浙江),小黄瓜(福建),黄花鱼(山东、河北、辽宁),是暖温性底层鱼类。分布于我国的渤海、黄海和东海,是底拖网、围缯、风网、帆张网和定置张网专捕和兼捕对象。是中、日、韩三国共同利用的主要鱼种,在我国的海洋渔业中占有重要的位置[1]。

在我国的海洋渔业史上,小黄鱼是最古老、最重要的经济鱼类之一。早在公元前500多年,人们就开始在东海北部捕捞。尔后该渔业在20世纪50年代至70年代期间,与大黄鱼、带鱼、墨鱼同称海洋"四大渔业"[2]。但是,在70年代以后,由于受到过度捕捞和环境恶化等影响,小黄鱼资源步入衰退、严重衰退期。90年代之后,由于东海区伏季休渔制度的有效实施,资源数量有所恢复,产量明显上升[3],2000年其产量创东海区小黄鱼历史产量的最高纪录,达15.95×10^4 t,2001年产量为12.50×10^4 t,2002年产量为12.91×10^4 t,处于历史较高水平。然而,产量的增加并没有使小黄鱼资源完全恢复,渔获物利用主要以补充群体为主,可利用价值大大降低。为此,本文对小黄鱼群体结构组成状况和现存资源量进行了分析和探讨,以期让有关部门和机构更清晰地了解这一现象,为小黄鱼资源的合理利用和科学管理提供决策依据。

1 材料与方法

1.1 材料

本文采用数据取自2002年东海区渔业资源监测调查。调查船为205.07 kW的底拖网船,网具为(96×4)m,网囊网目为4.0 cm,调查范围均为27°00′—34°00′N,122°00′—127°00′E,调查时间、调查站位数、渔获物总产量、小黄鱼出现站位数、小黄鱼产量及站位

---

① 原文刊载于"海洋渔业,2004,26(1):18-23"。

出现率和渔获量所占比例见表1，拖网时间均标准化为1 h，产量均转化为kg/h来表示。

表1 调查时间、站位、产量和小黄鱼所占比例

Tab. 1 List of research cruises were used for this paper

时间 (Time)	站位 (stations)	总产量/kg (Total yield)	小黄鱼 Small yellow croaker			
			出现站位 (Occurrence)	站位出现率/% (Frequency)	产量/kg (Yield)	产量比重/% (Percentage)
2002年4月	121	1 874.7	67	55.37	210.6	11.2
2002年6月	121	2 618.7	61	50.41	196.2	7.5
2002年9月	118	11 430.0	70	59.32	1 899.7	16.6
2002年12月	121	20 314.9	59	48.76	2 652.1	13.1

1.2 分析方法

渔获小黄鱼在实验室进行生物学测定，测定内容包括体长、体重等。然后输入计算机中的鱼类资源动态监测数据库，之后进行数据处理，处理软件采用Statistica('99 Edition)统计软件。资源评估采用扫海面积方法进行估算，首先计算0.5°N×0.5°E各小方区的资源量，计算式为：

$$B = A \times (C/a \cdot q)$$

式中：B为小方区资源量；A为小方区面积；C为小方区内每小时平均拖网渔获量或渔获尾数；a为网具每小时扫海面积；q为捕获率(可捕系数)[2]。然后把每个调查小区的资源量相累加作为调查海区小黄鱼的资源量。

参数值的确定：网具取样面积a为网口宽度与每小时拖曳距离的乘积，网口宽度在不同拖曳状况下略有差异，本文是以调查中实测值35 m计算的，拖曳距离为拖网时间与拖网速度的乘积，拖网速度取平均拖网速度2 n mile/h(3 704 m/h)计算。

捕获率表示网具对鱼类等捕捞对象的捕捞效率，在网具规格选定的情况下，它主要取决于不同鱼类对网具的反应能力。由于各种捕捞对象生态习性不同，对网具的反应也不一样。由于小黄鱼属于底层鱼类，有昼夜垂直活动习性，其q值取0.5。

2 结果

2.1 渔获物体长组成

2002年小黄鱼渔获物体长组成范围为86~210 mm，优势体长组为100~130 mm，占总数的46.15%，平均体长为123.89 mm。各季节体长分布情况如表2。全年合计各体长组分布频率如图1。

2.2 渔获物体重组成

2002年体重组成范围为13~193 g，优势体重组为20~40 g，占总数的59.41%，平均体重为35.27 g。各季节体重分布情况如表2。全年合计各体重组分布频率如图2。

表 2　小黄鱼体长体重分布特征

Tab. 2　The characteristics of length and weigth distribution of small yellow croaker

项目(Item)		月份(Month) 4	6	9	12	全年平均(Average)
体长组成(Length composition)/mm	分布范围(Distribution range)	86 ~ 194	95 ~ 185	99 ~ 210	105 ~ 187	86 ~ 210
	优势体长组(Dominant group)	100 ~ 120	110 ~ 140	110 ~ 130	130 ~ 150	110 ~ 130
	优势体长组(Dominant group percentage)/%	70.19	81.11	60.36	49.58	46.15
	平均体长(Average length Variance)	111.42	123.74	127.74	137.70	123.89
	方差(Variance)	13.90	12.71	16.61	14.65	17.98
体重组成(Weigth composition)/g	分布范围(Distribution range)	13 ~ 126	16 ~ 117	15 ~ 193	17 ~ 117	13 ~ 193
	优势体重组(Dominant group)	20 ~ 30	30 ~ 40	20 ~ 40	30 ~ 50	20 ~ 40
	优势体重组(Dominant group percentage)/%	53.21	40.00	67.50	54.58	59.41
	平均体重(Average length)	26.17	37.11	39.50	43.76	35.27
	方差(Variance)	13.32	11.99	19.35	15.22	17.00
取样尾数(Number of sampling)		265	180	280	240	965

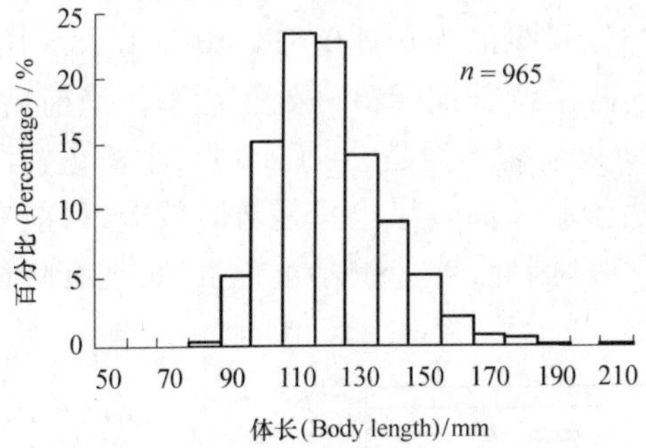

图 1　小黄鱼体长组频率分布

Fig. 1　Body length distribution of small yellow croaker

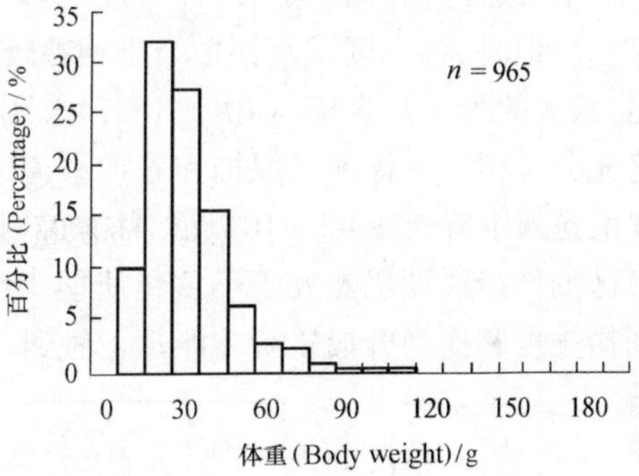

图 2　小黄鱼体重组频率分布

Fig. 2　Body weight distribution of small yellow croaker

2.3　渔业资源评估

2002 年调查的纬度范围在 27°—34°之间，由于各纬度的经度间实际距离有差别，本文取其中间值 30°—31°N 的实际距离来计算 1°梯形面积，为 1.06×10^4 km^2，则 0.5°N × 0.5°E 的小方区面积为 2 660.8 km^2，秋季总调查面积为 31.40×10^4 km^2 外，其他季节的总调查面积均为 32.20×10^4 km^2。

调查结果显示，4 月小黄鱼产量占渔获物总产量的 11.2%，6 月占 7.5%，9 月占 16.6%，12 月占 13.1%，全年合计占 13.7%；另外，小黄鱼的出现率最高为 59.32%，最低为 48.76%（表 1），可以看出小黄鱼群体的分布没有涵盖整个调查海区，因此，本文没有利用整个调查海区的平均资源量和面积来估算小黄鱼资源量，而是采用更精确的 0.5°N × 0.5°E 各小方区资源量的总和来进行评估，这样通过扫海面积法公式评估结果为4月小黄鱼资源量 0.9×10^4 t，资源尾数 4.1×10^8 尾；6月 0.8×10^4 t，2.3×10^8 尾；9月 7.0×10^4 t，18.7×10^8 尾；12月 1.4×10^4 t，3.4×10^8 尾；全年合计平均为 2.51×10^4 t，7.12×10^8 尾。

3 讨论

3.1 个体小型化非常突出，种群处于严重生长型捕捞过度

调查结果表明，目前小黄鱼的平均体长只有124 mm，其中100～140 mm体长组占到75.73%（图1），平均体重只有36 g，其中10～50 g体重组占到85.38%（图2），与20年前1982年调查结果相比[4]，当时小黄鱼平均体长为182 mm、平均体重为99 g，可见，目前小黄鱼种群个体小型化已相当突出。但是生产实际是东海区小黄鱼资源发生量却处在历史较高水平，其中2002年实际产量为 12.91×10^4 t，而资源量评估结果只有 2.51×10^4 t，产量大大超过了其现存资源量。而且渔获物绝大部分是以当龄鱼为主[2]，可以看出目前小黄鱼渔业已经处于生长型捕捞过度状态。另外，由于个体小型其经济价值远远低于成鱼价值，从渔业生物学和经济价值的角度看，目前单纯的产量提高并不能提高小黄鱼渔业的经济价值，所创造的产值也受到很大程度上的局限。

3.2 伏季休渔效果显著，但时效较短

本文通过扫海面积法，得出目前小黄鱼资源量比20世纪80年代的资源量已有所恢复[4]。但是，各季度调查评估结果相差较大（图3），最少的为6月 0.81×10^4 t，2.28×10^8 尾，最大的为9月 6.97×10^4 t，18.74×10^8 尾，这两个调查期间恰好处在伏季休渔前后，这充分说明伏季休渔对保护和养护小黄鱼资源效果显著。但是，到了12月，小黄鱼资源量又迅速下降至 1.42×10^4 t，3.41×10^8 尾，说明伏季休渔效果也只是暂时效应，目前东海区的捕捞强度仍然大于小黄鱼所能承受的压力。因此，要保护小黄鱼资源，唯有降低捕捞强度和提高开捕年龄才能真正做到。

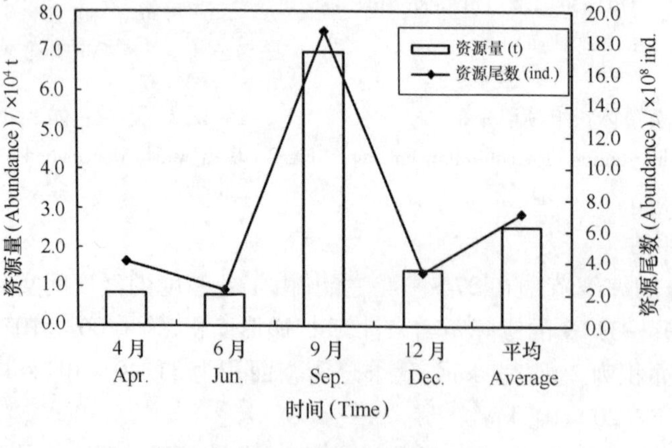

图3 东海区小黄鱼现存资源量评估

Fig. 3 Abundances of small yellow croaker estimated in East China Sea

3.3 小黄鱼产量处于历史较高水平，但资源尚未真正恢复

小黄鱼作为底层主要经济鱼类，是我国群众渔业和机轮渔业重要的捕捞对象，特别

在东海海域，其产量曾占主要经济鱼类产量达26%。在20世纪90年代末期，其产量曾连年增加，并在2000年创下最高产量达15.95×10^4 t，占主要经济鱼类产量比例为7.27%，该比例为20世纪80—90年代以来的最高比值。说明随着小黄鱼产量的恢复，其在主要经济鱼类产量中的比重也逐渐加大（图4、图5）。

图4　东海区主要经济鱼类产量及小黄鱼产量

Fig. 4　The yield of main commercial fish and small yellow croaker in East China Sea

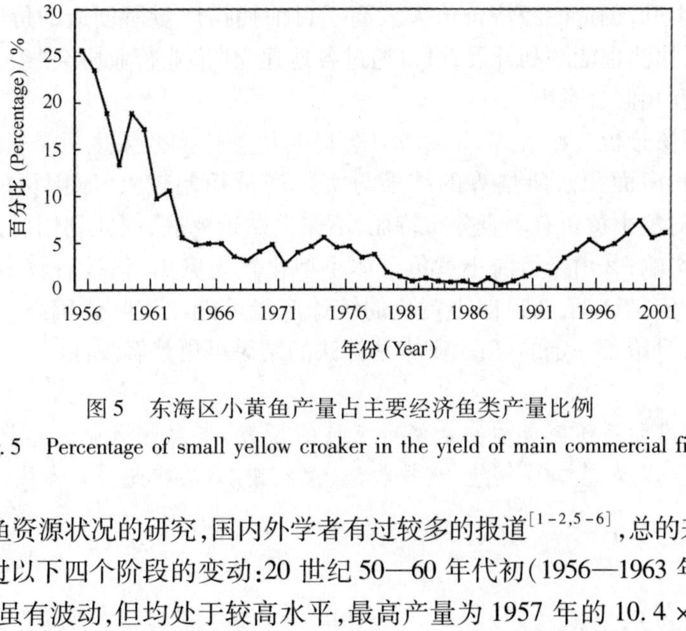

图5　东海区小黄鱼产量占主要经济鱼类产量比例

Fig. 5　Percentage of small yellow croaker in the yield of main commercial fish

关于小黄鱼资源状况的研究，国内外学者有过较多的报道[1-2,5-6]，总的来看，东海区小黄鱼资源经历过以下四个阶段的变动：20世纪50—60年代初（1956—1963年）的资源兴旺期，该时期产量虽有波动，但均处于较高水平，最高产量为1957年的10.4×10^4 t；60年代初期至70年代中期的资源平衡期，产量维持在2.6×10^4 t左右，波动范围为1.7×10^4～3.8×10^4 t；70年代中期至80年代末的资源衰退期，产量从1975年的4.4×10^4 t下降到1989年的0.4×10^4 t，呈现不断衰退的局面；90年代至今的资源恢复上升期，产量从1990年的0.9×10^4 t持续上升，直到2000年达到最高产量，2002年的产量仍然处于历史较高水平（图4）。

但如上所述，捕捞群体中个体小型化非常突出，种群处于严重生长型捕捞过度，大量渔获几乎依靠幼鱼来维持,如这种状况没有较大的改观,则很难改变这类不正常的局面,资源仍处于非常脆弱的状态,尚不能真正恢复。

3.4 小黄鱼渔业资源管理意见

近几年来,尽管我国政府为繁殖保护小黄鱼等经济鱼类的产卵场和幼鱼等,已颁布了一系列的管理措施包括伏季休渔,以及中日、中韩渔业协定,规定的保护区和禁渔区,2000年新的《渔业法》增加了“渔获物中幼鱼比例不得超过规定比例”的规定,可是这些管理措施在强大的捕捞压力下均显得无能为力,因此必须采取更加科学、更加严格的管理措施,而且必须包括利用东海渔业资源的所有国家和地区共同参与,才有望促使小黄鱼资源走向可持续发展的道路。

鉴于目前小黄鱼体重的生物学指标远低于国家规定可捕标准的100 g(东海区繁殖保护细则规定江苏和上海是125 g,浙江是100 g),近几年来渔获小黄鱼幼体比例大大超过20%,市场上很难见到成鱼的事实,建议提高小黄鱼的开捕年龄,减少捕捞强度,严格限制出售当年生幼鱼,执法部门在执法过程中要确实加强渔获物幼鱼比例的检查力度,注重市场、销售环节的严格管理,以及加大对非法销售渔获物行为的查处力度等。只要条件允许,建议对小黄鱼进行全面禁捕一年。

另外,必须加强宣传教育,提高渔民的自我约束意识。如按照目前资源尾数7.12×10^8尾算,全面禁捕一年后,以每尾增重50 g计,光增重部分就可达3.06×10^4 t,伴随鱼体长大带来的鱼价上升,创造的经济价值大大高于目前捕捞产量所创造的价值。这样宣传,渔民容易接受,执法也能顺利开展;可以通过各地建立“渔业行业协会”组织制度,增强渔民自律行为和互相监督意识。

3.5 现存资源量分析

本文利用扫海面积法所估算的结果与实际产量相差较大,原因可能有以下几点:①本文的研究对象小黄鱼有垂直分布特征,不完全贴近海底,因此利用底拖网调查,其渔获率受到较大影响;②由于目前小黄鱼个体小型化较为突出,估计有较多的鱼会从网囊中逃逸,但不能定量订正;③目前小黄鱼的统计产量可能比实际值偏高。如果能很好地解决上述问题,且给予一定的订正,则本估算法的结果可更趋客观性[7]。

致谢:本文承蒙郑元甲研究员和沈金鳌研究员的指教,东海区渔业资源监测站的所有同事协助完成海上调查、生物学测定、数据收集、录入等工作,在此一并谢忱。

参考文献:

[1] 赵传絪,刘效舜,曾炳光,等. 中国海洋渔业资源[M]. 杭州:浙江科学技术出版社, 1990.

[2] 郑元甲,陈雪忠,程家骅,等. 东海区生物资源环境底层生物资源[M]. 上海:科技出版社,2003.

[3] 林龙山,凌建忠,程家骅,等. 小黄鱼资源状况及合理利用意见[J],海洋渔业,2000,22(3:) 120-123.

[4] 赵传絪,陈永法,洪港船,等. 东海区渔业资源调查和区划[M]. 上海:华东师范大学出版社,1990.

[5] 山田梅芳,田川勝,岸田周三,等. 东シナ海. 黄海 のさかな[M]. 长崎:日本纸工印刷,1986,

2－491.

［6］ 时村宗春．东、黄海における底鱼类の资源评估手法の现状と问题点［J］．西日本底鱼部会报，1994. N. 022：41－52.

［7］ Shen，J. A.．Assessment of unexploited fish resources om the continental slope of the East China Sea，In：Hirano，R. and I. Hanyu，1990. The second Asian Fisheries Forum. 991 p. Asian Fisheries Society，Manila，Philippines. 839－842.

Analysis of Extant Resource Quantity of Small Yellow Croaker (*Larimichthys polyactis*) in East China Sea

Lin Longshan

(*Key Laboratory of Marine and Estuarine Fisheries, Ministry of Agriculture. East China Sea Fisheries Institute, Chinese Academy of Fishery Sciences, Shanghai* 200090, *China*)

Abstract: Based on the data obtained from the fishery resource monitoring in the East China Sea in 2002, body length, body weight and extant abundnrce of small yellow croacker (*Larimichthys polyactis* bleeker) were analyzed. The results indicated that in 2002, the average of length was only 123.89 mm with predominant body length was from 110 mm to 130 mm, accounted for 46.15% whilst the average weight was 35.27 g with predominant weighty from 20 g to 40 g, representing 59.41%. Miniaturization of individual was quite distinct. The evaluation of the extant abundance was 25 128 tons, that is about 7.12×10^8 individuals. The abundance of resource was in a higher state, but the population was supplementing pattern in serious overfishing. It suggested that it is necessary to take more scientific and more strict control measures to impel small yellow croaker resource to move towards the road of sustainable development.
Key words: East China Sea, Small yellow croaker, Fish stock assessment

东海区小黄鱼总允许渔获量初探①

林龙山,王小勇,马春艳

(农业部海洋与河口渔业重点开放实验室,中国水产科学研究院 东海水产研究所,上海 200090)

摘要:根据1991—2003年中国渔业统计年鉴以及东海区渔业资源动态监测网各网站监测产量和捕捞努力量(投网次数)数据,通过同时期东海区小黄鱼产量对海区总捕捞努力量进行标准化,运用剩余产量模型中的Fox模型估算东海区小黄鱼最大持续产量(*MSY*)、最适产量($Y_{0.1}$)和总允许渔获量(*TAC*)。结果表明,东海区小黄鱼的最大持续产量为116 565 t,相应捕捞努力量(f_{MSY})为4 988 315网次,最适产量为113 068 t,相应捕捞努力量($f_{0.1}$)为3 890 886网次,$TAC_{MSY}=99\ 317$ t,$TAC_{0.1}=77\ 468$ t。建议以东海区小黄鱼总允许渔获量($TAC_{0.1}$)作为渔获量限额指标,对小黄鱼的总允许渔获量进行管理。

关键词:小黄鱼,总允许渔获量,渔业管理,东海区

小黄鱼是我国最古老、最重要的经济鱼类之一,目前黄海北部与渤海群系的小黄鱼资源已基本枯竭,东海区小黄鱼产量仍保持较高水平,在东海区海洋渔业中占有很重要的地位。但其内在质量已显著下降,个体小型化、低龄化相当突出,资源状况岌岌可危[1-4]。然而,目前仅仅是采用禁渔期、禁渔区、保护区等方法来进行短暂和局部管理,而且拖网网具规格、网囊网目尺寸以及渔获物中幼鱼比例与最低可捕标准等管理措施没有得到很好地贯彻执行,因此保护资源的措施显得不够全面、效果不大理想。

对渔业实行总允许渔获量(*TAC*)制度,是新国际渔业管理的发展趋势。特别是在200海里专属经济区制度实施后,在东海渔业管理上逐步实行*TAC*管理已成必然[2]。本文根据1991—2003年中国渔业统计年鉴以及东海区渔业资源动态监测各网站监测资料,初步分析和探讨了东海区小黄鱼最大持续产量、最适产量和总允许渔获量,为今后小黄鱼资源的合理利用和实行*TAC*管理提供决策依据。

1 材料与方法

全部数据取自1991—2003年中国渔业统计年鉴以及东海区渔业资源动态监测各网站监测资料。1991—1994年监测船为2对底拖网船和2艘帆张网船,1995—1999年监测船为3对底拖网船和2艘帆张网船,2000—2003年监测船为4对底拖网船和3艘帆张网船。

小黄鱼最大持续产量*MSY*是根据1991—2003年东海区资源监测产量和捕捞努力量(投网次数,每网拖网时间标准化为1 h)数据,通过东海区小黄鱼产量对海区总捕捞努力

① 原文刊载于"海洋环境科学,2006,25(2):30-32"。

量进行标准化，运用剩余产量模型中的 Fox 模型[5,6]求得。

模型关系式为：

$$Y/f = ce^{-df} \tag{1}$$

式中：Y 为捕捞努力量渔获量；f 为捕捞努力量；c、d 为参数。

$$MSY = c/(d \cdot e), f_{MSY} = 1/\mathrm{d} \tag{2}$$

最适产量（$Y_{0.1}$）和最适产量捕捞努力量（$f_{0.1}$）是在剩余产量模型的基础上，用数学方法进行推算[6]，$Y_{0.1}$ 和 MSY 以及 f_{MSY} 和 $f_{0.1}$ 的关系式为：

$$Y_{0.1} = 0.97MSY, f_{0.1} = 0.78f_{MSY} \tag{3}$$

总允许渔获量（TAC）是在剩余产量模型的基础上，根据最大持续产量、最适产量、2003 年现行捕捞努力量和单位捕捞努力量渔获量推算出来的[6]。

本文述及的东海区系指行政辖区。

2 结果与讨论

2.1 小黄鱼最大持续产量

最大持续产量（MSY）系指在不损害资源本身恢复能力的情况下，每年所能获取的最高产量。由于各渔业资源量随捕捞对象本身及其自然环境的波动而波动，所以 MSY 通常都被视为是在一般自然条件（或正常的自然条件）下可捕捞的最高产量，是个期望值或平均值。MSY 一般是根据所收集的渔业统计资料，通过模型估算获得[6,7]。

本文以 1991—2003 年东海区渔业资源监测船的小黄鱼渔获量及投网次数为基础数据，将东海区的单位捕捞努力量渔获量和捕捞努力量进行标准化（表 1）。通过对监测船只的单位捕捞努力量渔获量（Y/f）和东海区捕捞努力量（f）进行回归，计算 Fox 模型（1）的参数，再根据（2）式估算最大持续产量为 116 565 t，其相应的捕捞努力量为 4 988 315 网次（表 1）。

表 1 1991—2003 年东海区小黄鱼产量、监测产量、标准捕捞努力量及模型估算结果

Tab. 1 The yield, monitoring yield, standard fishing effort during 1991 to 2003 in the East China Sea Region and the estimated results of MSY according Fox model

年份（Year）	东海区产量（Yield）/t	监测产量（Monitoring Yield）/t	监测总投网次数（Fishing effortof monitoring）	CPUE（Y/f）/（t/net）	捕捞努力量（Fishing effort））（f）/net
1991	16 961	56.26	1 327	0.042 4	400 024
1992	23 514	73.24	1 510	0.048 5	484 825
1993	25 977	75.87	1 476	0.051 4	505 389
1994	50 485	76.83	1 663	0.046 2	1 092 749
1995	75 910	22.62	2 296	0.009 9	7 706 599
1996	94 977	34.44	2 208	0.015 6	6 088 269
1997	87 108	134.92	1 992	0.067 7	1 286 107
1998	115 699	71.85	2 007	0.035 8	3 231 816
1999	137 852	104.07	2 137	0.048 7	2 830 637

续表

年份(Year)	东海区产量(Yield)/t	监测产量(Monitoring Yield)/t	监测总投网次数(Fishing effortof monitoring)	CPUE(Y/f)/(t/net)	捕捞努力量(Fishing effort))(f)/net
2000	159 503	118.97	3 538	0.033 6	4 742 878
2001	125 007	96.90	3 365	0.028 8	4 340 521
2002	129 083	81.73	3 242	0.025 2	5 120 309
2003	116 631	58.37	2 932	0.019 9	5 857 911
参数 c	0.063 520				
参数 d	$2.004\,685 \times 10^{-7}$				
相关系数 R	-0.910 5				
MSY	116 565 t				
f_{MSY}	4 988 315 网次				

2.2 小黄鱼最适产量

由于各个国家间实际的社会经济最适水平不同,为在国际上渔业管理中能采用同一协定水平,而且既能考虑生物学因素又能顾及经济效益的渔业管理目标,Gulland(1973)提出了最适产量($Y_{0.1}$)和与其相对应的最适捕捞努力量$f_{0.1}$的概念和理论,并建议以此作为合适的渔业管理目标[6]。该管理目标可在剩余产量模型评估结果的基础上进行推算而得。

根据上一节 *MSY* 和f_{MSY}值,再根据(3)式,求得小黄鱼最适产量$Y_{0.1}$为113 068 t,相应的捕捞努力量$f_{0.1}$为3 890 886 网次。

2.3 小黄鱼总允许渔获量

总允许渔获量是根据渔业资源的再生产能力,特别是要根据当前资源量水平所能承受的捕捞强度和渔获量而定[6]。为了恢复一个(或几个)渔业资源,通常要限定其总允许渔获量。而 TAC 方法就是在一个给定的捕捞期限内(一年、一个渔汛等),通过限制总渔获量的方法来间接控制捕捞努力量。一般将总允许渔获量限制在TAC_{MSY}或$TAC_{0.1}$的较低水平,从而将捕捞努力量降低到f_{MSY}或$f_{0.1}$的水平。

根据 Fox 模型得出的最大持续产量 *MSY* 及最适产量$Y_{0.1}$相应的捕捞努力量水平,结合2003 年现行捕捞努力量和单位捕捞努力量渔获量,推算小黄鱼总允许渔获量 *TAC*(图 1)。得出的TAC_{MSY}=99 317 t,$TAC_{0.1}$=77 468 t。鉴于当前东海区的捕捞强度过大,小黄鱼渔获规格偏小,利用很不合理,并已经出现生长型捕捞过度的现状[8,9],建议管理部门以$TAC_{0.1}$作为渔获量限额指标。

2.4 小黄鱼 TAC 渔业管理分析

TAC 渔业管理的原理是根据渔获量和捕捞力量呈正比的基本假设,通过限定渔获量自动限定捕捞努力量。本文利用 Fox 模型对 *MSY* 和其相应的捕捞努力量f_{MSY}进行估算,以及最适产量、总允许渔获量的推算均与过去统计的渔获量有关,统计渔获量的误差将会引起一系列计算值的误差,如渔获量数值过大,会导致最大持续产量和最适产量偏大,相应的总允许渔获量(*TAC*)也会偏大。笔者认为,1995 年以来东海小黄鱼的年渔获量统

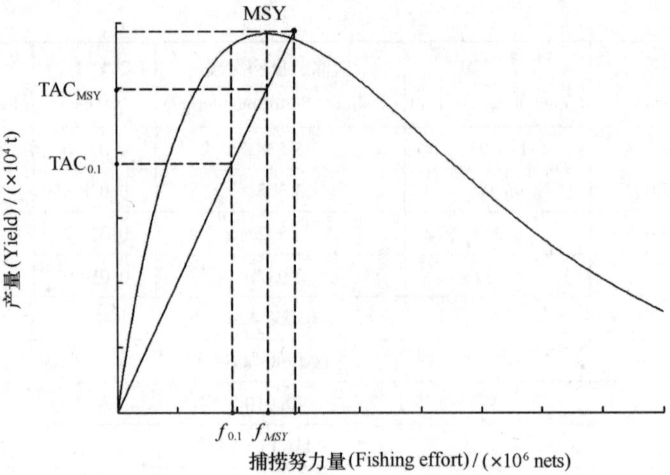

图1　fox 模型推算出来的 TAC

Fig. 1　Total allowable catch from fox model

计值均偏大,因此,本文所估算的一些结果均大于实际值。所以在今后具体运用时还需做进一步修正。

另外,在渔业管理系统中,单靠限制 TAC 的措施来达到减少捕捞努力量和防止超容量及超投资捕捞是很难的,还得配合采取其他合适的渔业管理措施,如规定渔获物幼鱼比例和最小网目尺寸等。

3　结论

(1)利用 Fox 模型估算东海区小黄鱼的最大持续产量(MSY)为 116 565 t,最适产量($Y_{0.1}$)为 113 068 t,TAC_{MSY} = 99 317 t,$TAC_{0.1}$ = 77 468 t。建议以 $TAC_{0.1}$ 作为渔获量限额指标,对小黄鱼的总允许渔获量进行管理。

(2)应尽快实施东海区小黄鱼 TAC 渔业管理制度,配合采取其他合适的渔业管理措施,如规定渔获物幼鱼比例和最小网目尺寸等。

参考文献:

[1]　赵传絪,陈永法,洪港船,等. 东海区渔业资源调查和区划[M]. 上海:华东师范大学出版社,1990. 339 - 357.

[2]　郑元甲,陈雪忠,程家骅,等. 东海大陆架生物资源与环境[M]. 上海:科技出版社, 2003. 472 - 488.

[3]　林龙山,程家骅,任一平,等. 东海区小黄鱼种群生物学特性的分析研究[J]. 中国水产科学, 2004. 11(4):333 - 338.

[4]　林龙山,程家骅. 东海区小黄鱼渔业生物学现状的分析研究[J]. 中国海洋大学学报, 2004. 34(4):565 - 570.

[5]　Fox W W. An exponential yield model for optimizing exploited fish populations[J]. Trans. Am. Fish. Soc. 1970. 99:80 - 88.

[6] 詹秉义．渔业资源评估[M]．北京:中国农业出版社，1993.167－347.
[7] 程家骅,刘子藩,林龙山,等．东海区伏季休渔渔业生态效果的分析研究[J]．中国水产科学，1999.6(4):81－85.
[8] 林龙山．东海区小黄鱼现存资源量分析[J]．海洋渔业，2004.26(1):18－24.
[9] 程家骅,林龙山,凌建忠,等．东海区小黄鱼伏季休渔及其资源合理利用探讨[J]．中国水产科学，2004.11(6):554－560.

A preliminary study on Total Allowable Catch (TAC) of (*Larimichthys polyactis*) in the East China Sea Region

Lin Longshan, Wang Xiaoyong, Ma Chunyan

(*Key and Open Laboratory of Marine and Estuarine Fisheries, Ministry of Agriculture. East China Sea Fisheries Institute, Chinese Academy of Fishery Sciences, Shanghai* 200090)

Abstract: According to the fishery statistic yearbook and data obtained from the fishery resources monitoring in the East China Sea Region from 1991 to 2003, after standardizing the total fishing effort to the yield, the maximum sustainable yield (MSY), the optimum yield ($Y_{0.1}$) and the total allowable catch (TAC) of small yellow croaker was estimated by Fox model. The results showed that the maximum sustainable yield of small yellow croaker was 116 565 tons, the maximum fishing effort (f_{MSY}) was 4 988 315 nets, the estimated optimum yield ($Y_{0.1}$) was 113 068 tons, the optimum fishing effort ($f_{0.1}$) was 3 890 886 nets and the estimated total allowable catch of TACMSY and $TAC_{0.1}$ were 99 317 tons and 77 468 tons accordingly. We suggest that the TAC0.1 should be taken as the guide line of yield limitation to manage the TAC of little yellow croaker in the East China Sea Region. And should combine TAC0.1 to manage the TAC of the East China Sea Region.

Key words: small yellow croaker; TAC; fishery management; East China Sea Region

东海区主要经济鱼类开捕规格的初步研究[①]

林龙山，程家骅，凌建忠，张寒野

（农业部海洋与河口渔业重点开放实验室，中国水产科学研究院 东海水产研究所，上海 200090）

摘要：根据1997—2000年东海区底拖网渔业资源调查资料，以Beverton－Holt模型的单位补充量渔获量方程估算东海区18种主要经济鱼类的最适开捕年龄，运用von Bertalanffy生长方程估算最适开捕体长，结合鱼类生长的拐点年龄、临界年龄和初届性成熟年龄的体长，以及各鱼种实测最小性成熟体长，确定开捕规格。结果表明，目前东海区产量较高的带鱼、小黄鱼的建议开捕规格分别应为230 mm和170 mm。调整后的开捕规格与旧开捕规格相比，带鱼、短尾大眼鲷、灰鲳、白姑鱼均有所增大，小黄鱼、银鲳的开捕规格有所减小，变化较小的有蓝点马鲛、日本鲭、蓝圆鲹等。建议以这18种主要经济鱼种为指标种，制定新的法定开捕体长和幼鱼比例检查措施，实现东海区渔业资源的可持续利用。

关键词：最适开捕规格，经济鱼类，东海区

东海区渔业资源丰富，“四大渔业”曾经闻名遐迩，是福建、浙江、上海、江苏3省1市以及山东等省市渔船的主要生产海域，1949年新中国成立以来渔业产量上亿吨，渔业产值超过百亿。但是，20世纪70年代中期以后，随着海洋捕捞力量的盲目增长，渔业资源不断衰退，目前东海渔业资源已经处于严重过度捕捞状态，渔获物主要以当龄鱼及低营养级鱼类为主；传统主要捕捞对象——带鱼和小黄鱼渔业产量在20世纪80年代末期下降到最低水平后，由于实施对产卵场的多年保护以及实行伏季休渔等措施，在90年代末期得到恢复，并超过了历史最高纪录，但均以低龄鱼和补充群体为主[1,2]。究其原因，主要是缺乏有效管理，特别是开捕规格没有得到合理调整和有效执行所致。为此，本研究利用近年来东海区渔业资源调查数据，根据当前渔业生物学特征和捕捞现状，建议该海域18种主要经济鱼类的开捕规格，以期为东海区经济鱼类的保护和合理利用提供依据。

1　材料与方法

1.1　调查时间和范围

调查数据主要来自1997—2000年东海区底拖网8个航次的渔业资源调查，调查时间和范围详细情况参见文献[1]，部分数据来自同时期的资源动态监测调查，调查范围为27°00′—34°00′N，禁渔区线以东—127°00′E。

---

①　文刊载于“中国水产科学，2006，13（2）：250－256”。

1.2 研究鱼种

共涉及 18 种主要经济鱼类，为调查中渔获量靠前的鱼种，合计渔获量占鱼类总渔获量的 74.62%（质量分数）。

1.3 方法

调查方法和生物学测定按照《海洋调查规范》进行[3]。

运用 Beverton－Holt 模型的单位补充量渔获量方程估算最适开捕年龄[4,5]：

$$Y_w/R = FW_\infty e^{-M(t_c-t_r)} \sum_{n=0}^{3} \frac{Q_n e^{-nK(t_c-t_0)}}{F+M+nK} \cdot 1 - e^{-(F+M+nK)(t_\lambda - t_c)}, \quad (1)$$

（当 $n=0$ 时，$Q_0=1$；$n=1$ 时，$Q_1=-3$；$n=2$ 时，$Q_2=3$；$n=3$ 时，$Q_3=-1$）

式中：Y_w/R 为单位补充量渔获量；F 为捕捞死亡系数；W_∞ 为渐近体质量；M 为自然死亡系数；t_c 为开捕年龄；t_r 为补充年龄；K 为生长曲线的平均曲率；t_λ 为渐近年龄；t_0 为理论上体长、体质量等于零时的年龄。其中 F、M、K 直接取自参考文献[6]，W_∞ 由文献[6]的体长体质量关系式推算所得，t_r 通过各鱼种第一优势体长组的中值，根据生长方程估算，t_λ 为东海水产研究所所见到的有关资料记载的最大年龄[2]，t_0 的估算参考文献[7]。在计算各鱼种的单位补充量渔获量，作出等渔获量曲线后，本文以保持当前捕捞死亡率不变的情况下，确定最适开捕年龄。

体质量生长拐点年龄由下式求出[4]：

$$t_{ip} = (\ln b)/k + t_0 \quad (2)$$

式中：b 为体长体质量相关关系式中的参数值，取自参考文献[6]。

临界年龄 T_C 由下式求出[8,9]：

$$T_C = [kt_0 - \ln M + \ln(3k+M)]/k \quad (3)$$

初届性成熟年龄和体长范围取自参考文献[2,10,11]。

B－H 模型的最适开捕年龄、拐点年龄、临界年龄、1 周龄及初届性成熟年龄的相应长度是根据 von Bertalaffy 生长方程获得[4,12]，生长方程为：

$$L(t) = L_\infty(1 - e^{-k(t-to)}) \quad (4)$$

式中：L_∞ 为渐近长度，取自参考文献[6]。

开捕规格的确定主要参考 B－H 模型的最适开捕体长，并综合考虑拐点体长、临界体长、1 周龄鱼的体长和初届性成熟体长及各鱼种实测最小性成熟体长。各生物学指标的涵义可见文献[4－5,8]。

2 结果

2.1 B－H 模型的单位补充量渔获量曲线及最适开捕年龄

18 种主要经济鱼类群体资源状况的各项参数值见表 1 所示，利用式（1）的 B－H 模型估算出各主要经济鱼类在变化 F 和 t_c 条件下的单位补充量渔获量，分别作出各鱼种的等渔获量曲线图，并在保持当前捕捞死亡率不变的情况下，确定 B－H 模型的最适开捕年龄。篇幅所限，本文只绘出带鱼和小黄鱼的等渔获量曲线图（图 1、图 2），图中 A_1A_2 和 B_1B_2 分别为其最适渔获量曲线，P 为当前 t_c（带鱼：0.29 龄，小黄鱼：0.33 龄）和 F（带鱼：2.52，小黄鱼：1.64）的现行点（假设当前开捕年龄为补充年龄，即 $t_c = t_r$），所对应的 Y/R

分别为79.0 g和20.1 g,若保持捕捞死亡率不变,当带鱼的开捕年龄 $t_c = 2.7$,小黄鱼的开捕年龄 $t_c = 2.1$ 时,带鱼和小黄鱼均可获得最大的单位补充量渔获量,分别为325.5 g和48.8 g,这比当前单位补充量渔获量分别增加了312.0%和142.8%。因此,带鱼和小黄鱼的最适开捕年龄分别为2.7龄和2.1龄,若将两鱼种的开捕年龄确定在最适开捕年龄,则不仅会提高产量,相应的渔获质量也得到提高,经济效益将大大提升。其余16种鱼类的最适开捕年龄见表1。

表1 东海区主要经济鱼类生长死亡参数及B-H模型最适开捕年龄

Tab.1 Growth and mortality parameters and optimum catchable ages by B-H model of main commercial fishes in the East China Sea Region

鱼种 Species	K	M	F	W_∞/g	t_r/a	t_λ/a	t_0/a	t_c/a
带鱼 *Trichiurus japonicus*	0.46	0.38	2.52	1 959.5	0.29	7	-0.27	2.7
竹筴鱼 *Trachurus japonicus*	0.31	0.33	0.25	544.6	0.66	6	-0.46	1.7
黄鳍马面鲀 *Thamnaconus hypargyreus*	0.23	0.31	1.24	234.7	0.70	7	-0.71	3.6
小黄鱼 *Larimichthys polyactis*	0.49	0.49	1.64	363.7	0.25	8	-0.31	2.1
银鲳 *Pampus argenteus*	0.33	0.35	0.78	1 030.5	0.55	6	-0.43	2.5
刺鲳 *Psenopsis anomala*	0.48	0.50	0.75	285.1	0.77	4	-0.33	1.3
蓝点马鲛 *Scomberomorus niphonius*	0.23	0.21	0.79	7 376.2	0.30	6	-0.47	3.5
龙头鱼 *Harpadon nehereus*	0.46	0.44	0.28	312.3	0.15	4	-0.31	1.3
绿鳍马面鲀 *Thamnaconus septentrionalis*	0.46	0.43	1.76	840.8	0.27	10	-0.30	2.4
日本鲭 *Scomber japonicus*	0.81	0.61	1.40	572.6	0.34	8	-0.17	1.3
黄鲫 *Setipinna taty*	0.38	0.45	0.37	82.3	1.01	6	-0.44	1.5
黄鲷 *Dentex tumifrons*	0.26	0.30	1.33	643.6	0.56	9	-0.56	3.7
蓝圆鲹 *Decapterus maruadsi*	0.54	0.49	1.66	436.6	0.45	5	-0.26	2
短尾大眼鲷 *Priacanthus macracanthus*	0.44	0.42	0.60	695.5	0.43	5	-0.32	1.7
灰鲳 *Pampus cinereus*	0.44	0.42	0.93	1 273.6	0.40	11	-0.32	2.2
白姑鱼 *Argyrosomus argentatus*	0.32	0.35	0.94	500.6	0.69	7	-0.46	2.8
叉斑狗母鱼 *Synodus macrops*	0.38	0.42	1.59	134.1	0.36	4	-0.41	2.2
凤鲚 *Coilia mystus*	0.52	0.53	1.33	33.8	0.21	4	-0.30	1.7

注:K-生长曲线的平均曲率,M-自然死亡系数,F-捕捞死亡系数,W_∞-渐近体质量,t_r-补充年龄,t_λ-渐近年龄,t_0-理论上体长、体质量等于零时的年龄,t_c-开捕年龄。

Notes: K - average curvature of growth curve, M - natural mortality, F - capture mortality, W_∞ - asymptotic body weight, t_r - compensation age, t_λ - asymptotic age, t_0 - zero - age length, t_c - optimum catchable age.

2.2 建议开捕长度的确定

开捕规格主要是根据生物学指标,并综合运用这些指标进行确定。以带鱼为例,根据B-H模型的单位补充量渔获量曲线,带鱼的最适开捕年龄为2.7龄,相应开捕肛长为392.9 mm,拐点年龄为2.1龄,相应肛长为347.4 mm,临界年龄为3.1龄,相应肛长为413.8 mm,但是,带鱼的初届性成熟肛长较小,为130~180 mm,实测最小性成熟肛长仅

135 mm。考虑到带鱼全部达到性成熟时所需时间为 1 年，而其 1 周龄肛长为 233.3 mm，相应体质量为 172.3 g，另外，带鱼的繁殖特征为多次排卵类型，繁殖力强，生殖期较长[13-16]，且目前是东海区最主要的捕捞对象，2003 年其年产量占海区鱼类总产量达 20%，如果直接采用 B-H 模型的最适开捕肛长 373.0 mm，近年产量将急剧下降，渔民难以接受。综合考虑认为，采用接近 1 龄肛长 230 mm（为便于记忆和执法，近似到个位数为 0）作为开捕肛长较为合适，这样不仅不会影响其至少产卵一次的大原则，也能够保护当龄鱼，保证留有相当数量的补充群体，使资源能够保持稳定。

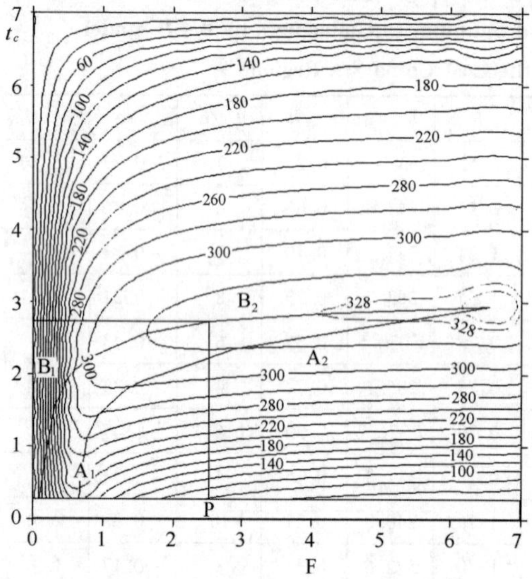

图 1　带鱼单位补充量渔获量曲线

注：A_1A_2 和 B_1B_2 分别为其最适渔获量曲线，P 为 $t_c = t_r$ 时的现行点。

Fig. 1　*Y/R* of hairtail in relation with fishing mortality (F) and first capture age (t_c)

Note: A_1A_2 and B_1B_2 are the optimal yield curves; P is the existing *Y/R* ($t_c = t_r$)

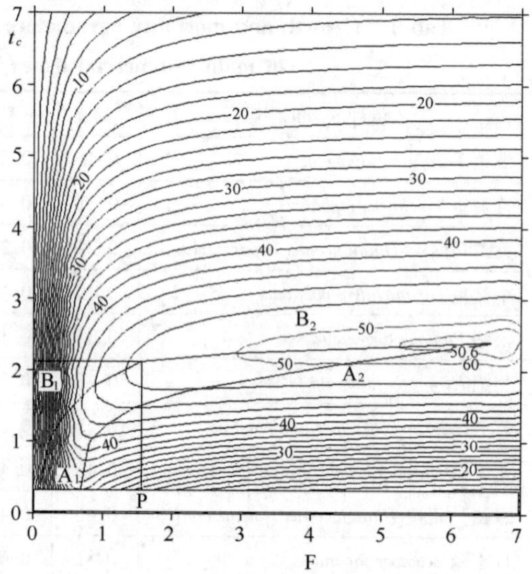

图 2　小黄鱼单位补充量渔获量曲线

注：A_1A_2 和 B_1B_2 分别为其最适渔获量曲线，P 为 $t_c = t_r$ 时的现行点。

Fig. 2　*Y/R* of small yellow croaker in relation with fishing mortality (F) and first capture age (t_c)

Note: A_1A_2 and B_1B_2 are the optimal yield curves; P is the existing *Y/R* ($t_c = t_r$)

其他鱼种的建议开捕规格同理均综合考虑 B-H 模型的最适开捕体长、拐点体长、临界体长、初届性成熟鱼的体长和实测最小性成熟体长五要素，即主要从以下生物学方面加以考虑：①保证至少产卵一次；②保护当龄鱼，留足补充群体；③尽量使各鱼种的利用达到最大化并能够保持资源稳定；然后再根据各渔业现实和渔民可接受程度以及为便于记忆和执法而确定（表 2）。这样不仅能够有效保证各主要经济鱼种的繁殖与生长，使资源保持稳定，同时也能够减少人为滥捕造成对渔业资源的破坏，使各主要经济鱼种得到合理利用。

表 2　东海区主要经济鱼类的建议开捕规格

Tab. 2　Recommended catchable sizes for main commercial fishes in the East China Sea Region

鱼种（Species）	项目（Item）	B－H 开捕长度/mm（first capture length by B－H）	拐点年龄/a（age of inflexion）	拐点长度/mm（length of inflexion）	临界年龄/a（critical age）	临界长度/mm（critical length）	1 龄鱼的长度/mm（length of 1 age）	初届性成熟长度范围/mm（range of length at first maturity）	实测最小性成熟长度/mm（minimum length at maturity in survey）	建议开捕长度/mm（recommended catchable sizes）
带鱼	AL	392. 9	2. 1	347. 4	3. 1	413. 8	233. 3	130～180	135	230
竹筴鱼	FL	166. 6	3. 1	229. 5	3. 9	252. 0	124. 1	140～160	155	170
黄鳍马面鲀	BL	136. 8	4. 2	146. 5	4. 4	150. 4	70. 6	100～120	109	130
小黄鱼	BL	174. 3	2. 0	169. 2	2. 5	189. 0	119. 1	105～160	108	170
银鲳	FL	201. 9	3. 0	220. 1	3. 6	240. 6	122. 7	110～140	122	150
刺鲳	FL	119. 5	2. 1	151. 2	2. 5	163. 9	103. 9	110～175	116	150
蓝点马鲛	FL	553. 9	4. 7	641. 8	5. 9	712. 1	265. 8	265～350	285	350
龙头鱼	BL	162. 8	2. 1	210. 7	2. 8	235. 9	140. 9	105～155	116	160
绿鳍马面鲀	BL	248. 1	2. 1	233. 7	2. 8	266. 5	157. 1	105～135	107	160
日本鲭	FL	248. 2	1. 2	242. 1	1. 8	285. 1	218. 2	210～230	211	220
黄鲫	BL	98. 4	2. 3	122. 3	2. 9	135. 9	79. 5	85～110	92	100
黄鲷	FL	211. 3	2. 9	188. 8	4. 4	227. 6	105. 2	130～160	138	150
蓝圆鲹	FL	219. 4	1. 8	209. 1	2. 4	239. 0	153. 8	160～210	160	210
短尾大眼鲷	BL	187. 9	2. 0	203. 9	2. 9	241. 2	140. 7	100～145	103	150
灰鲳	FL	223. 4	2. 3	227. 9	2. 9	253. 1	146. 9	140～160	143	180
白姑鱼	BL	189. 2	2. 8	187. 7	3. 6	213. 6	109. 1	120～160	135	160
叉斑狗母鱼	BL	149. 8	2. 6	163. 7	3. 1	174. 4	98. 7	95～140	111	130
凤鲚	BL	137. 1	1. 9	143. 3	2. 3	158. 0	104. 3	80～115	90	140

注：AL－肛长，FL－叉长，BL－体长。

Note：AL－anal length、FL－is fork length、BL－body length.

2.3　新旧开捕规格的比较

1979 年 2 月 10 日国务院发布《水产资源繁殖保护条例》，其中第五条明文规定水生动物的可捕标准应当以达到性成熟为原则；对各种捕捞对象应当规定具体的可捕标准（长度或重量）和渔获物中小于可捕标准部分的最大比重；捕捞时应当保留足够数量的亲体，使资源能够稳定增长。随后，1979 年 6 月 26 日江苏省颁发《江苏省水产资源繁殖保护实施办法》，规定了重点保护对象的采捕规格，1981 年浙江省颁布了《浙江省海洋水产资源保护试行规定》，规定浙江省渔业资源的主要保护品种及其最低可捕标准，1983 年 3 月 13 日福建省颁布施行《福建省水产资源繁殖保护实施细则暂行规定》，规定福建省的重点保护对象和最小可捕标准。本研究的建议开捕长度对应的开捕体质量（近似到个位数为0或5)与三省市旧开捕规格相比(表3),带鱼、短尾大眼鲷、灰鲳、白姑鱼的开捕规格有所增大,小黄鱼、银鲳的有所减小,其余鱼种的开捕规格为介于三省市旧开捕规格之间或者为新建议鱼种的开捕规格。

表3 建议开捕规格与旧开捕规格的比较

Tab. 3 Comparison between the recommended catchable sizes and existing ones

鱼种(Species)	旧开捕规格(体质量)(existing legal sizes - Body weight)/g				建议开捕规格(recommended catchable sizes)	
	江苏(Jiangsu)	上海(Shanghai)	浙江(Zhejiang)	福建(Fujian)	长度/mm(length)	体质量/g(weight)
带鱼	150	100	125	150	230	170
竹筴鱼	-	-	-	-	170	65
黄鳍马面鲀	-	-	-	-	130	50
小黄鱼	125	125	150	-	170	110
银鲳	175	175	150	250	150	100
刺鲳	-	-	-	-	150	85
蓝点马鲛	500	-	300	350	350	310
龙头鱼	-	-	-	-	160	40
绿鳍马面鲀	-	-	-	-	160	80
日本鲭	350	350	100	150	220	130
黄鲫	-	-	-	-	100	15
黄鲷	-	-	-	-	150	100
蓝圆鲹	-	-	100	250	210	130
短尾大眼鲷	-	-	-	75	150	85
灰鲳	175	175	150	150	180	180
白姑鱼	-	75	-	75	160	90
叉斑狗母鱼	-	-	-	-	130	20
凤鲚	-	-	-	-	140	10

注:“ - ”表示没有旧开捕规格。

Note:“ - ”No existing catohable sizes.

3 讨论

由于过度捕捞,20世纪80年代中期以来,东海区渔业资源衰退,主要经济鱼类小型化、低龄化和性成熟提早现象明显[1,6],20世纪90年代以后海区资源衰退尤为明显,表现为霞水母(*Cyanea* spp.)、口冠水母(*Stomolophus* spp.)大量爆发和赤潮生物频发,渔获物质量不断下降[17,18],究其原因主要是过度捕捞和缺乏有效管理,本研究的18种主要经济鱼类有15种处于过度捕捞状态,其中有22%处于重度超额开发状态[6]。因此,目前迫切需要做的是根据当前渔业资源现状,制定新的开捕规格,并严格执行。

从新旧开捕规格的比较(表3)可以看出,带鱼的新开捕规格(体质量)比江苏和福建的原开捕规格提高13%,比浙江的原开捕规格提高36%,这种较大变化与当前带鱼小型化过于严重而需严加管理相符[19],同时也将有利于带鱼资源的进一步恢复,提高带鱼的利用价值。中上层鱼类如蓝点马鲛、日本鲭、蓝圆鲹均介于江苏、浙江和福建原规定的开捕规格之间,这与中上层鱼类小型化程度较小及资源变化和恢复较快有关[20]。

据记载,东海区有鱼类694种,但在渔业活动中经常捕获的仅有30种左右[1]。本研究的18种鱼类为本次调查单鱼种渔获量居前列的鱼类,在近年来的底拖网调查中的出现频率和产量均较高,多数鱼种是经济价值较高且数量较大的品种,在海区渔业中占重要地位,是目前东海区较具代表性的鱼种。因此,为了使开捕规格护渔措施简单易行,可以以这18种为指标种,确定新开捕规格及幼鱼标准。建议各作业类型的总渔获物幼鱼比例不应超过20%,指标种渔获物低于开捕规格的比例不应超过本品种的20%;进一步加强对渔民的宣传和教育,若指标种渔获物低于开捕规格的比例超过20%,应自觉转移渔场,以保护渔业资源。

致谢:感谢参与海上调查、生物学测定、数据收集、录入等工作的所有同事。

参考文献:

[1] 郑元甲,陈雪忠,程家骅,等. 东海区大陆架生物资源与环境[M]. 上海:上海科学技术出版社,2003,286-637.

[2] 赵传絪,陈永法,洪港船,等. 东海区渔业资源调查和区划[M]. 上海:华东师范大学出版社,1990,206-602.

[3] 国家技术监督局. 海洋调查规范-海洋生物调查[M]. 北京:中国标准出版社,1991.

[4] 詹秉义. 渔业资源评估[M]. 北京:中国农业出版社,1993,121-166.

[5] 陈丕茂,詹秉义. 绿鳍马面鲀年龄生长与合理利用[J]. 中国水产科学,2000,7(1):35-40.

[6] 林龙山,郑元甲,程家骅,等. 东海区底拖网渔业鱼类生物学的初步研究[J]. 海洋科学,2006,30(2):30-34.

[7] Pauly D. 1980. On the interrelationships between natural mortality, growth parameters and mean environmental temperature in 175 fish stocks[J]. J Cons int Explor Mer. 39(2):175-192.

[8] 袁蔚文. 南海北部主要经济鱼类的生长方程和临界年龄[A]. 南海水产研究文集第一集[C]. 广州:广东科技出版社. 1989,(1):61-76.

[9] 林龙山,程家骅. 东海区小黄鱼渔业生物学现状的分析[J]. 中国海洋大学学报, 2004,34(4):565-570.

[10] 山田梅芳,田川勝,岸田周三,等. 東シナ海. 黄海 のさかな[M]. 长崎,日本纸工印刷,1986,2-491.

[11] 堀川博史,郑元甲,孟田湘,等. 東シナ海. 黄海主要資源の生物・生態特性[M]. 长崎:日本纸工印刷,2001,334-503.

[12] 林龙山,程家骅,任一平,等. 东海区小黄鱼种群生物学特性的分析[J]. 中国水产科学, 2004,11(4):333-338.

[13] 凌建忠,程家骅,任一平,等. 东海带鱼主要体征与个体繁殖力的关系[J]. 中国水产科学,2004,11(2):116-120.

[14] 李城华．东海带鱼卵巢周年变化的初步研究[J]．海洋与湖沼，1983,14(3):461-472.
[15] 杜金瑞,陈勃气,张其永．台湾海峡西部海区带鱼的生殖力[J]．台湾海峡，1983,2(2):122-132.
[16] 龚启祥,郑国生,王梵初．东海带鱼的增值曲线和资源管理措施[J]．水产学报，1980,4(1):47-59.
[17] 严利平,李圣法,丁峰元．东海、黄海大型水母类资源动态及其与渔业关系的初探[J]．海洋渔业，2004,26(1):9-12.
[18] 黄良民,黄小平,宋星宇,等．我国近海赤潮多发区域及其生态学特征[J]．生态科学，2003,22(3):252-256.
[19] 徐汉祥,刘子藩,周永东．东海带鱼生殖和补充特征的变动[J]．水产学报，2003,27(4):322-327.
[20] 费鸿年,张诗全．水产资源学[M]．北京:中国农业出版社,1993,614-639.

A preliminary study on sizes at first capture of major commercial fishes in the East China Sea Region

Lin Longshan, Cheng Jiahua, Ling Jianzhong, Zhan Hanye

(*Key and Open Laboratory of Marine and Estuarine Fisheries*, *Ministry of Agriculture. East China Sea Fisheries Institute*, *Chinese Academy of Fishery Sciences*, *Shanghai* 200090, *China*)

Abstract: Based on bottom trawl fishery resources investigation in the East China Sea during 1997—2000, Beverton – Holt model was used to estimate optimum ages at first capture ages for 18 major commercial fishes in the East China Sea Region. The optimum first capture sizes was calculated according von Bertalanffy growth equation. Then the sizes at first capture standards were recommended based on considerations on their ages at points of inflection, critical ages, modal length at first maturity, as well as minimum length at maturity in surveys. That is to say, such aspects were considered as (1) having spawned eggs at least one time, (2) protecting one year old fish to leave supplementary population, (3) making full use of every fish and keeping the resources stable. Moreover the fishery reality and interest of fisherman were considered. The result showed that the sizes at first capture for *Trichiurus japonicus* and *Larimichthys polyactis*should be 230 mm and 170 mm respectively. Comparing with existing legal sizes at first capture. the recommended size for *Trichiurus japonicus* was 13% higher than that of Jiangsu and Fujian and 36% higher than that of Zhejiang. The remarkable change is related to the excessive minimization. At the same time, this change is in favor of the resumption and utilization of *Trichiurus japonicus*. The recommended sizes for pelagic fishes such as *Scomberomorus niphonius*, *Scomber japonicus*, *Decapterus maruadsi* were between the existing legal sizes in Jiangsu and Zhejiang, and the legal sizes in Fujian. It is correlative with the low – grade minimization and fast change and resumption of these species. In a word, the recommended sizes at first capture for *Trichiurus japonicus*, *Priacanthus macracanthus*, *Pampus cinereus*, and *Argyrosomus argentatus* had increased, while the sizes for *Larimichthys polyactis* and *Pampus argenteus* had decreased, and those that shew little changes were for *Scomberomorus niphonius* , *Scomber japonicus*, *Decapterus maruadsi* and so on. It was suggested that the sizes at first capture of the 18 major commercial fishes be used as standard species to establish new legal lengths at first capture and measure of inspecting the percentage of young fish, in order to realize rational and sustainable utilization of the fishery resources in the East China Sea Region.

Key words: optimum catchable sizes; commercial fishes; the East China Sea Region

东海区小黄鱼伏季休渔效果及其资源合理利用探论①

程家骅[1,2],林龙山[1,3],李建生[1],丁峰元[1]

(1. 农业部海洋与河口渔业重点开放实验室,中国水产科学研究院 东海水产研究所,上海 200090;2. 中国海洋大学,青岛 266003;3. 上海水产大学,上海 200090)

摘要:以1991—2002年东海区渔业资源监测调查资料为基础,系统地分析研究了伏季休渔制度对东海区小黄鱼(*Larimichthys polyactis Bleeker*)资源的养护效果及其局限性,并根据Ricker繁殖模型解析了现行资源状况下的最大持续产量,探讨了巩固伏季休渔效果的相关管理措施。结果表明:伏季休渔措施对小黄鱼资源的养护作用十分明显,经3个月休渔期,海域中小黄鱼资源增重率达1.71倍,开捕时刻(9月)的相对资源密度为全年最高;与伏季休渔制度实施前相比,东海区小黄鱼资源的群体结构目前已发生了质的变化,当龄鱼的渔获比例由伏季休渔制度实施前的43.14%上升至近年来的74.64%,剩余群体的渔获比例由56.86%下降至25.36%,资源结构的脆弱程度进一步加剧;伏季休渔制度对小黄鱼资源的长期恢复效果因捕捞力量的居高不下而难以持续体现。坚持产出控制,在现行资源状况下实行9.34×10^4 t最大持续产量的管理目标,伏季休渔制度对东海区小黄鱼资源保护和恢复的长期效果才能得以逐步实现。

关键词:东海区,小黄鱼,伏季休渔,合理利用

小黄鱼(*Larimichthys polyactis*)历史上一直是东海区拖网渔业的传统捕捞对象,在20世纪70年代以前,它与大黄鱼、带鱼、墨鱼一起同称为东海区海洋渔业的四大经济捕捞支柱种类[1]。但是,在80年代以后,由于过度捕捞的影响,小黄鱼资源数量出现了严重衰退现象,平均渔获量由50年代的7.6×10^4 t下降到80年代的0.9×10^4 t低水平[2]。对此,国家十分重视,并从1981年起在小黄鱼的最大产卵场——吕泗渔场实行了休渔规定[3]。进入90年代以后,东海区小黄鱼渔获数量开始出现复苏迹象,由1991年的1.7×10^4 t增长到1994年的5.0×10^4 t;但真正意义上的好转,更主要还是体现在1995年伏季休渔制度全面实施后,其渔获量由1995年的7.6×10^4 t,迅速增长到2000年的16.0×10^4 t,创东海区小黄鱼历史产量的最高纪录[4,5]。为此,本文拟利用东海区渔业资源监测调查积累的资料,定量分析伏季休渔对小黄鱼资源的养护作用以及现有资源状况下小黄鱼的最大持续产量,以期为今后小黄鱼资源的合理利用和科学管理提供决策依据。

---

① 原文刊载于"中国水产科学,2004,11(6):554-560"。

1 材料和方法

1.1 材料来源

本文分析数据来源于1991—2002年东海区海洋渔业统计资料、双拖网渔业资源监测资料和2000年度渔业资源大面定点调查资料。

1.2 伏季休渔效果分析

伏季休渔制度的实施效果，主要依据1991—1994年和1996—2002年2个时间段东海区小黄鱼年渔获量、历年双拖网监测船8月在长江口渔场的平均单位时间渔获量，以及6—9月间的幼鱼数量变化状况进行对比分析说明。

1年之中伏季休渔措施对资源的养护效果，仅以2000年4个季节东海区大面定点调查的相对资源密度、禁捕时刻和开捕时刻小黄鱼生物学特征值的变化以及休渔3个月小黄鱼资源的增重率来分析说明。

3个月休渔小黄鱼资源增重率

$$k = [a(w_{9d} - w_{6d}) + b(w_{9s} - w_{6s})]/(aw_{6d} + bw_{6s}) \tag{1}$$

式中：k为伏休小黄鱼资源增重率，a为9月开捕时刻的当龄鱼群体比例，b为9月开捕时刻的剩余群体(1龄以上鱼)比例，w_{9d}为9月开捕时刻的当龄鱼群体平均体重，w_{9s}为9月开捕时刻剩余群体平均体重，w_{6d}为6月禁捕时刻当龄鱼群体平均体重，w_{6s}为6月禁捕时刻的剩余群体平均体重。

1.3 伏季休渔局限性分析

由于捕捞强度的居高不下，现有的伏季休渔制度对资源的长期养护效果一般难以体现，对其局限性的分析，本研究主要以伏季休渔结束后的秋冬汛小黄鱼总死亡系数和残存率来说明。具体计算公式为：

$$Z = -\text{In}S = \ln(\text{CPUE}_9/\text{CPUE}_{12}) \tag{2}$$

式中：Z、S分别为东海区小黄鱼秋冬汛的总死亡系数和残存率；CPUE_9为9月开捕时刻的小黄鱼尾数相对资源密度；CPUE_{12}为12月秋冬汛末的小黄鱼尾数相对资源密度。

1.4 小黄鱼最大持续产量估算

小黄鱼最大持续产量(MSY)和对应的亲体数量运用Richer繁殖模型[6,8]进行解析，该模型表达式为：

$$R = \alpha P e^{-\beta P} \tag{3}$$

式中：R为补充量，P为亲鱼量，α为一个无维参数(不依赖群体死亡的指数)，β为$1/P$的有维参数(依赖于群体死亡的指数)。

2 结果与分析

2.1 东海区小黄鱼年渔获量变化

自1981年以来，由于国家对小黄鱼资源采取了相关的保护措施，东海区小黄鱼年渔获量相对稳定在0.9×10^4 t的低利用水平阶段。但自20世纪90年代初起，东海区小黄鱼的年渔获量开始出现了持续增加之势(如图1)。其中，伏季休渔制度实施前的1991—1994年，小黄鱼年渔获量由1.7×10^4 t增长到5.0×10^4 t，平均为2.52×10^4 t。而伏季休渔制度实施后的1996—2002年，小黄鱼年渔获量由1996年的9.5×10^4 t增加到最高年份2000年的16.0×10^4 t，平均为8.69×10^4 t。伏季休渔制度实施前后的年平均渔获量的增幅为244.84%，这从一个侧面较为直观地反映了东海区小黄鱼的资源数量有所恢复，表明伏季休渔制度确实对渔业资源起到了养护和恢复的积极作用。

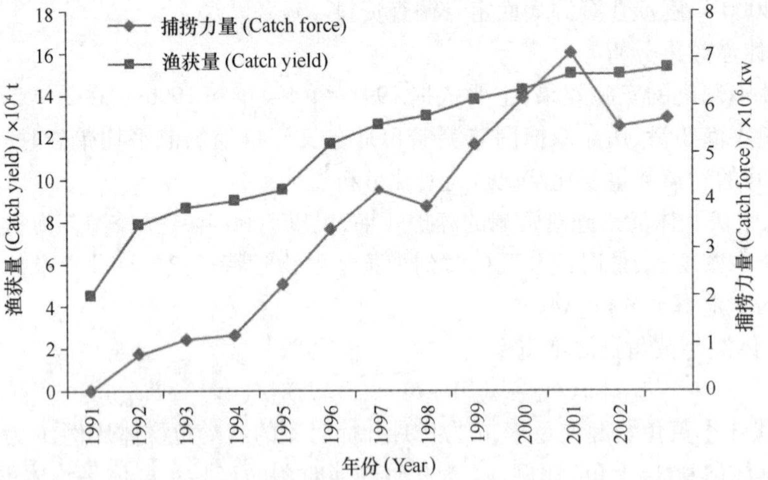

图1 1991—2002年东海区小黄鱼渔获量和海洋捕捞力量变化图

Fig. 1 The yield of redlip croaker and the catch force during 1991 to 2002

2.2 季节间小黄鱼相对资源密度的变化

就一年而言，伏季休渔对小黄鱼资源的养护作用可从不同季节间相对资源密度的变动趋势来加以证明。以2000年度东海区27°00′—34°00′N的大面定点调查结果为例，如图2所示。春季（4月）东海区调查海域小黄鱼的重量和尾数相对资源密度分别为3.40 kg/h和164 ind./h，此时，正值小黄鱼的产卵盛期，产卵场主要分布在吕四、长江口和舟山一带近海海域[1]，调查渔获物一般由产卵群体以及上年度的剩余群体组成。夏季（6月禁捕时刻）调查海域的重量和尾数相对资源密度分别为1.88 kg/h和117 ind./h，渔获组成主要以产完卵的剩余群体为主，而当年生幼鱼体长此时一般在40～50 mm左右，不易为网具所捕获。秋季（9月开捕时刻）调查海域的重量和尾数相对资源密度分别为32.92 kg/h和1 534 ind./h，渔获组成主要以当年生幼鱼占绝对优势，体长一般在90～110 mm之间。冬季（12月）调查海域的重量和尾数相对资源密度分别为5.00 kg/h和168 ind./h，渔获组成主要为当年生补充群体，体长一般在120～140 mm之间（图3）。

对比各季节间的相对资源密度分析，一年中小黄鱼资源密度的增长主要体现在伏季休渔期期间，开捕时刻（9月）的小黄鱼重量和尾数相对资源密度分别较禁捕时刻（6月）增加了16.5倍和12.1倍。而小黄鱼资源密度的衰减主要体现在开捕期后的秋冬汛生产季节，特别是到12月下旬时，调查海域的小黄鱼相对资源密度又恢复至与春、夏季相当的低水平。

可见，在对生长型捕捞过度的小黄鱼资源而言，每年的伏季休渔措施对当年发生的小黄鱼幼鱼起到了极大的保护和养护作用，但这种当年的养护效果随着休渔的结束，又被强大的捕捞力量所吞噬。

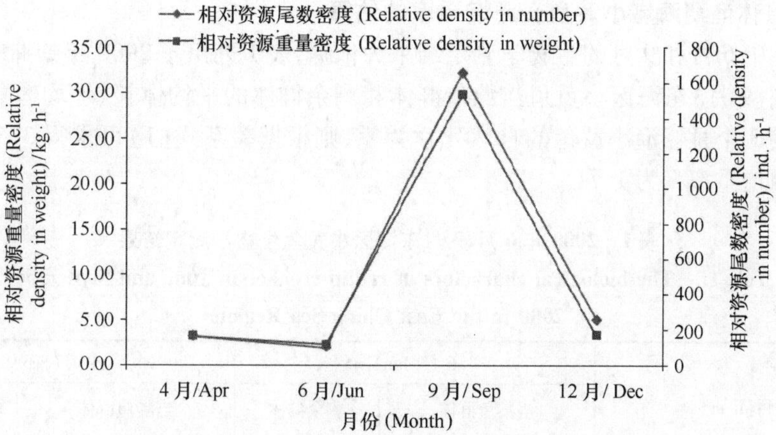

图 2　2000 年东海区小黄鱼相对资源密度数量变化

Fig. 2　The comparative resource density of redlip croaker in 2000 in the East China Sea Region

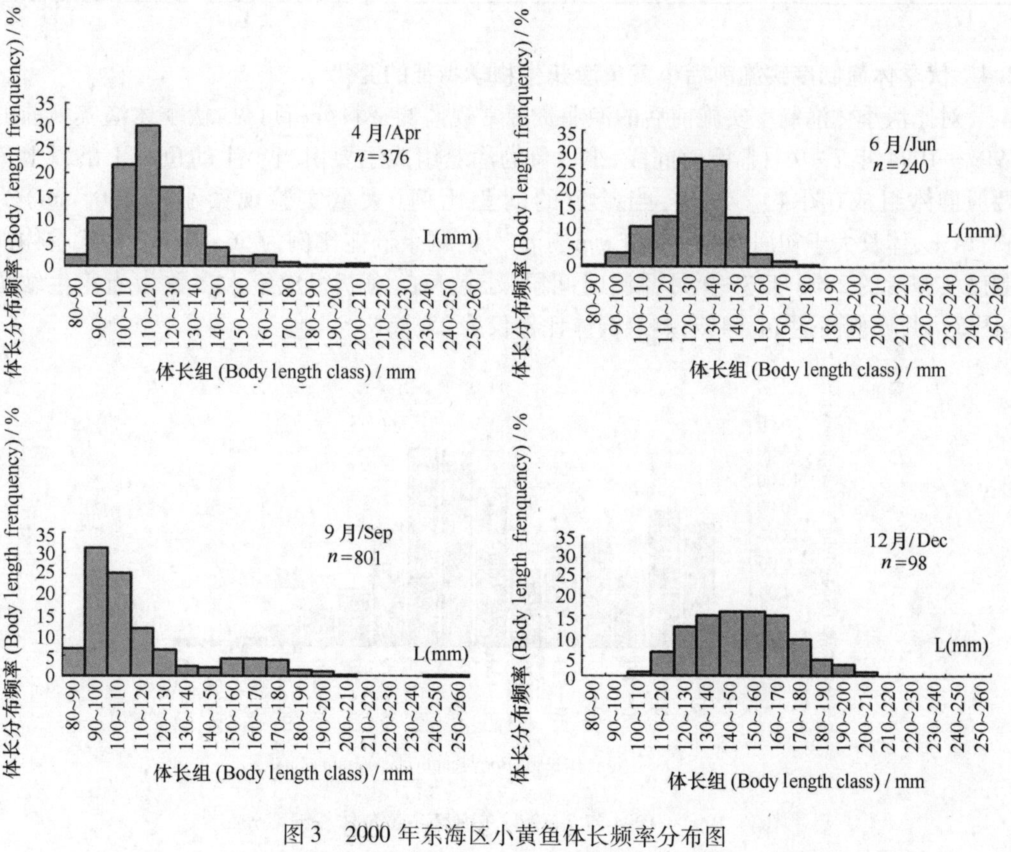

图 3　2000 年东海区小黄鱼体长频率分布图

Fig. 3　The body - length frequency of redlip croaker in 2000 in the East China Sea Region

2.3　3个月休渔期海域小黄鱼资源增重率的估算

以图3中6月和9月的生物学测定结果为依据，表1列出了2000年禁捕时刻(6月)和开捕时刻(9月)东海区小黄鱼当龄鱼群体和剩余群体的平均体长、平均体重以及群体比例。假设3个月休渔小黄鱼的自然死亡为零，则根据关系式(1)可求得3个月休渔期小黄鱼资源增重率 k 为1.71。

表1　2000年6月、9月东海区小黄鱼生物学测定结果

Tab. 1.　The biological characters of redlip croaker in June and September 2000 in the East China Sea Region

项目(Item)	6月(Jun)		9月(Sep)	
	当龄鱼群体 (Young of the gear stock)	剩余群体 (Remained stock)	当龄鱼群体 (Young of the year stock)	剩余群体 (Remained stock)
平均体长(Average body length)/mm	45.0	127.5	106.3	161.1
平均体重(Average body weight)/g	3.0	42.9	19.0	71.5
群体比例(Stock percentage)			80.4%	19.6%

2.4　伏季休渔制度实施前后小黄鱼渔获生物学特征的变化

对比伏季休渔制度实施前后的渔业资源常规监测资料分析可见，伏季休渔实施前的1992—1994年7—9月监测时间段，小黄鱼的渔获组成主要由当年生幼鱼和1龄以上鱼两股群体组成(图4)。其中，当龄鱼的幼鱼比例(大量实验观察小于130 mm)为43.14%，体长大于初届性成熟140 mm标准[2]的剩余群体比例为56.86%。而伏季休渔制度实施后的2000年7—9月监测时间段，小黄鱼的渔获组成绝大多数为当年生幼鱼(图5)，其比例高达74.64%，剩余群体比例仅为25.36%。

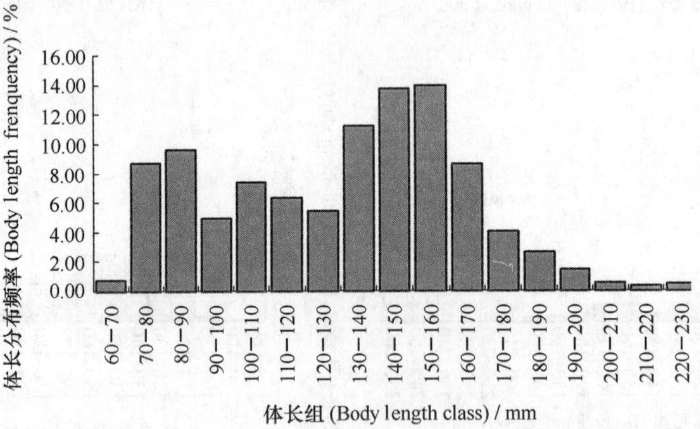

图4　1992—1994年7—9月东海区小黄鱼体长频率分布

Fig. 4　Body – length frequency of redlip croaker in July to September during 1992 to 1994 in the East China Sea Region

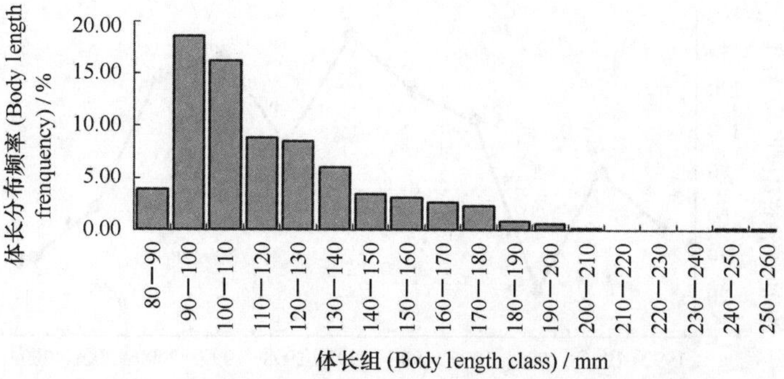

图 5　2000 年 7—9 月份东海区小黄鱼体长频率分布
Fig. 5　Body - length frequency of redlip croaker in July to September in 2000 in the East China Sea Region

这一现象表明,虽然伏季休渔制度的实施对东海区小黄鱼资源数量的恢复与相对稳定起到了至关重要的作用,但这种作用主要表现为对小黄鱼幼鱼群体的短时间保护和养护,而对其剩余群体的保护作用难以体现。目前小黄鱼的渔获群体利用质量不仅没有因伏季休渔制度而带来根本性的好转,恰恰相反,由于捕捞强度的逐年增加,其群体生物学表征反而进一步表现为严重恶化的趋势。

2.5　伏季休渔制度实施前后单船平均单位时间渔获量的变化

伏季休渔保护与恢复资源的作用,最直观的表现应该是单位捕捞力量渔获量的增加或相对平衡。现以沪金渔 7111、7172 双拖网渔船 1992—2002 年 8 月在长江口渔场的单位时间渔获量(CPUE)的变化状况来分析说明。由图 6 可见,1992—1994 年伏季休渔制度实施前的 CPUE 值相对较低,平均为 51.24 kg/h。1995 年伏季休渔制度实施后,当年 8 月该海域小黄鱼的 CPUE 迅速升至 103.97 kg/h,此后 2 年连年增长,1995—1999 年 5 年间该海域小黄鱼 CPUE 总体趋势虽有波动,但平均水平较高,为 119.19 kg/h。而从 2000 年起,该海域同期的小黄鱼 CPUE 一直呈下降趋势,由 2000 年的 125.42 kg/h 下降到 2002 年的 37.26 kg/h,平均为 75.08 kg/h。

由此可见,伏季休渔制度实施后不久,该制度确实对小黄鱼资源起到了较好的保护与恢复作用,但是由于东海区海洋捕捞力量的连年增加(图 1),已有的一点资源数量恢复迹象并未得到有效的维持。至 2000 年后,大量的当龄鱼群体(图 5)已成为主捕对象,东海区小黄鱼资源基本上已处于当年生当年捕的恶性循环状态,剩余群体数量逐年减少,伏季休渔保护与恢复资源的作用已难以体现。

2.6　小黄鱼最大持续产量的估算

从上述伏季休渔的作用及其效果可见,目前东海区小黄鱼资源主要由当年生补充群体组成,其生长型捕捞过度的现象集中表现为渔获量的连年持续增加,并维持在很高的利用水平。如何在东海区捕捞强度难以控制的情况下持续利用小黄鱼资源,加强渔获量的产出控制、保护一定数量的小黄鱼亲体将是渔业管理中有待掌握的科学依据。为此,本文根据近年来的小黄鱼渔业资源监测结果,运用 Richer 繁殖模型进行小黄鱼最大持续

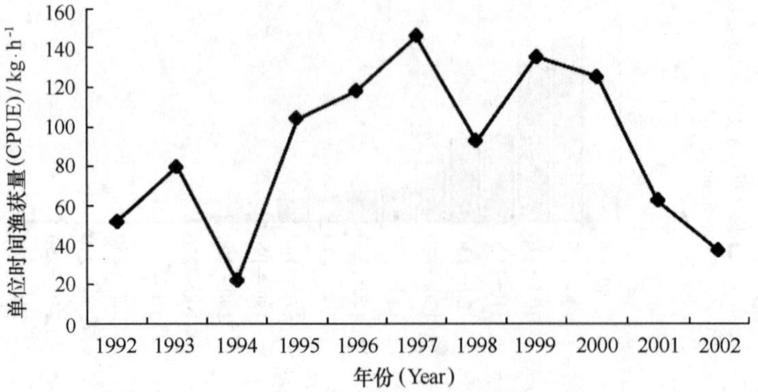

图6　历年8月长江口渔场单船平均单位时间渔获量(CPUE)的变化

Fig. 6　The CPUE of each boat in August in the Yangtze Estuary fishing ground

产量 MSY 和对应亲体数量的评估。

假设1991—2002年东海区小黄鱼的开发率为0.7,1龄以上群体为亲鱼群体,则依据各年的小黄鱼年龄组成和渔获量资料可换算出其相应年份的各龄组资源尾数。以上一年度1龄以上群体的资源尾数为亲鱼量,以次年1龄鱼的资源尾数为补充量,则1991—2002年东海区小黄鱼亲鱼量和补充量的对应关系如表2所示。

表2　1991—2002年东海小黄鱼补充量及亲鱼量

Table 2　Recruit and broodstock amount of redlip croaker during 1991 to 2002 in the East China Sea Region

单位：$\times 10^6$ ind.

年份(Year)	亲鱼量(Broodstock)(*P*)	补充量(Recruit)(*R*)	Ln(*R/P*)
1991	93		2.100
1992	136	756	1.739
1993	191	775	2.108
1994	288	1 570	1.943
1995	615	2 007	1.214
1996	1 206	2 072	0.861
1997	149	2 853	3.198
1998	356	3 647	2.298
1999	1 220	3 542	1.154
2000	1 135	3 869	0.879
2001	1 189	2 733	1.082
2002		3 507	

对表2中的亲鱼量 *P* 与 Ln(*R/P*)进行线性回归,可求得到关系式(3)小黄鱼 Ricker 繁殖模型中的 $\alpha = 11.319\,6$, $\beta = 1.23 \times 10^{-9}$,相关系数 $r = 0.829\,2$。则小黄鱼亲体与补充量的关系式为 $R = 11.319\,6\exp(-1.23 \times 10^{-9}P)$(图7)。

利用最大持续产量所需亲体数量 Ps 与 α 和 β 的关系式 $P_s = (\alpha e^{-\beta P_s} - 1)/\alpha\beta e^{-\beta P_s}$，经反复迭代法算出 $P_s = 650.6 \times 10^6$ ind.。

由最大持续产量 MSY 与 P_s、α 和 β 的关系 $MSY = P_s(\alpha e^{-\beta P_s} - 1)$，求得小黄鱼的最大持续产量尾数为 $2\ 649 \times 10^6$ ind.。根据 2002 年生物学测定结果，小黄鱼平均重量为 35.27 g，则小黄鱼最大持续产量 MSY 为 93 430 t。

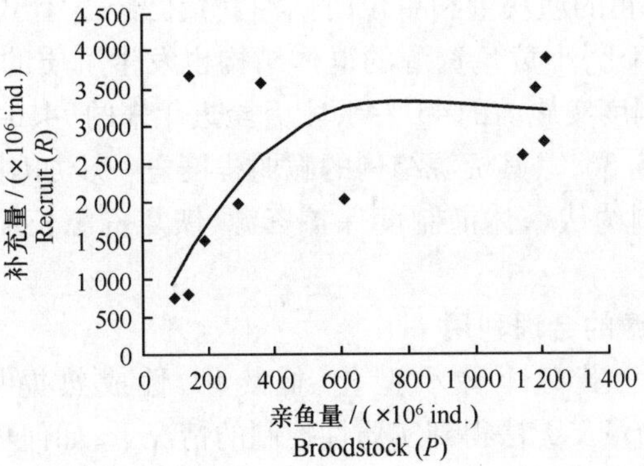

图 7　东海区小黄鱼亲鱼量与补充量关系曲线

Fig. 7　The relationship between the recruit and broodstock amount of redlip croaker in the East China Sea Region

3　讨论

3.1　伏季休渔制度对小黄鱼资源的养护作用

程家骅等[5]曾对东海区伏季休渔的生态效果进行过相关的研究，其研究结果认为伏季休渔的生态效果主要表现为对产卵亲体的保护和幼鱼群体的养护，但例证鱼种主要针对带鱼而言，而对小黄鱼的分析较少。因此，本文从东海区小黄鱼历年渔获量、单船单位时间渔获量、3 个月休渔期前后的渔业资源相对密度以及生物学特征值的变化趋势等方面入手，重点分析研究了伏季休渔制度对小黄鱼资源的作用与影响。结果显示，伏季休渔期间东海区小黄鱼的产卵行为已经结束[10-12]，海域中的小黄鱼主要以当龄鱼群体为主，比例高居 80.4%，此时其体长范围在 4 ~ 13 cm 之间，正好处于小黄鱼幼鱼的索饵生长期，3 个月的休渔期海域中的小黄鱼资源重量增长了 1.8 倍左右。由此可见，伏季休渔对小黄鱼资源养护作用的本质主要体现在对其幼鱼群体数量的保护方面。具体表征反映在渔业资源调查结果上，即开捕时刻的相对资源密度较禁捕时刻显著增加，并达全年最高；反映在渔获产量上，即一定范围捕捞力量条件下的年渔获量增加和单船单位时间渔获量的增长。

3.2　伏季休渔管理措施的局限性

就一年周期而言，如同国内其他诸多学者研究的结果[13,14]一样，虽然伏季休渔对小黄鱼资源具有明显的养护作用，但在开捕以后秋冬汛生产的强大捕捞压力下，其短暂的养护效果又几乎消耗殆尽，如图 2 所示，至冬季时海域中的小黄鱼相对资源密度急速下降，并再次跌至较低水平。因此说，在现有捕捞强度居高不下的情况下，伏季休渔措施在一年中仅仅起到了对资源的短暂“养大”作用，而真正意义上的对资源的恢复作用难以实现。

就伏季休渔制度实施的长期效果而言，虽然伏季休渔制度实施后不久的几年中东海区小黄鱼的资源数量有所恢复，并带来了渔获量和单位时间渔获量持续数年增长的结果，但由于捕捞力量的连年递增（图1），其对恢复资源的功效并未得到长期地维持。从2000年起，东海区小黄鱼的渔获量和单位时间渔获量已经连年出现负增长的局面，且与伏季休渔制度实施前相比，小黄鱼资源的群体结构也发生了质的变化。其中，当龄鱼的渔获比例由伏季休渔制度实施前的43.14%上升至近年来的74.64%，剩余群体的渔获比例由56.86%下降至25.36%，其资源结构的脆弱程度进一步加剧。可见，捕捞力量持续维持在高水平是严重制约伏季休渔制度保护资源、恢复资源长期生态效应的关键问题所在。

3.3 东海区小黄鱼资源的合理利用

鉴于目前东海区小黄鱼个体小型化、低龄化、性成熟提早现象较为严重的特点[15~17]，同时在捕捞力量又无法得到实质性控制的情况下，如何巩固每年的伏季休渔效果，实现资源的合理利用，切实执行产出控制应该是一种行之有效的管理措施。为此，本文从留足亲体的角度考虑，应用Richer繁殖模型估算了目前东海区小黄鱼的最大持续产量为9.34×10^4 t左右。只有在此产出控制的基础上，同时严格执行现已颁布的最小网目尺寸的管理措施，相应降低捕捞强度，东海区小黄鱼资源才能得到有效的保护，伏季休渔对资源的长期恢复功效才能逐步得以成为现实。

参考文献：

[1] 赵传细，陈永法，洪港船，等．东海区渔业资源调查和区划[M]．上海：华东师范大学出版社. 1990.

[2] 郑元甲，陈雪忠，程家骅，等．东海大陆架生物资源与环境[M]．上海：上海科学技术出版社. 2003.

[3] 林龙山，凌建忠，程家骅，等．小黄鱼资源状况及合理利用意见[J]．海洋渔业，2000，22(3)：120-123.

[4] 林龙山．东海区小黄鱼现存资源量分析[J]．海洋渔业，2003，26(1)：10-15.

[5] 程家骅，刘子藩，林龙山，等．东海区伏季休渔渔业生态效果的分析研究[J]．中国水产科学，1999，6(4)：81-85.

[6] 詹秉义．渔业资源评估[M]．北京：中国农业出版社．1993.

[7] 费鸿年，张诗全．水产资源学[M]．北京：中国科学技术出版社．1990.

[8] Ricker W. E., Computation and interpretation of biological statistics of fish population[J]. Bull. Fish. Res. Board Can., 1975, 19: 1-382.

[9] 林龙山，程家骅，任一平，等．东海区小黄鱼种群生物学特性的分析[J]．中国水产科学，2004，11(4)：333-3384.

[10] 水柏年．小黄鱼个体生殖力及其变化的研究[J]．浙江海洋学院学报（自然科学版），2000，19(1)：58-69.

[11] 赵传细，张仁斋．中国近海鱼卵与仔鱼[M]．上海：上海科技出版社．1985.

[12] 任一平，高天翔，刘群，等．黄海南部小黄鱼渔获群体结构与繁殖特征的初步研究[J]．海洋湖

沼通报, 2001(1): 41 -46.
[13] 刘子藩,周永东. 东海伏季休渔效果分析[J]. 浙江海域学院学报(自然科学版), 2000,1 9(2): 144 -148.
[14] 林学钦. 伏季休渔——话渔业资源的 TAC 管理[J]. 厦门科技, 2002 (3): 7 -9.
[15] 金显仕. 黄海小黄鱼生态和种群动态的研究[J]. 中国水产科学, 1996, 3(1): 32 -46.
[16] 汤建华,周瑾. 东海区小黄鱼资源现状及管理初探[J]. 海洋渔业, 1999,21(4): 173 -174.
[17] 柳卫海,郭振华. 东海区小黄鱼资源利用现状分析[J]. 上海水产大学学报, 1999,8(2): 105 -111.

The effect of summer close season and the rational utilization on redlip croaker (*Larimichthys polyactis*) resource in the East China Sea Region

Cheng Jiahua[1,2], Lin Longshan[1,3], Li Jiansheng[1], Ding Fengyuan[1]

(1 *Key and Open Laboratory of Marine and Estuarine Fisheries*, *Ministry of Agriculture*, *East China Sea Fisheries Research Institute*, *Chinese Academy of Fishery Sciences*, *Shanghai*, 200090, *China*; 2 *Ocean University of China*, *Qingdao* 266003, *China*; 3 *Shanghai Fisheries University*, *Shanghai* 200090, *China*)

Abstract: The restoration effect and the limitation of Summer Close Season on redlip croaker (*Larimichthys polyactis* Bleeker) were analyzed, the maximum sustainable yield (MSY) based on the present resource status with Richer Reproduction Model was calculated, and the management to consolidate the effect of summer close season was discussed, based on the survey data conducted by Fishery East China Sea Region Fishery Resources Dynamic and Monitor Net during 1991 to 2002. It was showed the maintenance effect of Summer Close Season on redlip croaker was significant, the resource was increased to 1.71 times and comparative resource density was the greatest in a year after Summer Close Season. However, the proportion of young - of - the year (YOY) population was increased from 43.14% which before Summer Close Season to 74.64% in recent years, and the proportion of remained population was decreased from 56.86% which before Summer Close Season to 25.36% in recent years, the population structure changed qualitatively and more unreasonable. The effect of Summer Close Season on restoration of redlip croaker was hardly realized due to the overfishing; the preservation and restoration of redlip croaker would be realized if annual yield was controlled to 93 400 t tons, the MSY of redlip croaker in the East China Sea Region.

Key words: East China Sea Region; *Larimichthys polyactis* Bleeker; Summer Close Season; rational utilization

延长东海区伏季休渔期的渔业效果分析①

林龙山，程家骅

（中国水产科学研究院东海水产研究所，上海 200090）

摘要：根据2000—2006年东海区底拖网定点调查和常规监测资料，利用Ricker动态综合模型对延长东海区休渔期的渔业效果进行了分析。结果表明，提前或提前并延后伏季休渔期，对于主要经济鱼类（带鱼 *Trichiurus japonicus* 和小黄鱼 *Larimichthys polyactis*）渔获量的增加和渔获质量的提升效果均较为明显。如果将休渔期提前半个月，则带鱼的年产量将增加9.35%，渔获个体平均体重将增加21.61%；小黄鱼的年产量将增加5.89%，渔获个体平均体重将增加14.45%。如果将休渔期提前并延后各半个月，则带鱼的年产量将增加13.87%，渔获个体平均体重将增加41.21%；小黄鱼的年产量将增加8.71%，渔获个体平均体重将增加26.44%。鉴于此，建议渔业行政主管部门尽早延长伏季休渔期，并加强渔业管理。

关键词：伏季休渔，底拖网渔业，渔业资源，东海区

自20世纪70年代末以来，东海区的海洋生态环境不断恶化，渔业过度捕捞日益加剧，一些主要经济鱼类资源出现衰退、甚至枯竭，渔获个体逐渐小型化、低龄化，渔获物质量呈现不断下降趋势[1-2]。针对这些情况，农业部于1995年开始对东黄海海域采取了伏季休渔措施，范围为27°00′—35°00′N，时间为每年的7月1日—8月31日；经过3年实践，1998年又将休渔范围进一步扩大为26°00′—35°00′N，将休渔时间调整为每年的6月16日—9月16日；采取休渔措施的最初5年，取得了良好的生态效益、经济效益和社会效益[3-4]。但2000年以后，由于海区的实际捕捞力量没有得到有效控制，反而继续增加，伏季休渔的效果不断被弱化，只起到了短暂的养护作用，每年在9月开捕后不久，其效果就几乎消耗殆尽[5-6]，渔业资源管理面临新的挑战。因此，伏季休渔时间是否需要再次调整成了许多渔业管理者和科研工作者关注的问题，调整休渔时间的建议也多次被提及[2,4,6]。

本研究中，作者利用2000—2006年年底拖网定点调查和常规监测资料，提出了提前半个月或提前并延后各半个月实施伏季休渔的建议，并根据Ricker动态综合模型对东海区休渔期调整所产生的带鱼（*Trichiurus japonicus*）和小黄鱼（*Larimichthys polyactis*）渔业增产效果进行了计算和初步分析，以期为东海区渔业资源的研究和管理提供参考。

① 原文刊载于“大连水产学院学报，2009，24（1）：12－16”。

1 材料与方法

1.1 数据来源

数据取自2000—2006年东海区底拖网渔业资源定点调查和常规监测调查资料，调查船为6对205.07 kW的底拖网船，网具规格为(96×4)m的底拖网，调查监测范围为27°00′—34°00′N、禁渔区线～127°00′E。

渔捞记录数据包括渔捞时间、地点、渔获种类、渔获量等，均按农业部东海区渔政渔港监督管理局印制的渔捞日志填写；主要经济鱼类带鱼和小黄鱼生物学测定，按照《海洋调查规范》[7]要求进行，测定项目包括体长、体重、性腺成熟度和摄食等级等。

1.2 增产效果的计算方法

采用Ricker动态综合模型[8]计算增产效果。首先，将带鱼和小黄鱼一个世代的生长与死亡的衰减过程分割为多个时间段，然后逐段对其平均资源生物量渔获量和渔获尾数进行计算。如根据伏季休渔时间调整需要，将每年分为6月1日—16日，6月16日—9月16日，9月16日—10月1日，10月1日—翌年6月1日四个时间段。

每一时间段(t)的平均资源生物量 $\overline{Bt}$ 、渔获量 Yt 和渔获尾数 Ct 分别为：

$$\overline{Bt} = \frac{Bt[e^{(Gt-Zt)} - 1]}{Gt - Zt};$$

$$Yt = Ft\,\overline{Bt};$$

$$Ct = \frac{FtNt}{Zt}(1 - e^{-Zt});$$

式中：Bt 为 t 龄时的资源生物量，计算时以6月1日为当时的实际补充年龄估算资源生物量(B_1)并作为计算的初始值，其后各时间段的资源生物量 $Bt+1 = Bte^{(Gt-Zt)}$ ；Nt 为 t 龄时的资源尾数，其后各时间段的资源尾数 $Nt+1 = Nte^{-Zt}$ ；体重相对增长率(Gt)计算公式为 $Gt = \ln(Wt+1) - \ln(W_t)$ 。

带鱼体重生长方程为[9-10]：$Wt = 2.084\,0 \times 10^{-5} \times [1 - e^{-0.46(t+0.27)}]^{2.928\,9}$，小黄鱼体重生长方程为[9-10]：$Wt = 1.702\,8 \times 10^{-5} \times [1 - e^{-0.49(t+0.31)}]^{3.053\,2}$；$Zt$ 和 Ft 分别为 t 时间间隔内的总死亡系数和捕捞死亡系数；Yt 和 Ct 分别为 t 时间间隔内的渔获量和渔获尾数。

开始计算时，设定伏季休渔期间捕捞死亡系数 F 为零，而其他时间段按不同时间长短进行均匀分配，而自然死亡系数 M 则按全年所有时间均匀分配。其中，年捕捞死亡系数 F 带鱼取2.52，小黄鱼取1.64，自然死亡系数 M 带鱼取0.38，小黄鱼取0.49[9-10]。

当所有参数均确定好以后，根据不同的时间间隔 t 作为不同的 Gt 、M、F 值，就可方便地计算不同休渔期的带鱼和小黄鱼年总渔获量和年总渔获尾数，进而计算平均渔获个体体重 $\overline{W}$ 和提前休渔或提前并延后休渔期的渔业效果。

$$\overline{W} = \frac{\sum Yt}{\sum Ct}$$

提前半个月进行休渔(即休渔期调整为6月1日—9月16日)的增产效果 V_1 为：

$$V_1 = \frac{Y_{c1} - Y_{c0}}{Y_{c0}};$$

提前并延后各半个月进行休渔(即休渔期调整为 6 月 1 日—10 月 1 日)的增产效果 V_2 为:

$$V_2 = \frac{Y_{c2} - Y_{c0}}{Y_{c0}} \times 100\%$$

上两式中, $Yc0$ 为现行伏季休渔期的总渔获量, $Yc1$ 为休渔期为 6 月 1 日—9 月 16 日的总渔获量, $Yc2$ 为休渔期为 6 月 1 日—10 月 1 日的总渔获量。

2 结果与分析

2.1 定点调查主要渔获物组成

根据 2006 年 4 月、6 月、9 月和 12 月东海定点调查统计情况,东海区渔业资源以带鱼和小黄鱼为主要优势种,四个季节合计渔获量分别占 40.55% 和 23.06% (图 1)。其中,4 月调查中共捕获渔业生物 195 种,带鱼和小黄鱼的渔获量分别占 30.15% 和 19.82%,其他鱼种依照渔获量多少依次为黄鲫(*Setipinna taty*)、鳀(*Engraulis japonicus*)、发光鲷(*Acropoma japonicum*)、银鲳(*Pampus argenteus*)、太平洋褶柔鱼(*Todarodes pacificus*)等;6 月调查中共捕获渔业生物 162 种,小黄鱼和带鱼渔获量分别占 37.60% 和 32.31%,其他鱼种依次为太平洋褶柔鱼、剑尖枪乌贼(*Loligo edulis*)、黄鮟鱇(*Lophius litulon*)、黄鲫等;9 月份调查中共捕获渔业生物 204 种,带鱼和小黄鱼渔获量分别占 48.47% 和 19.47%,其他鱼种依次为三疣梭子蟹(*Portunus trituberculatus*)、龙头鱼(*Harpadon nehereus*)、刺鲳(*Psenopsis anomala*)、银鲳等;12 月调查中共捕获渔业生物 141 种,带鱼和小黄鱼渔获量分别占 31.53% 和 15.03%,其他鱼种依次为龙头鱼、黄鲫、发光鲷、细点圆趾蟹(*Ovalipes punctatus*)、细条天竺鲷(*Apogon lineatus*)等。

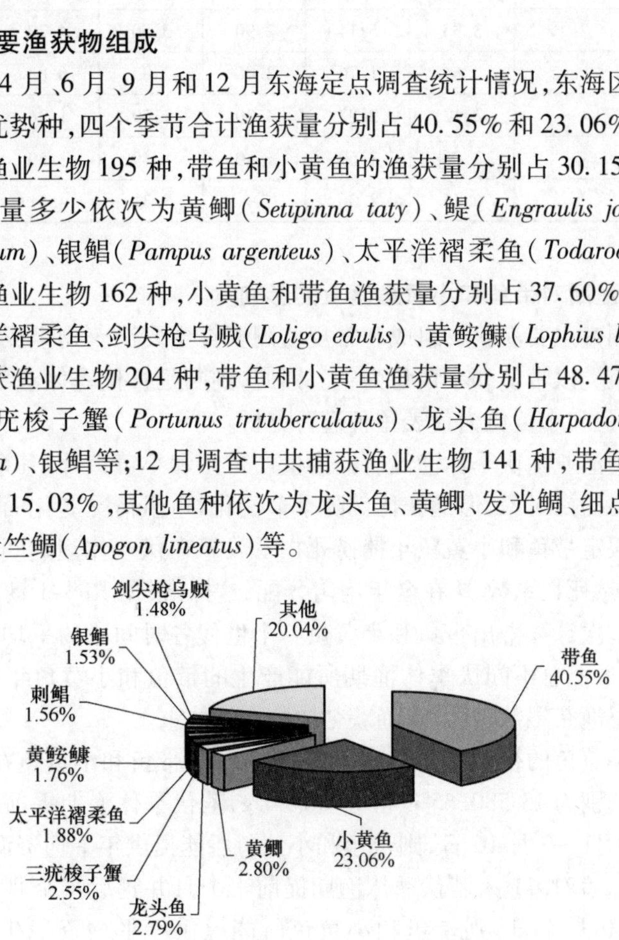

图 1 2006 年东海区底拖网渔获物重量组成

Fig. 1 Catches of demersal trawling fishery in the East China Sea region in 2006

2.2 常规监测调查主要渔获物组成

2000—2006 年底年拖网渔业常规监测调查结果显示,目前东海区底拖网渔业生产的主要渔获物种类组成当中(表 1),带鱼渔获量所占比例连续 7 年处于第一位,小黄鱼有 6

年处于第二位,两者合计渔获量所占比例范围为69.99% ~84.09%,平均达到78.16%,为东海区底拖网渔业绝对优势种;黄鲫、刺鲳、银鲳和龙头鱼为次要渔获物种类。

表1 2000—2006年东海区底拖网渔业主要渔获物种类及其重量所占比例

Table 1. Major species and their percentage in biomass of demersal trawling catches in the East China Sea region from 2000 - 2006

%

种类 species	所占比例 percentage of weight/%						
	2000	2001	2002	2003	2004	2005	2006
带鱼 *Trichiurus japonicus*	63.99	63.40	55.56	71.08	66.88	60.33	41.83
小黄鱼 *Larimichthys polyactis*	18.81	16.93	19.62	13.01	12.16	9.66	33.83
黄鲫 *Setipinna taty*	3.95	5.14	2.90	5.50	4.77	3.09	2.35
刺鲳 *Psenopsis anomala*	2.61	1.76	3.08	3.83	6.83	14.53	4.00
银鲳 *Pampus argenteus*	2.12	2.82	4.20	1.79	1.26	1.59	1.36
龙头鱼 *Harpadon nehereus*	2.06	1.59	1.80	1.49	3.59	3.27	6.61
其他 others	6.46	8.36	12.84	3.31	4.51	7.52	10.02

2.3 调整伏季休渔期对带鱼和小黄鱼渔业的影响

从前述定点调查主要渔获物组成和常规监测调查主要渔获物组成中可以看出,目前东海区主要经济鱼类以带鱼和小黄鱼为主。因此,判断延长伏季休渔期可能对渔业产生的效果,可以以带鱼和小黄鱼为代表鱼种进行分析。

东海区底拖网渔业除伏季休渔没有捕捞生产带鱼和小黄鱼外,其余时间几乎都以带鱼和小黄鱼为主要捕捞对象,但渔获比例随季节变化、鱼汛情况变化而变化,表现出一定的随机性,因此,假定带鱼和小黄鱼年捕捞死亡系数 F 在伏季休渔期间为零,而在其他时间段均匀分配,自然死亡系数 M 在全年均匀分配,这样,根据 Ricker 动态综合模型[8],就可利用表格进行多次计算得出带鱼和小黄鱼一个世代各时间段的平均资源生物量、渔获量和渔获尾数,最后汇总不同伏季休渔期所能产生的带鱼和小黄鱼年平均资源生物量、年总渔获量和年总渔获尾数,并计算渔获个体的平均体重。

假设带鱼和小黄鱼的初始捕捞尾数均为100尾,则带鱼和小黄鱼在现行休渔期的年平均资源生物量分别为13 580.65 g和4 766.86 g,若伏季休渔期提前半个月,即伏季休渔期调整为6月1日—9月16日,则带鱼和小黄鱼所能提供年平均资源生物量分别上升为15 216.06 g和5 121.11 g,若伏季休渔期提前半个月并延后半个月,即伏季休渔期调整为6月1日—10月1日,则带鱼和小黄鱼所能提供年平均资源生物量继续上升为15 903.34 g和5 266.05 g(图2)。

而且,在带鱼和小黄鱼总渔获尾数减少的情况下,其总渔获量都将分别得到增加(图2),根据本文增产效果的计算公式,若伏季休渔期提前半个月,即伏季休渔期调整为6月1日—9月16日,则带鱼增产效果 V_1 将达到9.35%,小黄鱼的增产效果 V_1 为5.89%,若伏季休渔期提前半个月并延后半个月,即伏季休渔期调整为6月1日—10月1日,则带鱼的增产效果 V_2 将达到13.87%,小黄鱼的增产效果 V_2 为8.71%。

另外，在产量增加的同时，带鱼和小黄鱼平均渔获个体体重（$\overline{W}$）也将分别得到提升（图2），若休渔期调整为6月1日—9月16日，则带鱼和小黄鱼平均个体体重将从原来的115.98 g和31.28 g，分别增加到141.04 g和35.80 g，增幅分别达到21.61%和14.45%；若休渔期调整为6月1日—10月1日，则带鱼和小黄鱼平均个体体重将分别达到163.78 g和39.55 g。反映出提前休渔或提前并延长休渔期的渔获产量和渔获质量都能够得到提升，增幅分别达到41.21%和26.44%。

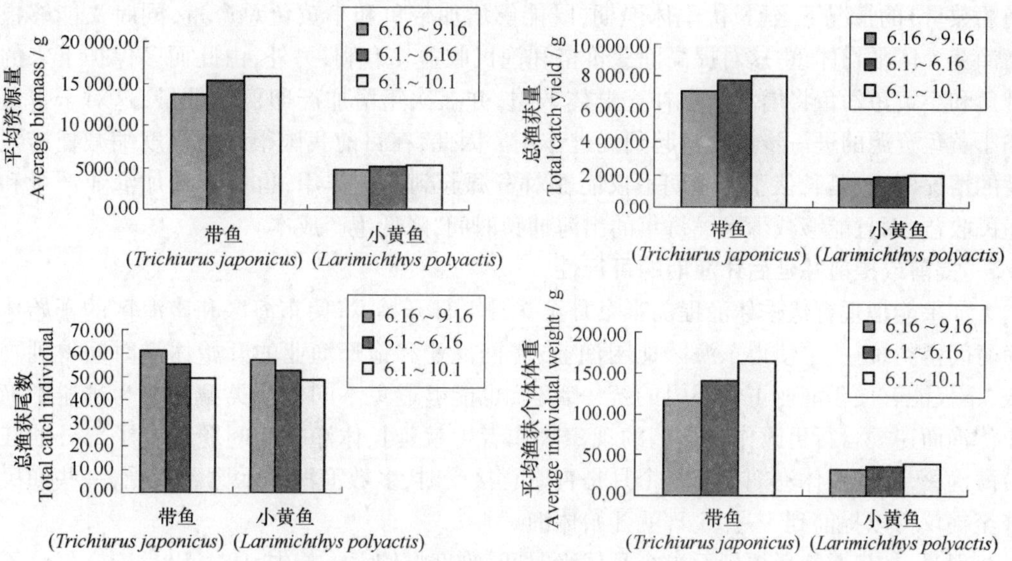

图2　东海区伏季休渔期调整对带鱼和小黄鱼产生的渔业效果

Fig. 2　Effects of the extension of closed fishing season on the hairtail and small yellow croaker fisheries in the East China Sea region

3　讨论

3.1　东海区底拖网渔获物组成特点

从近年来东海区底拖网渔业资源定点调查和常规监测结果来看，目前东海区底拖网渔业主要渔获物以带鱼和小黄鱼为绝对优势种，2000—2006年的渔获量所占比例平均达到78.16%，可见带鱼和小黄鱼在底拖网渔业生产中具有重要作用和地位，对渔业生产的经济效益有着举足轻重的影响。但是，相关研究结果也表明，当前东海区带鱼和小黄鱼的单位捕捞努力量渔获量（CPUE）正处于不断下降趋势之中，渔获物个体小型化、低龄化现象仍然相当明显，渔获物中幼鱼比例持续上升，整体渔业资源状况仍然较为脆弱且存在衰退趋势[6]。

3.2　调整伏季休渔期的必要性

由于我国海岸线较长，作业结构复杂等，目前南海、黄海、东海海区实行的伏季休渔时间各不相同，南海伏季休渔期为6月1日12时起至8月1日12时止，黄海伏季休渔期为6月16日12时起至9月1日12时止，东海伏季休渔期为6月16日12时起至9月16

日12时止。从东海区全年的渔业资源调查和常规监测发现,每年伏季休渔前的半个月生产情况最差,渔获物主要以幼鱼为主,特别是带鱼渔获物中,幼鱼比例为全年最高,对带鱼资源的破坏最大。另外,近年来由于柴油价格不断上涨,底拖网渔业成本显著上升,多数渔民在伏休前期出现亏损,很多渔民为避免亏损选择在此期间停靠港口而不愿意出海捕鱼。

从本文估算的结果看,在假定年捕捞死亡系数 F 不改变(即不减少每年捕捞力量或渔船数量)的情况下,延长伏季休渔期,既能够增加带鱼和小黄鱼总产量,同时又能够提高渔获个体平均体重,这对提高渔获价格和渔民收益均有利;另外,由此而多保护下来的带鱼和小黄鱼幼鱼将增加当年补充群体数量,并在次年增加产卵群体数量,这对于带鱼和小黄鱼资源的进一步恢复将起到促进作用。因此,在目前我国很难大幅度缩减捕捞强度的情况下[2],延长伏季休渔期不仅能够对资源起到养护作用,也能够增加渔业产量和渔民收益,而且能够减少渔民每年的出海捕鱼时间,降低生产成本。

3.3 提前或提前并延后休渔期的可行性

如果能把现行伏季休渔提前半个月至6月1日开始,将使东海区和南海区的开始休渔时间得到统一,也使得东海区拖网渔业、张网渔业和拖虾渔业的开始休渔时间得到一致,不仅能够便于渔业主管部门的统一管理,也能够避免不同作业类型渔业为逃避本渔业休渔而违规自行更改作业类型的现象。作者曾就延长休渔时间问题调查了部分浙江沿海渔民,当问及休渔期提前半个月是否愿意接受时,多数渔民表示愿意接受,一些渔民甚至提议可以提前到5月15日就开始休渔。

但是,如果要往后再延后半个月休渔时间,难度将较大。首先,10月以后冷空气将不断影响黄海和东海海域,给渔民生产带来不便;第二,由于不同作业类型的开捕时间相差较长,少数已出海生产作业渔民往往会根据海上情况违规改变作业类型以提高捕捞效率,对其他仍在休渔的渔民造成不公,给管理部门的管理增加不少难度;第三,社会调查结果显示,多数渔民表示不愿意接受休渔期再延后半个月的调整方案。因此,若要提前并延后各半个月进行休渔,还需要动员各方面力量做好宣传教育和开导工作。

参考文献:

[1] 赵传絪,陈永法,洪港船,等. 东海区渔业资源调查和区划[M]. 上海:华东师范大学出版社,1990,206-622.

[2] 郑元甲,陈雪忠,程家骅,等. 东海区大陆架生物资源与环境[M]. 上海:上海科学技术出版社,2003,286-637.

[3] 程家骅,汤建华,林龙山,等. 东海区伏季渔业生态效果的分析研究[J],中国水产科学,1999,6(4):81-86.

[4] 程家骅,林龙山,凌建忠,等. 东海区小黄鱼伏季休渔效果及其资源合理利用探讨[J],中国水产科学,2004,11(6):554-560.

[5] 林龙山. 东海区小黄鱼现存资源量分析[J]. 海洋渔业,2003,26(1):10-15.

[6] 林龙山,程家骅,凌建忠. 东海区底拖网渔业资源变动分析[J]. 海洋渔业,2007,29(4):371-374.

[7] 国家质量监督检验检疫总局. 国家标准化管理委员会[M]. GB/T 12763.2-1991. 海洋调查规

范－海洋生物调查.1991.
[8] 詹秉义.渔业资源评估[M].北京:中国农业出版社,1995,145－154.
[9] 林龙山,郑元甲,程家骅,等.东海区底拖网渔业主要经济鱼类渔业生物学的初步研究[J].海洋科学,2006,30(2):21－25.
[10] 林龙山,程家骅,凌建忠,等.东海区主要经济鱼类开捕规格的初步研究[J].中国水产科学,2006,13(2):250－256.

Effects of the prolonged summer closed fishing period on fisheries in the East China Sea region

Lin Longshan, Cheng Jiahua

(*East China Sea Fisheries Research Institute*, *Chinese Academy of Fishery Sciences*, *Shanghai* 200090, *China*)

Abstract: Based on the data collected from demersal trawling surveys conducted in the years 2000—2006, the research analyzed by Ricker population dynamic pool model, the influence of the yield of hairtail and small yellow croaker by the extension of the summer closed fishing period in the East China Sea region. The results showed that the average individual weight and the total catch of hairtail and small yellow croaker would increase significantly following the implementation of the prolonged summer closed fishing period. If the beginning time of the summer closed fishing period was advanced by half a month annually, i. e. the period extending from 1 June to 16 September, the total catch captured and average individual weight of hairtail would increase respectively by 9. 35% and 21. 61%, and for the small yellow croaker, the augment of catch and average individual weight would be respectively 5. 89% and 14. 45%. if the summer closed fishing period would extend from 1 June to 1 October, the catches of hairtail and small yellow croaker would increase to 13. 87% and 8. 71%, and average individual weight would increase to 41. 21% and 26. 44%, respectively. So we propose that the related authorities should strengthen the management of fishery resources, and prolong as soon as possible the current duration of summer closed fishing in the East China Sea region.

Key words: summer closed fishing, demersal trawling fishery, fishery resource, East China Sea region

Risks of ignoring fish population spatial structure in fisheries management①

Ying Yiping[1,2], Chen Yong[2], Lin Longshan[3] and Gao Tianxiang[1]

(1 *The Key Laboratory of Mariculture, Ministry of Education, Ocean University of China, Qingdao, Shandong* 266003, *China*; 2 *School of Marine Sciences, University of Maine, Orono, ME* 04469, *USA*; 3 *Third Institute of Oceanography, State Oceanic Administration of China, Xiamen, Fujian* 361005, *China*)

Abstract: Ignorance of spatial structures in fisheries management may lead to unexpected risks of overexploitation. Based on the information on small yellow croaker (*Larimichthys polyactis*) off the coast of China, we simulated a fish population consisting of three subpopulations mixing in intermediate levels, which was considered as the "true" spatial structure of the population in this study. Three scenarios of population spatial structure were assumed in assessing and managing this simulated fishery: (i) metapopulation, which has the same structure as the "true" population; (ii) three independent subpopulations, which overlook the exchanges between the subpopulations; and (iii) unit population, which completely ignores the population spatial structure. Corresponding approaches were applied to assess and manage each of these assumed fish populations. The management time period was assumed to be 10 years with two harvesting levels (i.e., maximum sustainable yield (MSY) and $f_{0.1}$). Assessing and managing the metapopulation as several independent populations could lead to a high probability of overexploitation. Managing the metapopulation as a unit population could lead to local depletion. Use of MSY as a management target may be risk prone in the existence of a metapopulation, and use of a fishing mortality lower than $f_{0.1}$ as a management target is more desirable.

Key words: population spatial structure, assessment and management, metapopulation, and overexploitation

1 Introduction

A metapopulation is defined as a group of subpopulations in which local subpopulation dynamics are driven in part by dispersal from other subpopulations in the group (Hanski, 1999). Many studies suggest that metapopulations are common and their dynamics are strongly influ-

① 原文刊载于"Canadian Journal of Fisheries and Aquatic Sciences, 2011, 68(12): 2101—2120."

enced by spatial attributes of habitat patches (Lindenmayer et al. , 2001, Schtickzelle et al. , 2005), life history patterns, and distances and dispersal rates among local subpopulations (Sawchik et al. , 2002, Curtis and Naujokaitis - Lewis, 2008).

In marine fisheries, two important factors should be considered when we evaluate impacts of exploitation on fish population dynamics: (i) population spatial structure resulting from dispersal and movement of fish in different life history stages (Dieckmann at el. , 1999) and (ii) the spatial dynamic of fishing efforts often resulting from spatial variability in population density (Botsford et al. , 2009).

In most marine species, early life histories are characterized by a planktonic larval stage. Because of the mainly passive nature of the larval stage, they are often carried over large distances by the dominant ocean currents (Shanks et al. , 2003; Kinlan et al. , 2005; Trakhtenbrot et al. , 2005). When the adult stage is predomin - antly sessile, larval dispersal is the main cause of spatial structure in marine populations. However, for many species the adult stage is actually more mobile than the larval stage. In such cases, this provides additional connectivity over a broad range of spatial scales, ranging from daily movement over metres to migrations over thousands of kilometres.

Many studies suggest that increasingly more marine fish populations are considered as metapopulations, which are spatially structured and divided into several subpopulations mixing in intermediate levels (Kritzer and Sale, 2004). This implies that it is necessary to control the repartition of the fleets on different fishing zones based on known spatial structures and interactions among subpopulations in fisheries management (Mchich et al. , 2006). However, in many cases spatial structures are often ignored and fish populations are considered as single, well mixed populations or identical, independent populations in the assessment and management (Botsford et al. , 2009), often leading to over - exploitation (Stephenson, 1999). The importance of considering spatial structure in the management of metapopulation fisheries was described in several studies (e. g. , Hutchings, 2000; Hutchinson, 2008). Heifetz and Quinn (1998) showed that it is critical to consider movement and spatial structures in management. Hart and Cadrin (2004) developed a metapopulation approach to assessing the Yellowtail flounder (*Limanda ferruginea*) fishery. Heath et al. (2008) developed a metapopulation model in the case of North Sea cod, and showed the importance of considering population spatial structure in the management. More studies are still needed to improve our understanding of impacts of population spatial structure on fisheries stock assessment and management.

Based on the information on the small yellow croaker, *Larimichthys polyactis* (Bleeker) in China, we simulated a metapopulation consisting of three subpopulations with migrations among the subpopulations. We then evaluated consequences of ignoring fish population spatial structure in metapopulation stock assessment and management.

2 Methods and materials

The small yellow croaker is a bentho - pelagic fish species of family Sciaenidae, inhabiting coastal waters and estuaries (Seikai National Fisheries Research Institute, 2001). It supports important fisheries in Korea, Japan and China. The species is widely distributed in the Bohai Bay and the Yellow and East China Seas of the Northwest Pacific Ocean (Seikai National Fisheries Research Institute, 2001). The small yellow croaker spawn pelagic eggs in spring, and its breeding grounds are located in the coastal area (Seikai National Fisheries Research Institute, 2001). Long pelagic larval phase is observed in the small yellow croaker, which implies the high dispersal ability of this species. However, the small yellow croakers migrate back and forth regularly, between their spawning ground (also their feeding ground) in shallower water and three overwintering grounds (Fig. 1; Liu, 1962). Based on the studies of its spawning migration patterns and morphological variables, Liu (1962) and Ikeda (1964) suggested that three groups existed throughout the range of small yellow croaker (Fig. 1). Molecular biology studies suggested weak but significant population genetic structures among the three subpopulations (Han et al., 2009; Lin et al., 2009). Weak genetic structures indicated the existence of gene flow and limited individual exchanges among the subpopulations. The early life history, migration routes, population spatial structure, and intermediate levels of individual exchanges among the subpopulations imply that the small yellow croaker population is a metapopulation. Thus, this species is a good candidate for us to evaluate impacts of spatial structure on stock assessment and management.

For this study, it was assumed that the metapopulation of the small yellow croaker in China consisted of three subpopulations. The subpopulation of East China Sea (subpopulation 1) was distributed in the area to the south of 30.5°N. The South Yellow Sea subpopulation (subpopulation 2) was located in the area between 30.5°N and 34.5°N. The North Yellow Sea and Gulf of Bohai (subpopulation 3) was in the area to the north of 34.5°N (Fig. 1). We collected the yield (Chinese Fishery Yearbook Publishing House, 2000 – 2009) and scientific survey CPUE data (Lin et al., 2006; Lin, 2009; Chinese Fishery Yearbook Publishing House, 2000 – 2009) for the small yellow croaker of the three subpopulations from 1999 to 2008. For lack of reliable estimate, a constant migration rate was assumed based on the coastal current direction and speed in spring (Table 1, Li et al., 2000) because larval dispersal of this species with the China Coastal Current was considered to play a primary role in the formulation of their spatial structure (Han et al., 2009; Lin et al., 2009).

Table 1 Exchange rates among different subpopulations assumed based on the coastal current orientation and velocity in spring seasons

To	From		
	Subpopulation 1	Subpopulation 2	Subpopulation 3
Subpopulation 1	*	0.15	0.05
Subpopulation 2	0.18	*	0.15
Subpopulation 3	0.08	0.1	*

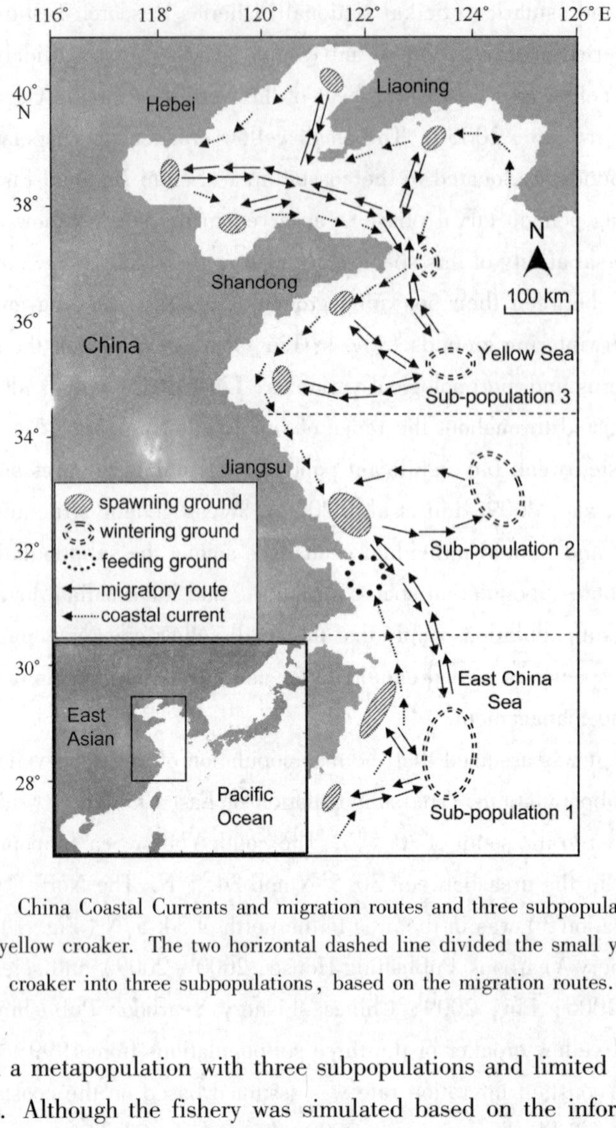

Fig. 1 China Coastal Currents and migration routes and three subpopulations of small yellow croaker. The two horizontal dashed line divided the small yellow croaker into three subpopulations, based on the migration routes.

We simulated a metapopulation with three subpopulations and limited movements between the subpopulations. Although the fishery was simulated based on the information available on the small yellow croaker population, it should not be considered as exactly same as the small yellow croaker fishery because many key parameters had to be assumed. Nevertheless, such a simulated fishery with known spatial structure is sufficient for this study.

The "true" population structure assumed for the simulations was that of a metapopulation. Three spatial options were considered in the assessment and management: (i) metapopulation structure, which implies we "correctly" delineated the "true" spatial structure of the population; (ii) three independent subpopulations with no intersubpopulation mixing, which implies we considered the separation of the three subpopulations, but ignored the migration among the three subpopulations; and (iii) unit population which means we totally ignored the spatial structure of subpopulation existing in the "true" population. These three spatial options correspond to "correct", "partially correct", and "wrong" interpretation of the population spatial structure, respectively, in the assessment and management.

Four steps were included in evaluating the risk of ignorance of the spatial structures in fisheries management (Fig. 2). First, an operating model was developed defining the "true" dynamics and spatial structure of a target metapopulation. The operating model was fitted to the data of Chinese small yellow croaker fishery to estimate parameters for simulating "correctly" defined metapopulation dynamics. Second, random variability was added to the data generated from the first step to generate simulated "observed" data for the metapopulation. The population parameters were estimated for the three spatial options considered in this study. Corresponding management harvest control rules were developed. Third, these harvest rules were applied to manage the simulated fishery to generate a set of annual yield and stock biomass data. Finally, we used yield, population biomass, and stock status to compare managements based on different population spatial structures assumed in the assessment.

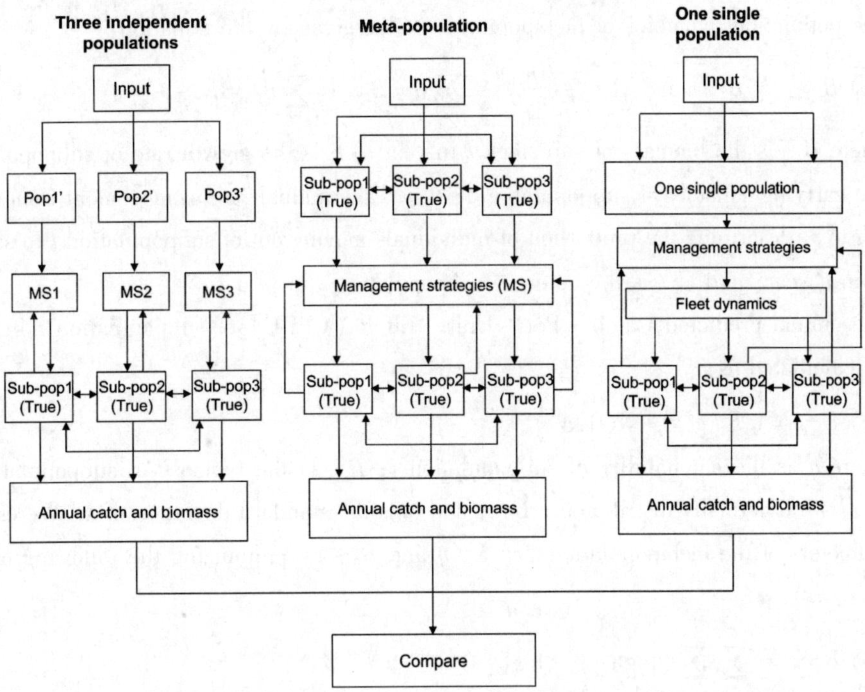

Fig. 2 The design of this study. Three spatial options were considered in the management: (i) metapopulation structure assuming that the spatial structure is correctly identified; (ii) three independent subpopulations ignoring the exchange among subpopulations; (iii) unit population ignoring the spatial structure. The parameters were estimated based on different spatial options and then used to estimate the harvest level. The harvest level was applied to the metapopulation (true population structure) to manage the fishery based on assumed spatial structures to generate annual yield and stock biomass data.

In summary, we simulated a fishery with a defined spatial structure as a "true" fishery and tried to manage this fishery under the scenarios having perfect, partial and wrong knowledge about the population structure. We compared the performance of management under these three scenarios to determine importance of population spatial structure in fisheries assessment and management.

Operating model

The "true" population dynamics were simulated using a surplus production model with the consideration of migrations among the three subpopulations. The metapopulation structure likely results from larval transportation in their pelagic phase and adults in each subpopulation having their independent migration routes. However, it is impossible to know the relative contributions of larval transportation and adult movements to the exchange of fish among the subpopulations. Thus, the ranges of exchange rates among subpopulations were assigned somewhat arbitrarily based on relative differences in coastal currents (Li et al., 2000). For lack of information, the exchange rates were assumed to be density – independent.

The population dynamics of metapopulation were given by the equation:

$$(1)\ B_{i,t+1} = B_{i,t} + r_i B_{i,t}\left(1 - \frac{B_{i,t}}{K_i}\right) - \sum_{j\neq i}^{R} \theta_{i\to j} B_{i,t} + \sum_{j\neq i}^{R} \theta_{j\to i} B_{j,t} - C_{i,t}$$

where $B_{i,t}$ is the biomass of sub stock i in year t; r_i is the growth rate of subpopulation i; K_i is the carrying capacity of subpopulation i; $\theta_{i\to j}$ is the annual rate of movement from subpopulation i to j, describing the proportion of individuals moving out of subpopulation i to subpopulation j in a year; and $C_{i,t}$ is the catch of subpopulation i in year t.

The annual predicted Catch – Per – Unit – Effort (CPUE) of subpopulation i in year t, $\hat{U}_{i,t}$, is calculated as:

$$(2)\ \hat{U}_{i,t} = q_i B_{i,t} e^{\varepsilon} \quad \varepsilon \sim N(0,\sigma^2)$$

where q_i is the catchability of subpopulation i; $B_{i,t}$ is the biomass of subpopulation i in year t; ε is the normally distributed errors; and σ is the standard deviation of ε. We estimated the parameters of the metapopulation (r, K, q and B_0) by minimizing the following objective function:

$$(3)\ \text{RSS} = \sum_{i}^{R} \sum_{t}^{T} (\log \hat{U}_{i,t} - \log U_{i,t})^2$$

where $\hat{U}_{i,t}$ is the predicted CPUE of subpopulation i in year t; $U_{i,t}$ is the observed CPUE of subpopulation i in year t; R is the total number of the subpopulations; and T is the total number of the years when data were collected.

Estimation model

For the metapopulation management option, we used the 'true' parameters estimated using equations. (1) and (3) to develop harvest control rules. For the three – independent subpopulations management option, we estimated the parameters separately for each subpopulation as if they were the independent "populations". The dynamics of each 'population' can be described as:

(4) $B_{i,t+1} = B_{i,t} + r_i B_{i,t}(1 - \frac{B_{i,t}}{K_i}) - C_{i,t}$

where $B_{i,t}$ is the biomass of the 'population' i in year t; r_i is the intrinsic growth rate of 'population' i; K_i is the carrying capacity of 'population' i; $C_{i,t}$ is the catch from 'population' i in year t. Parameters were then estimated using equations. (4), (2), and (3) for each subpopulation separately.

For a unit population management option, we used the following equation to describe the population dynamics:

(5) $B_{\text{all},t+1} = B_{\text{all},t} + r_{all} B_{\text{all},t}(1 - \frac{B_{\text{all},t}}{K}) - C_{\text{all},t}$,

where $B_{\text{all},t}$ is the 'current population biomass' for all the three subpopulations treated as if they were a unit population in year t. The population parameters were estimated using equations. (5), (2) and (3).

Uncertainty can be incorporated in a surplus production model in different way. One approach is to simulate parameters r and K from a given multivariate normal distribution defined by a vector of means and variance – covariance matrix of the parameters (see Bard 1974, p. 316 for the algorithm). Many studies suggest a negative correlation between r and K (Bell, 1990; Underwood, 2007). We developed a variance – covariance matrix of r and K, with their correlation coefficient of −0.9 and the coefficient of variation (CV) of 10%. This is equivalent to the level of correlation coefficient and CV in estimating r and K in the parameter estimation of this study when we fitted the production model to CPUE and catch data for the small yellow croaker. The variance – covariance matrix Σ was defined as

(6) $\Sigma = \begin{pmatrix} \sigma_r^2 & \rho\sigma_r\sigma_K \\ \rho\sigma_r\sigma_K & \sigma_K^2 \end{pmatrix}$,

Where σ_r is standard deviation of parameter r, σ_K is standard deviation of parameter K; and ρ is the correlation coefficient. One thousand pairs of normally distributed r and K were then simulated using the variance – covariance matrix (Fig. 3) as

(7) $\begin{pmatrix} r_s \\ K_s \end{pmatrix} \sim N\left(\begin{pmatrix} r \\ K \end{pmatrix}, \Sigma\right)$,

where r_s and K_s are simulated r and K. Similar approach was used in Chen (1997).

Harvest control rule

We developed the following harvest control rule to determine annual catch using the parameters estimated for the three different spatial structure options in the management. We set the biomass limit to be $0.25B_{\text{MSY}}$, and the management target to be B_{MSY}, where MSY is maximum sustainable yield. When the current biomass was higher than the management target, we used the calculated annual catch. If the current biomass was less than the target biomass but more than the biomass limit, we determined the next year's catch level as follows:

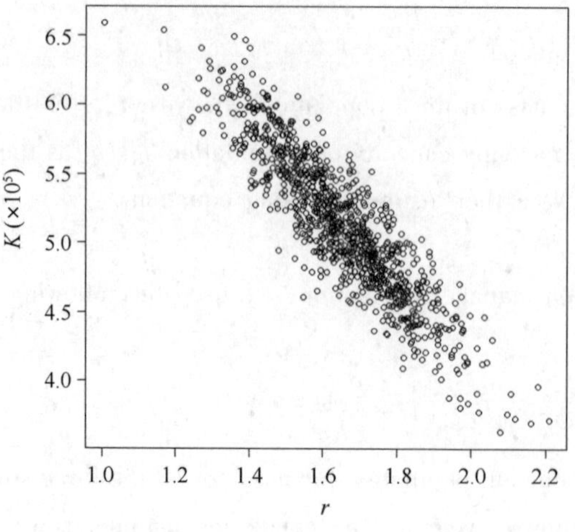

Fig. 3 The plot of 1000 pairs of r and K simulated from a multivariate normal distribution with correlation coefficient between r and K being -0.9 (based on the parameters of subpopulation 1).

(8) (Current biomass − Biomass limit)

× (Catch target level)/(Biomass target − Biomass limit).

If the current biomass was less than the biomass limit, the fishery was closed with no catch for the next year.

For the metapopulation management option, we had to consider the movement among subpopulations. Thus, we calculated a Y_t to describe the biomass used to decide the harvest level. Y_t is the biomass at the beginning of the year plus the net immigration:

$$(9)\quad Y_{i,t} = B_{i,t} + \sum_{j \neq i} \theta_{j \to i} B_j - \sum_{i \neq j} \theta_{i \to j} B_i$$

The annual catch was then determined based on the harvest control rule defined above. For the other two spatial structure options in the management, we used the biomass at the beginning of each year to determine the annual catch level based on the defined harvest control rule.

Many biological reference points can be used to determine total allowable catch (TAC) and catch level (Hilborn and Walters, 1992; Quinn and Deriso, 1999; Chen and Montgomery, 1999). In this study, we used MSY and $f_{0.1}$ to determine TAC (Quinn and Deriso, 1999; Chen and Montgomery, 1999). For the three independent and unit population options, we used both to set target catch and compare their performance. In this case, the MSY was calculated as $0.25 r_i K_i$ (Hilborn and Walters, 1992). The $f_{0.1}$ was defined by Chen and Montgomery (1999) as

$$(10)\quad \left.\frac{\partial C(E)}{\partial E}\right|_{E = f_{0.1}/q} = 0.1 \left.\frac{\partial C(E)}{\partial E}\right|_{E=0}$$

where $C(E)$ = the equilibrium yield corresponding to effort E (Punt, 1993). From the above equation and equation. 4, $f_{0.1}$ can be calculated as $f_{0.1} = 0.45r$ (Chen and Montgomery, 1999).

However, determining TAC for the metapopulation option was more complicated because it needs to consider subpopulation mixing. The MSY of non – metapopulation management is the equilibrium yield at B_{MSY} ($B_{MSY} = 0.5K_i$, Hilborn and Walters, 1992). The yield at B_{MSY} is defined as the catch level at biomass supporting the highest population growth (Hilborn and Walters, 1992) and leading to the next year's biomass equal to the last year's biomass. However the equilibrium yield at B_{MSY} in the metapopulation option is not the same as the maximum equilibrium yield (Fig. 4). This can be described as

$$(11)\ C_{i,t} = r_i B_{i,t}\left(1 - \frac{B_{i,t}}{K_i}\right) - \sum_{j \neq i}^{R} \theta_{i \to j} B_{i,t} + \sum_{j \neq i}^{R} \theta_{j \to i} B_{j,t}\ .$$

When B_{MSY} of $0.5K_i$ is input into the above equation, the yield at B_{MSY} becomes

$$(12)\ C_{i,t} = \frac{r_i K_i}{4} - \frac{K_i}{2} \sum_{i \neq j} \theta_{i \to j} + \sum_{j \neq i} \theta_{j \to i} B_{j,t}\ .$$

The maximum equilibrium yield (Fig. 4) can be defined as

$$(13)\ \frac{\partial C_{e,i}}{\partial B_i} = \left(r_i - \sum_{i \neq j} \theta_{i \to j}\right) - \frac{2B_i r_i}{K_i} = 0\ ,$$

where $C_{e,i}$ is the yield leading to the next year's biomass equal to the last year's biomass, which is the same as equation. 11.

From eqs. 8 and 10, the equilibrium can be determined as

$$(14)\ C_{i,t} = \frac{K_i\left(r_i - \sum_{i \neq j} \theta_{i \to j}\right)^2}{4r_i} + \sum \sum_{j \neq i} \theta_{j \to i} B_{j,t}\ .$$

The estimation of $f_{0.1}$ for the metapopulation option is also complicated, and could not be simply determined as $0.45r$. Because the fishing mortality at MSY level is $0.5r$ (Quinn and Deriso, 1999; Chen and Montgomery, 1999), we used 90% of the harvest level at B_{MSY} as the catch level for the metapopulation option using $f_{0.1}$ as biological reference point (Chen and Montgomery, 1999).

Simulation of the management

The harvest rules, derived above, were applied to manage the simulated fishery. For the metapopulation and three independent subpopulations options, the harvest level of each year and dynamics of subpopulations were estimated with the harvest control rules. For the unit population option, the fleet dynamics were also considered with the allocation of fishing effort and TAC among the three subpopulations being determined based on the relative difference in CPUE among the three fishing areas targeting the three subpopulations. The proportion of TAC of subpopulation i in year t was determined as

$$(15)\ \text{TAC proportion of sub – population } i = \frac{U_{i,t}}{\sum_{j=1}^{R} U_{j,t}}\ ,$$

where $U_{i,t}$ is the observed CPUE of subpopulation i in year t; and R is the total number of the subpopulations. This implies that fishermen are mobile and have knowledge about the performance of other fishermen and where the fish are located (Hilborn and Walters, 1992; Wilson et al., 1999). We used 10 years as management time period in this study, which are long enough to address the objective of this study.

Simulation scenarios

To evaluate risks of ignoring fish population spatial structure, we developed various simulation scenarios in this study (Table 2). Scenarios 1, 2, 3, 4, 7, 10, 13, 16, 19, 22 and 25 were based on the assumption that that the population was managed under the metapopulation option (i. e., assumed spatial structure in the assessment is correct); Scenarios 5, 8, 11, 14, 17, 20, 23 and 26 assumed that the population was managed under the three independent subpopulations option (i. e., assumed spatial structure does not consider movement between the subpopulations) and Scenarios 6, 9, 12, 15, 18, 21, 24 and 27 assumed that the population was managed under the unit population option (i. e., no spatial structure was assumed in the assessment; Table 2).

Table 2 Simulation scenarios considered in this study

Scenario	Management option	Total allowable catch	Uncertainty	CV	Exchange rate
1	Metapopulation	Point at B_{MSY}	Without	10%	1x
2	Metapopulation	Equilibrium point at slop equal to 0	Without	10%	1x
3	Metapopulation	Point at B_{MSY}	With	10%	1x
4	Metapopulation	Equilibrium point at Slop equal to 0	With	10%	1x
5	Three populations	MSY	With	10%	1x
6	Unit population	MSY	With	10%	1x
7	Metapopulation	Point at B_{MSY}	With	5%	1x
8	Three populations	MSY	With	5%	1x
9	Unit population	MSY	With	5%	1x
10	Metapopulation	Point at B_{MSY}	With	20%	1x
11	Three populations	MSY	With	20%	1x
12	Unit population	MSY	With	20%	1x
13	Metapopulation	Point at B_{MSY}	With	10%	0.5x
14	Three populations	MSY	With	10%	0.5x
15	Unit population	MSY	With	10%	0.5x
16	Metapopulation	Point at B_{MSY}	With	10%	1.5x
17	Three populations	MSY	With	10%	1.5x
18	Unit population	MSY	With	10%	1.5x
19	Metapopulation	90% of fishing effort at B_{MSY}	With	10%	1x
20	Three populations	$f_{0.1}$	With	10%	1x
21	Unit population	$f_{0.1}$	With	10%	1x

To be continued

Scenario	Management option	Total allowable catch	Uncertainty	CV	Exchange rate
22	Metapopulation	0. 5x point at B_{MSY}	With	10%	1x
23	Three populations	0. 5x MSY	With	10%	1x
24	Unit population	0. 5x MSY	With	10%	1x
25	Metapopulation	1. 5x Point at B_{MSY}	With	10%	1x
26	Three populations	1. 5x MSY	With	10%	1x
27	Unit population	1. 5x MSY	With	10%	1x

Note: B_{MSY} is the management target for annual biomass catch, where MSY is maximum sustainable yield (see Fig. 4); CV is coefficient of variation. Exchange rate is compared with the base case rate defined in Table 1.

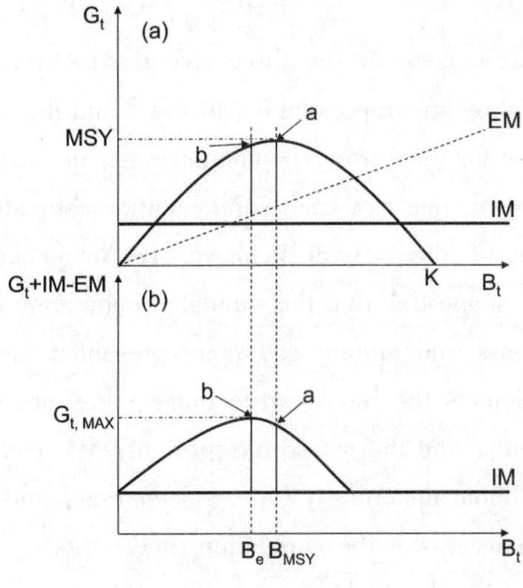

Fig. 4 The two levels of total allowable catch used in the metapopulation management. The equilibrium catch level at B_{MSY} is the point 'a'. The catch level at maximum growth (equilibrium point at slop equal to 0) of a subpopulation is point 'b'. Gt (a) is the growth of the subpopulation in one year when the biomass of the subpopulation in the beginning of the year equals to it in the end of the year. B_t is the biomass at the beginning of the year. The line labeled 'EM' is the emigration of target subpopulation. The line labeled 'IM' is the immigration from other subpopulations to the target subpopulation. Gt + IM − EM (panel b) is used to design the catch level for metapopulation management.

Scenarios 1 to 6 were used to test the TAC – based management with catch being set at MSY. Different biological references in the simulation were assumed as the MSY in the metapopulation management. MSY was calculated based on B_{MSY} for Scenarios 1 and 3 (Fig. 4), and MSY was calculated at equilibrium point with the slope of 0 for Scenarios 2 and 4 (Fig. 4). For the other scenarios (i. e., 5 and 6), MSY was calculated based on B_{MSY}. Scenarios 1 and 2 were the control scenarios without consideration of uncertainty (Table 2).

Scenarios 7 to 12 were used to evaluate different levels of uncertainty. Scenarios 7 to 9 used 5% of CV and Scenarios 10 to 12 used 20% of CV for parameters *r* and *K* to simulate the uncertainty (Table 2).

Scenarios 13 to 18 were used to evaluate different levels of exchange rate. Scenarios 13 to 15 used 0.5 times of exchange rates for the base case described (Table 2), and Scenarios 16 to 18 used 1.5 times of exchange rates for the base case (Table 2).

Scenarios 19 to 27 were used to test different catch levels. Scenarios 19 to 21 used a relative robust fishing mortality level $f_{0.1}$ (Chen and Montgomery, 1999). Scenarios 22 to 24 used a low catch level (0.5x MSY), and Scenarios 25 to 27 used a higher catch level (1.5x MSY).

3 Results

The mean values of parameters for the three spatial structure options were summarized (Table 3). The B_0 and *K* values in subpopulations 1 and 3 and the growth rate *r* of subpopulation 2 were higher than those for the "true" population when the migration was not considered (Table 3). The value of growth rate *r* of each subpopulation estimated in this study was common in family Sciaenidae, (http://www.fishbase.org/Nomenclature/NominalSpeciesList.cfm? family = Sciaenidae), suggesting that the simulated population is biologically reasonable.

Boxplots of stock biomass and annual catch are presented for each simulated scenario (Figs. 5 – 13). The box depicts the interquartile range; the horizontal line through the box repre – sents the median score; and the whiskers represent 95% confidence intervals.

For the control cases without uncertainty (i.e., Scenarios 1 and 2; Table 2), all subpopulations had stable stock biomass over the simulation time period (Fig. 5). The annual biomass was kept above the mean value of biomass management target, and the annual yields of each subpopulation were stable (Fig. 5). For Scenarios 3 and 4 considering the uncertainty of parameter estimates, over – exploitation of the subpopulations occurred in some of the simulation runs, indicating there existed possibility of overexploitation (Figs. 6), although the annual yield was stable for each subpopulation. The median values of population biomass were higher than the management target for Scenario 3, but lower than the management target for subpopulation 2 in Scenario 4 (Fig. 6). For Scenario 5, which ignored the migration among subpopulations, over – exploitation was detected for all the three subpopulations (Fig. 6). The biomasses of subpopulations 2 and 3 were depleted, respectively, in the fourth year and sixth year (Fig. 6). The yield of the two subpopulations continuously declined. Under a constant catch management regime, the biomass of sub – population 1 declined substantially, leading to high probability of over – exploitation (Fig. 6). For Scenario 6, which ignored all of the spatial information of the metapopulation, the stock biomasses of all the three subpopulations were severely depleted early in the simulation, and maintained very low levels of biomass (Fig. 6). The annual yields fluctuated greatly among years for all the subpopulations (Fig. 6).

Table 3　The average population parameters and biomass management targets estimated for the three spatial options considered in the management

Management strategies	Area	B_0 ($\times 10^5$)	r	K($\times 10^5$)					q ($\times 10^{-8}$)	Biomass targets ($\times 10^5$)		
			$1\times\theta$	$0.5\times\theta$	$1.5\times\theta$	$1\times\theta$	$0.5\times\theta$	$1.5\times\theta$		$1\times\theta$	$0.5\times\theta$	$1.5\times\theta$
Metapopulation ("True")	Subpopulation 1	3. 59	1. 64	1. 52	1. 52	5. 15	5. 16	5. 16	4. 47	2. 57	2. 58	2. 58
	Subpopulation 2	4. 61	1. 24	1. 61	1. 39	5. 57	5. 43	5. 49	6. 54	2. 78	2. 72	2. 75
	Subpopulation 3	5. 11	1. 8	1. 62	1. 99	6. 99	6. 92	7. 03	6. 03	3. 49	3. 46	3. 51
Three independent populations	Population1	3. 75	1. 41	5. 16	4. 53	2. 58						
	Population2	4. 33	1. 94	5. 36	6. 59	2. 68						
	Population3	5. 22	1. 8	6. 99	5. 73	3. 5						
Unit population	Whole population	13. 02	1. 79	19. 11	1. 12	9. 55						

Note: θ is the exchange rate shown in Table 1.

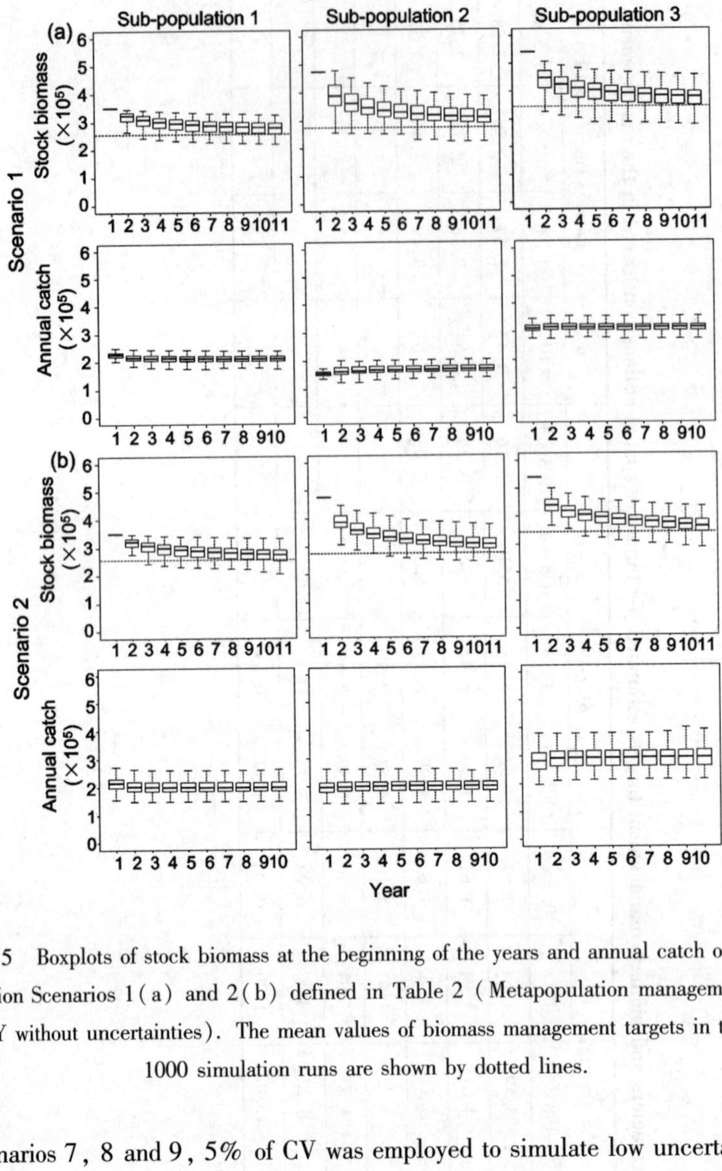

Fig. 5 Boxplots of stock biomass at the beginning of the years and annual catch of simulation Scenarios 1(a) and 2(b) defined in Table 2 (Metapopulation management at MSY without uncertainties). The mean values of biomass management targets in the 1000 simulation runs are shown by dotted lines.

For Scenarios 7, 8 and 9, 5% of CV was employed to simulate low uncertainty. The biomass under the metapopulation management option (Scenario 7, Fig. 7) maintained stable and was close to the target. Under the independent population management option (Scenario 8, Fig. 7), the stock biomass of subpopulations 2 and 3 was stable at the level slightly lower than the management target. The stock biomass of all subpopulations under the unit population management option (Scenario 9, Fig. 7) was severely depleted early in the simulation. In contrary, for Scenarios 10, 11 and 12, 20% of CV was employed to simulate high uncertainty. Large variability could be seen in the simulation results, but the median catch and biomass values were similar with those for scenarios having 5% of CV, except independent population management option, which maintained a lower level of stock biomass than that under the scenario having 5% of CV (Fig. 8).

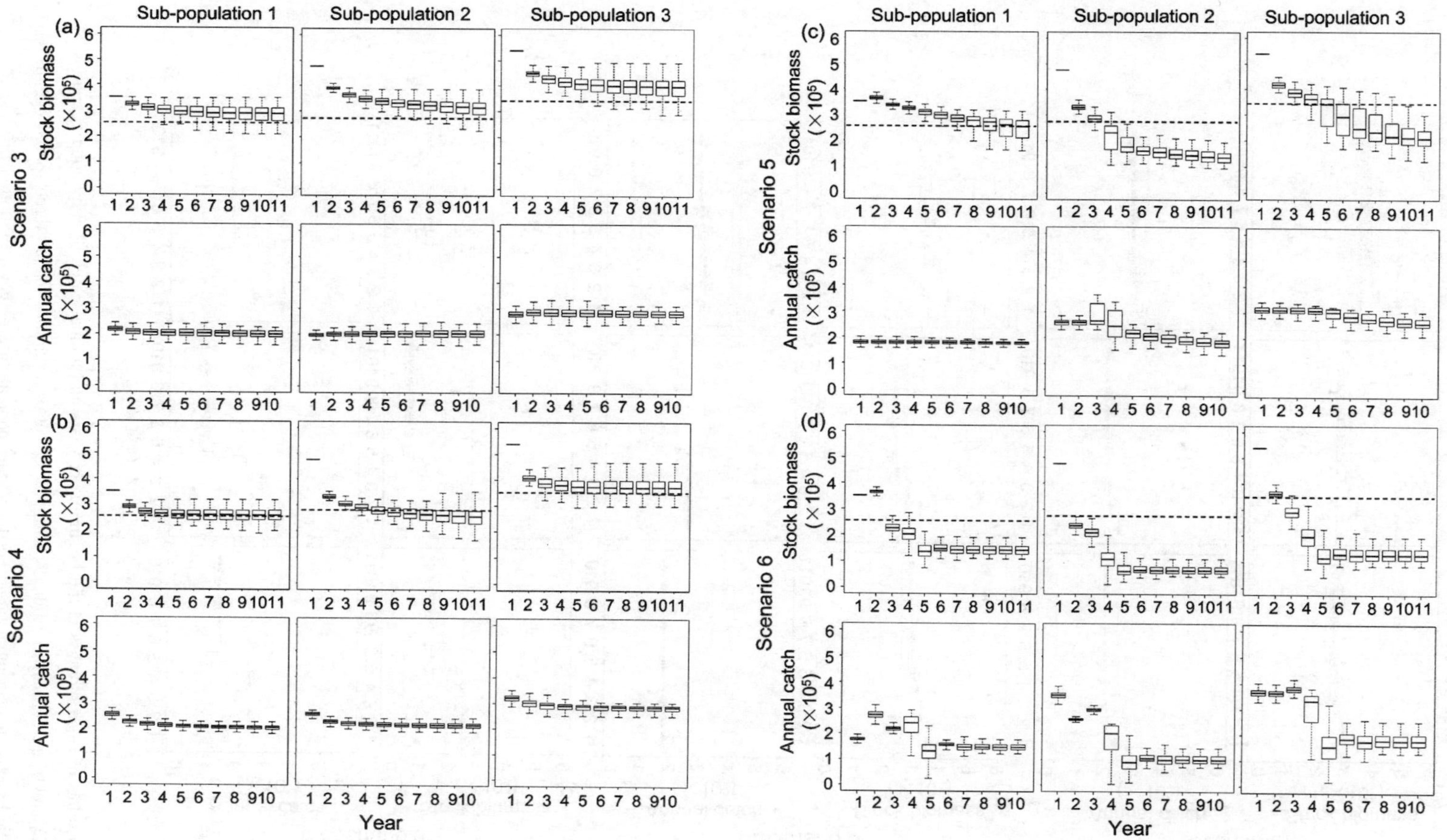

Fig. 6. Boxplots of stock biomass at the beginning of the years and annual catch for Scenarios 3(a), 4(b), 5(c) and 6(d) defined in Table 2 managements with catch level at MSY for three spatial options). Scenario 3(a) used the catch at BMSY as MSY, and Scenario 4(b) used the catch at equilibrium point at slop equal to 0. The biomass management targets of the 'true' population are shown by dotted lines.

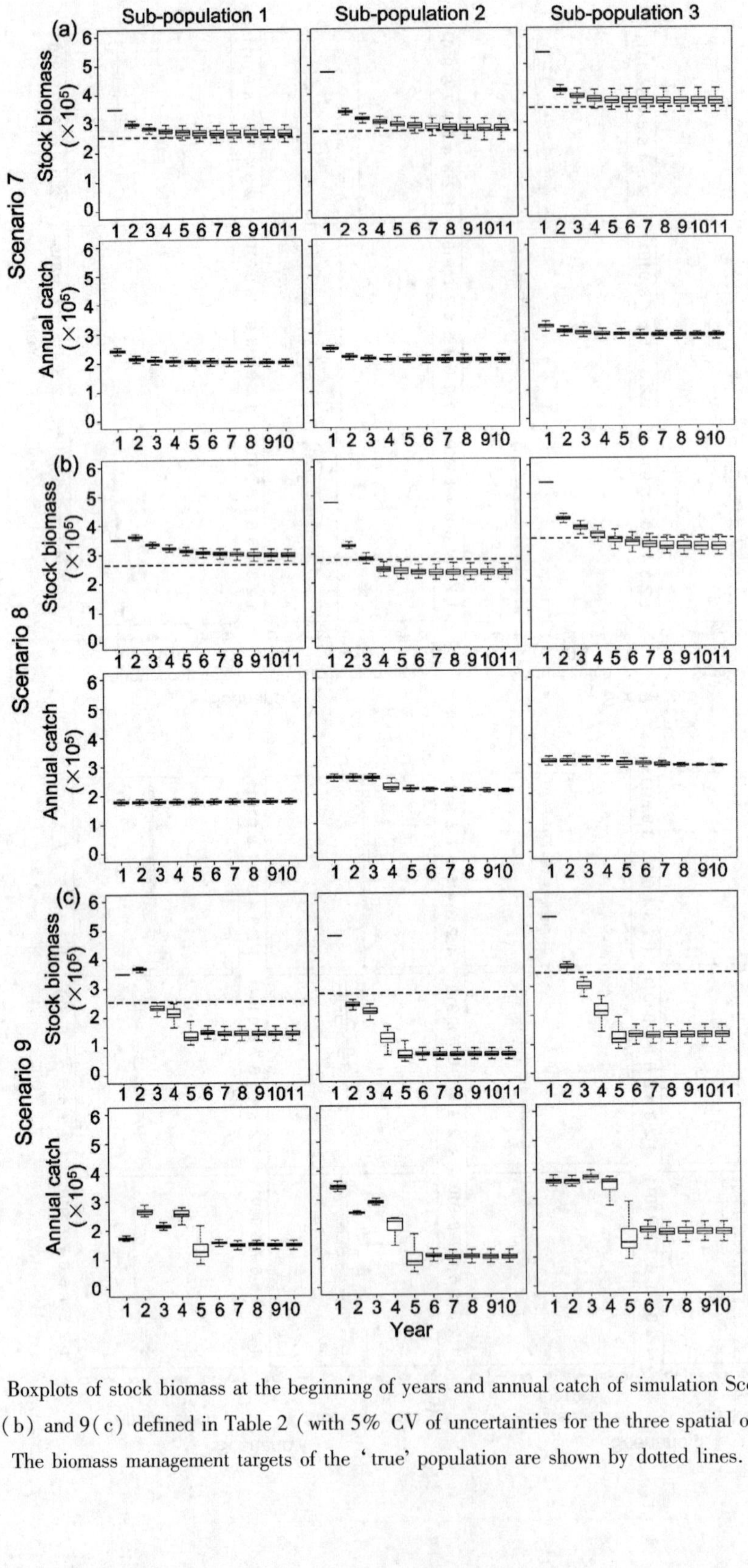

Fig. 7 Boxplots of stock biomass at the beginning of years and annual catch of simulation Scenarios 7 (a), 8(b) and 9(c) defined in Table 2 (with 5% CV of uncertainties for the three spatial options). The biomass management targets of the 'true' population are shown by dotted lines.

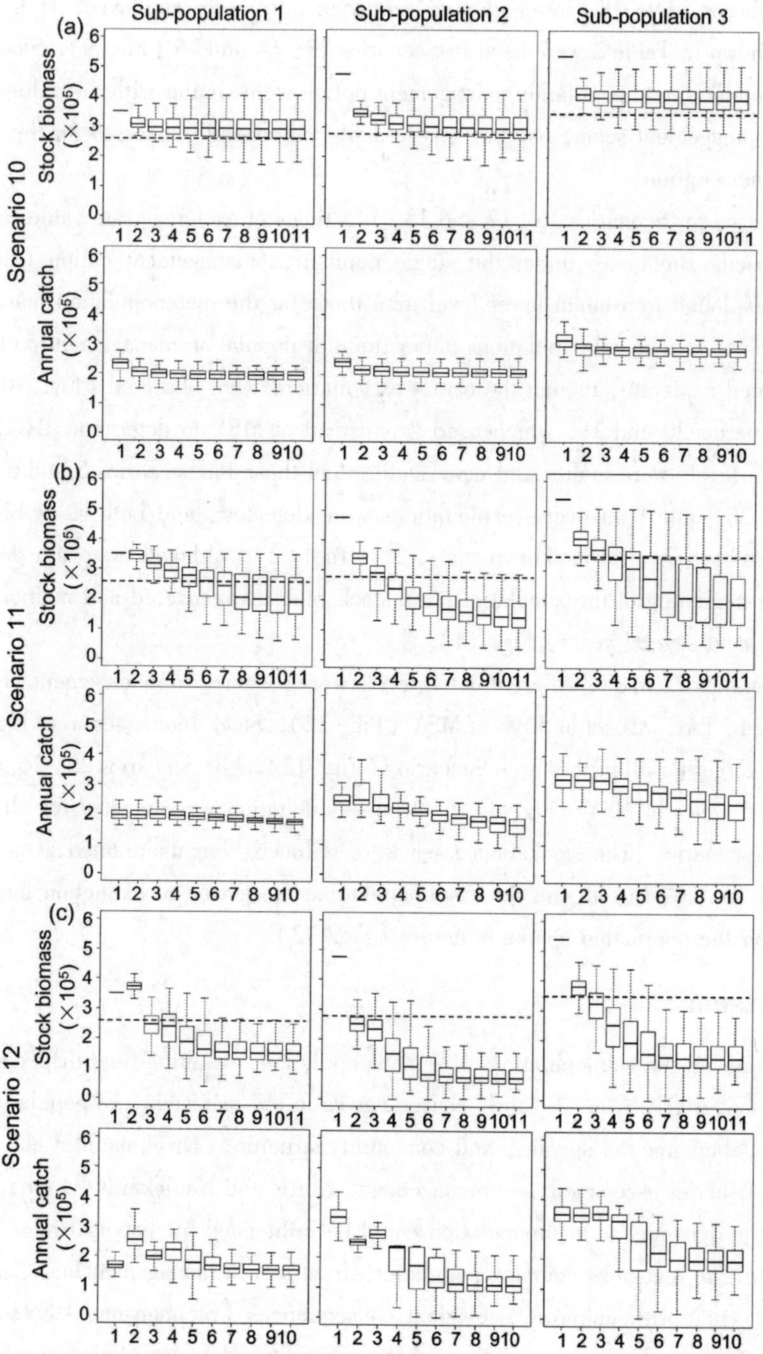

Fig. 8 Boxplots of stock biomass at the beginning of years and annual catch for Scenarios 10(a), 11 (b) and 12(c) defined in Table 2 (with 20% CV of uncertainties for the three spatial options). The biomass management targets of the 'true' population are shown by dotted lines.

For Scenarios 13 to 18, low and high exchange rates were employed. Half of exchange rate values shown in Table 2 were used in Scenarios 13, 14 and 15 (Fig. 9). Stock biomasses and catches under single population management option were similar with the values under metapopulation management scenarios, but severe depletion was still observed for the unit population management option.

In contrary, for Scenarios 16, 17 and 18, 1.5 times of exchange rate values shown in Table 3 were used. Biomasses under the single population management option (Scenario 17) were over - exploited to a much lower level than those for the metapopulation management option (Scenario 16). The subpopulations under the unit population management option (Scenario 18) declined moderate, though the over - exploitations were observed (Fig. 10).

For Scenarios 20 and 21, which used $f_{0.1}$ instead of MSY to determine TAC, the annual stock biomass levels were higher and more stable than those for Scenarios 5 and 6 (Fig. 11). For Scenario 20, only light over - exploitations were detected, and both stock biomasses and yields were stable (Fig. 11). For Scenario 21 (Table 2), although a severe depletion happened in the beginning of the simulation, the stock biomass recovered and maintained low but stable in the next several years (Fig. 11).

For Scenarios 22 to 27, different catch levels were assumed in management. For Scenarios 22, 23 and 24, TAC was set at 50% of MSY (Fig. 12). Stock biomasses were higher than the management target for all of the three Scenarios (Fig. 12). For Scenarios 25, 26 and 27, TAC was set at 1.5 times of MSY (Fig. 13). Over - exploitation was detected for all of the three management scenarios. The stock biomasses were reduced, but maintained at a low level for Scenarios 25 and 26, but all the three subpopulations were face to extinction for Scenario 27 which ignored the population spatial structure (Fig. 13).

4 Discussions

Mixing among the subpopulations of a metapopulation, resulting from dispersal and migrations (Hansson, 1991), has profound consequences to the persistence of populations, the distribution and abundance of species, and community structure (Dieckmann at el. 1999), subsequently to fisheries assessment and management. Curtis and Naujokaitis - Lewis (2008) suggested that the dynamics of metapopulation could be influenced by dispersal rates among populations. Failure to recognize complex population structures in management may lead to erosion of local sub - unit with unknown ecological consequences (Stephenson, 1999). This study suggests that managing a metapopulation as several independent populations could lead to reduced stock biomass and high probability of over - exploitation. Ignorance of the exchange among the subpopulations might be responsible for the biases in estimating population parameters and subsequent determination of harvest level.

Age at sexual maturity usually becomes younger and the number of age groups is reduced as a result of overexploitation for small yellow croakers (Lin, 2009). The dominant age groups

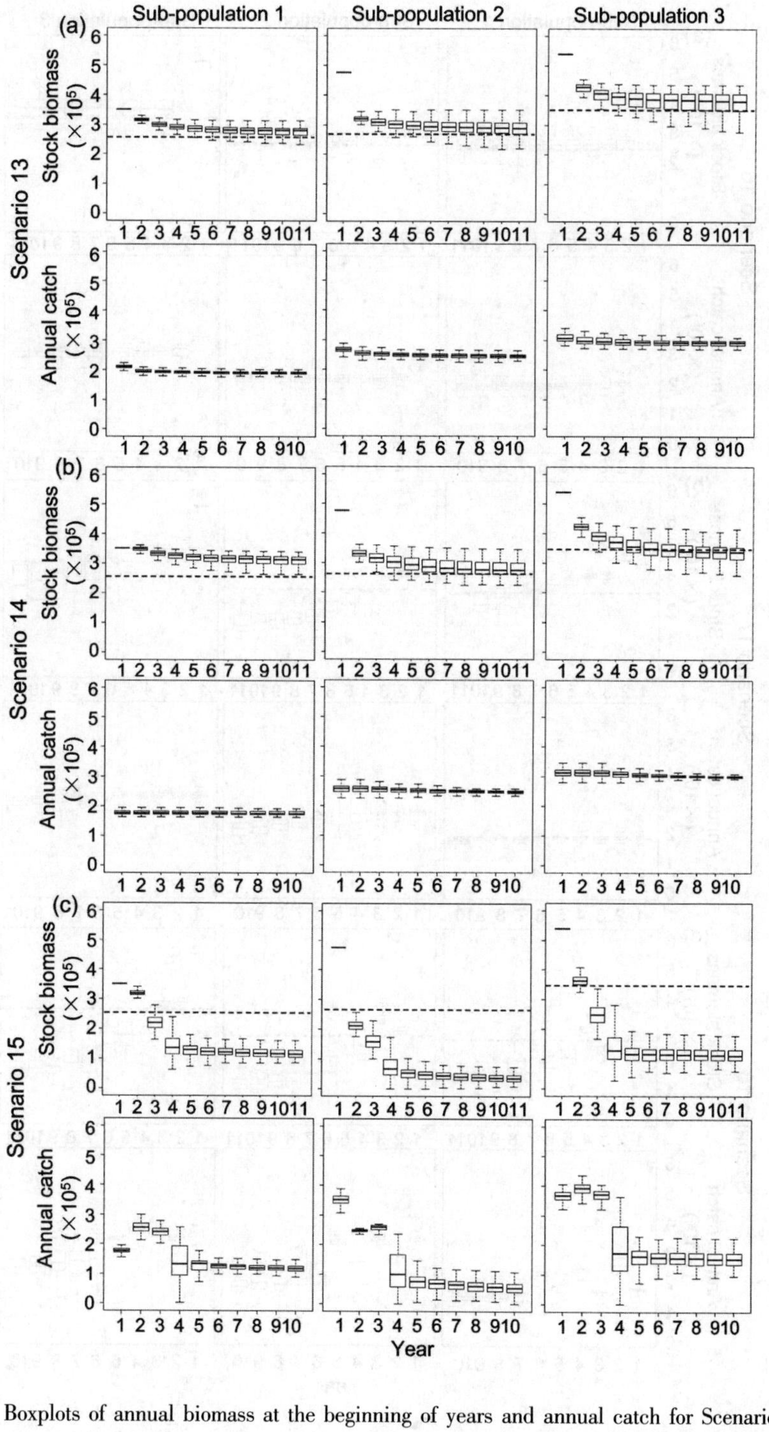

Fig. 9 Boxplots of annual biomass at the beginning of years and annual catch for Scenarios 13 (a), 14(b) and 15(c) defined in Table 2 (with 0.5x exchange rates for the three spatial options). The biomass management targets of the 'true' population are shown by dotted lines.

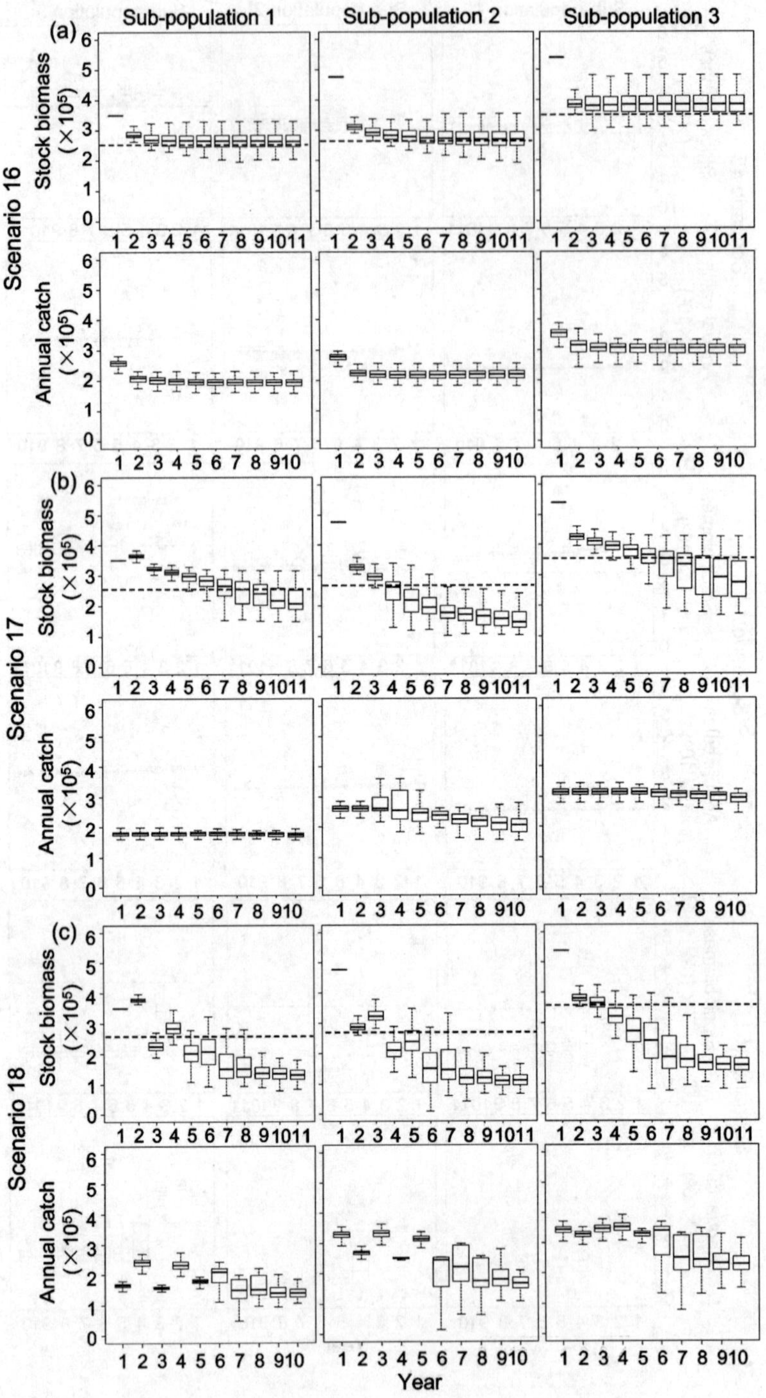

Fig. 10 Boxplots of stock biomass at the beginning of the years and annual catch for Scenarios 16(a), 17(b) and 18(c) defined in Table 2 (with 1.5x exchange rates for the three spatial options). The biomass management targets of the 'true' population are shown by dotted lines.

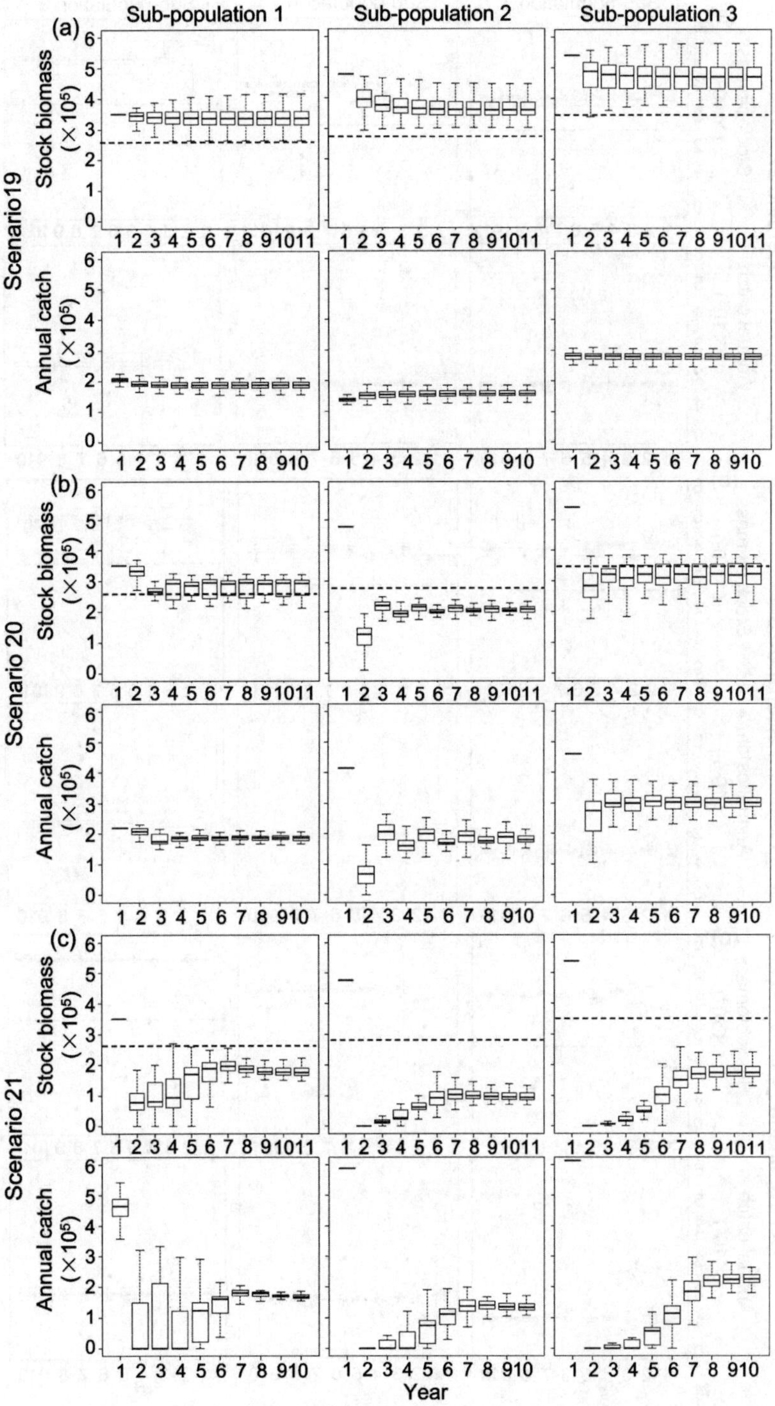

Fig. 11 Boxplot of stock biomass at the beginning of the years and annual catch for Scenarios 19(a), 20 (b) and 21(c) defined in Table 1 (scenarios under f0.1 management for the three spatial options).

The biomass management targets of the 'true' population are shown by dotted lines.

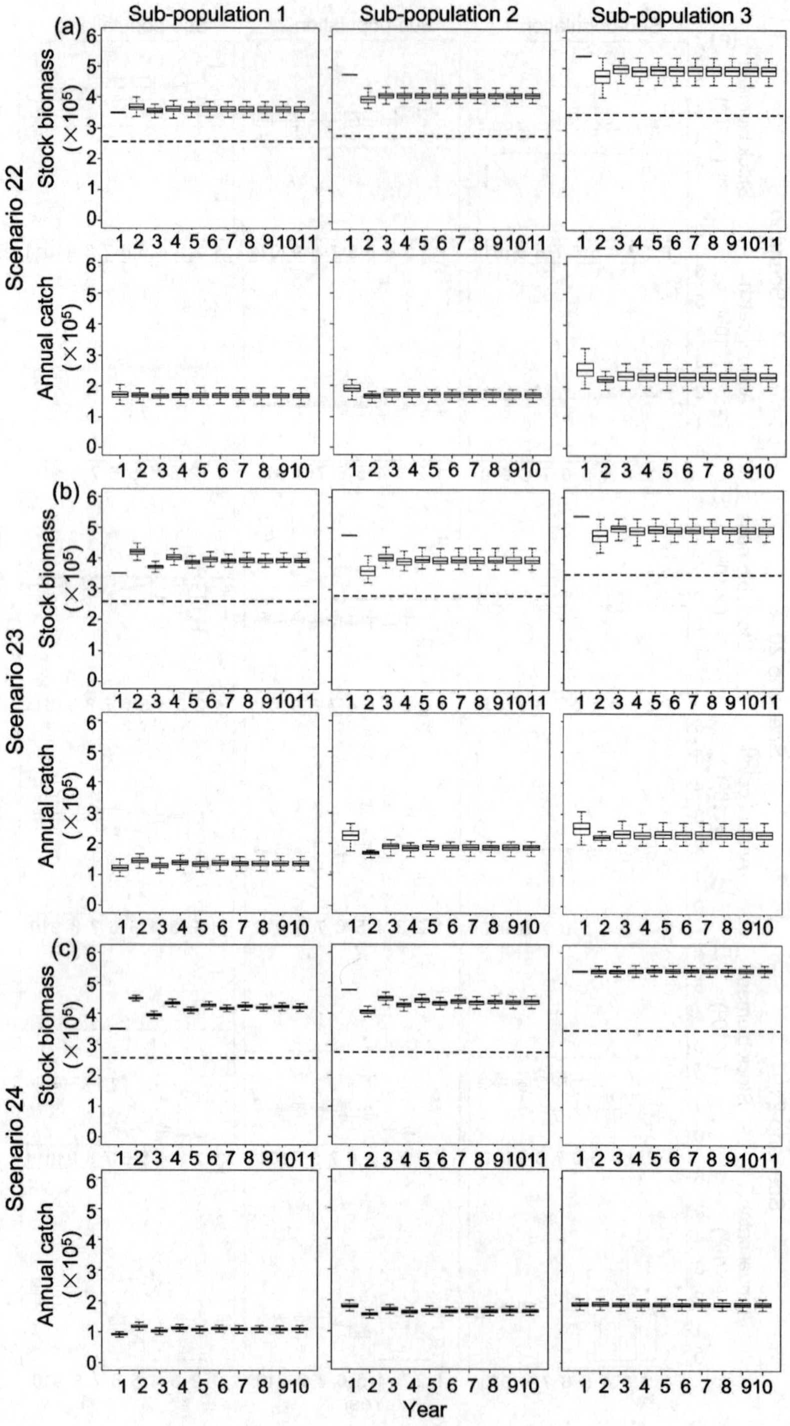

Fig. 12 Boxplots of stock biomass at the beginning of the years and annual catch for Scenarios 22(a), 23 (b) and 24(c) defined in Table 2 (scenarios with catch level at 0.5 MSY for the three spatial options). The biomass management targets of the 'true' population are shown by dotted lines.

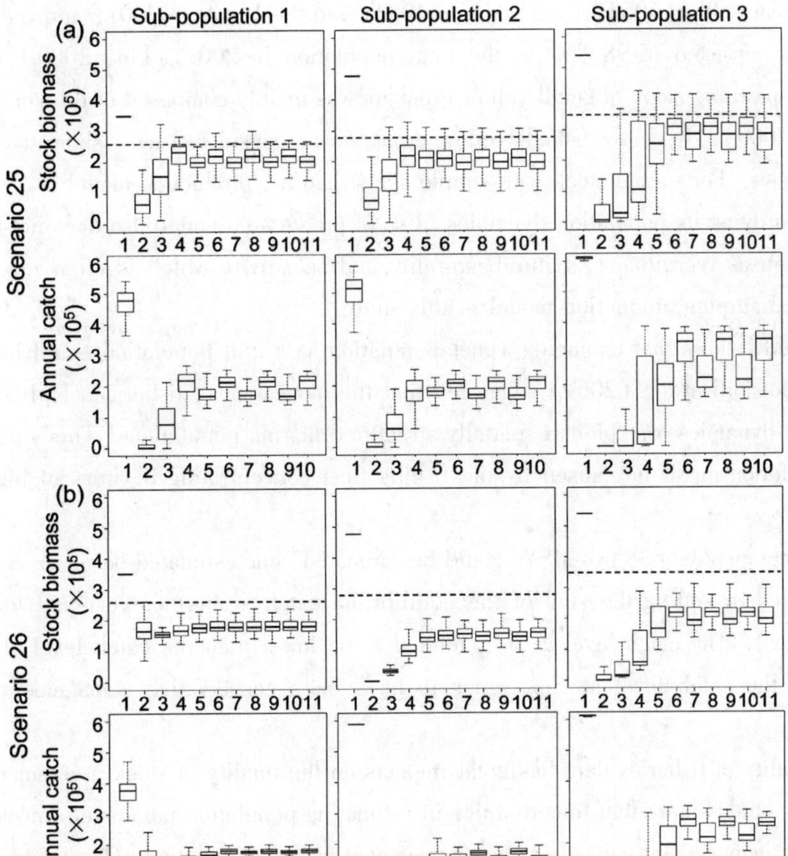

Fig. 13 Boxplots of stock biomass at the beginning of the years and annual catch Scenarios 25(a), 26(b) and 27(c) defined in Table 2 (scenarios with catch level at 1.5MSY for the three spatial options). The biomass management targets of the 'true' population are shown by dotted lines.

were 3 – 6 years old in 1963, 1 – 2 years in 1983, and 0 – 1 year in 2001; and the 0 – 1 year of age group consisted of 98.8% of the total population in 2001 (Lin, 2009). From the 1990s, the spawning stock of small yellow croakers was mainly composed of the young of the – year (Lin, 2009). Recently, small yellow croaker was considered as a short lived and fast growing species. For such a stock with simple age structure, production model is a good candidate for quantifying its population dynamics. Use of production model also does not require information such as recruitment, natural mortality and selectivity which is often not available. Thus we used surplus production model in this study.

This study shows that managing a metapopulation as a unit population could lead to local depletion. Botsford et al. (2009) suggested that the movement of fishermen had a significant effect on the dynamics of exploited spatially structured marine populations. This study suggests that the depletion might be caused by the fishing fleet concentrating in areas of higher abundance.

For a metapopulation, two MSYs could be estimated: one estimated based on B_{MSY} and the other estimated by setting the slop of the equilibrium catch – effort curve equal to 0 (i. e., maximum rate). The catch level at B_{MSY} tended to be lower than the catch level at maximum rate. Thus, the catch level at B_{MSY} tends to be a more conservative management reference point.

The quality of fisheries data has great impacts on the quality of stock assessment (Chen, 2003). This study shows that uncertainties in estimating population parameters in metapopulation fisheries management can affect the management of metapopulation. Over – exploitation of subpopulations occurred in some simulation runs for the scenarios with uncertainty even the spatial structure was correctly defined in the assessment. For the scenarios with lower levels of uncertainty, the variability was smaller and the stock biomass under the independent population option was stable at a higher level than that under the scenario with higher uncertainty level. This suggests that reducing uncertainty associated with key population parameters such as K and r in stock assessment is important in metapopulation fisheries management.

The management of metapopulations is considered to be sensitive to the exchange rate (Curtis and Naujokaitis – Lewis, 2008). In general, we expect that a high level of exchange rate among subpopulations makes the population similar to a unit population; but a low level of exchanging makes the population similar to having several independent subpopulations. The results of this study are consistent with such an expectation. For the scenarios with low exchange rates, the independent population management option seemed to perform well; but for the scenarios with high exchange rates, the metapopulation managed under the unit population assumption performed better than it did in low exchange rate. The sensitivity of the results to the exchange rates indicates the importance of knowing movement information for the assessment and management of a metapopulation.

We compared differences in management using $f_{0.1}$ and MSY – based reference points. We found that the annual stock biomass levels with $f_{0.1}$ as the management target were higher and more stable for the same spatial structure scenarios assumed in the management than those with the MSY as the management target. Therefore, exploitation based on MSY is risk prone because the ability of the population to recover from exploitation might be impaired in the presence of uncertainties. Use of $f_{0.1}$ as management target is more desirable. The $f_{0.1}$ is often considered as a more conservative biological reference point (Chen and Montgomery, 1999). Chen and Montgomery (1999) proposed to use $f_{0.1}$ as a biological reference point in surplus production model, and suggested it is more robust than the F_{MSY} regarding uncertainty.

For the scenarios with TAC being set at 1.5 times of MSY, the high catch level led to high risks of over – exploitation in all the three management options. However, TAC of 50% MSY led to no over – exploitation being found in all management options, and stock biomass remained stable in the unit population option. Clearly reducing catch level can reduce the risks of over – exploitation in the management of metapopulation even though spatial structure of the population is wrongly assumed in the assessment and management.

Several studies suggest dangers of ignorance of the spatial structure of fish populations in fisheries assessment and management (e. g., Hutchings, 1996, 2000; Frank and Brickman, 2000). Frank and Brickman (2000) developed the model based on stock – recruitment (S – R) relationship with the Allee effect and suggested that biological reference points developed from the models ignoring multiple subpopulations and used in conventional fisheries assessment are likely to be inaccurate and possibly non – conservative. Hutchings (1996, 2000) shows the importance of subpopulation structure in the management of Atlantic cod (*Gadus morhua*) fisheries in Canada. Numerous researches suggested that ignorance of spatial structure in cod fisheries management might be responsible for the collapse of the cod populations (e. g. Hutchings 1996, 2000; Frank and Brickman, 2000). Decrease in Atlantic herring (*Clupea harengus*) population was also thought to be caused by failure to recognize the complex spatial structure (Stephenson, 1999). The crustacean fisheries of Alaska (e. g. red king crab, *Paralithodes camtschaticus*) provide notable examples of fishery collapses (Wooster, 1992), and ignorance of spatial structure in the management was considered one of the major reasons of the collapse (Orensanz, 1998). While the small yellow croaker is a short life and fast growing species, the cod and red King crab are considered long lived species. Although different in their life history, the role of spatial structure and consequence of ignorance of population spatial structure in the management might be the same as long as they have metapopulation structure. Previous studies suggest the importance of spatial structure for long – lived species (e. g., Atlantic cod and King crab), but limited work was done for short – lived species, which may less likely be affected by their spatial structure because of their high growth rates and small number of age classes. Thus, this study complements the studies done previously for long – lived species.

Many short – lived species were considered to exhibit large variability in recruitment

(e. g. Milton et al. , 1996; Dichmont et al. , 2006). As a short – lived species, the small yellow croakers also exhibit high variability in recruitment. Further, recently research observed the increasing trend of recruitment rate of small yellow croakers (Lin, 2009). However, in the simulation of this study, we did not explicitly incorporate temporal variability in recruitment because the surplus production model only considers intrinsic population growth which combines recruitment, somatic growth and natural mortality. The intrinsic growth, which includes recruitment, is dependent and varies with stock biomass. Thus, although we did not explicitly consider recruitment dynamics, we did implicitly consider temporal variability in recruitment. .

The fishery was simulated based on the life history traits of small yellow croaker that spawn pelagic eggs in spring in the coastal area. However, recent studies showed that the spawning grounds of small yellow croaker had expanded to the offshore (Lin et al. , 2008). Changing of spawning grounds might influence the migration routes and relative strength of three subpopulations. Its management implications thus need to be evaluated. The monitoring of the spatial distribution and movement of the population of small yellow croaker should be continued.

The assumptions used in this study are typical and some values (e. g. , exchange rates among the subpopulations) used were determined somewhat arbitrarily. The impacts of the assumptions and choices of the population parameters may influence the dynamics of fisheries population and should be evaluated more carefully. The harvest control rules considered in this study were limited. More harvest control rules and other management strategies such as marine reserves can be considered in management of metapopulations.

In summary, this study suggests that ignoring spatial structures in fisheries assessment and management may result in: i) biases in estimating population parameters; ii) biases in estimating stocks status; iii) developing inappropriate management target; iv) recommending inappropriate harvest level; and (v) depleting local populations. All of these might lead to higher risks of depleting fisheries populations. Thus a delineation of the population spatial structure and interactions among the subpopulations is critical in developing a sustainable fishery.

Acknowledgements

We thank D. Hiebeler and J. Chang for their help in modeling. This work was partially supported by National Natural Science Foundation of China (30471329), Special Fund for Agroscientific Research in the Public Interest (201003068), Maine Sea Grant College Program, and Maine Department of Marine Resources. This work was initialized and completed when the senior author was a visiting Ph. D. student in Y. Chen's lab at the University of Maine from 2009 to 2010.

References

Bard, Y. 1974. Nonlinear parameter estimation. Academic Press, New York. pp. 316.

Bell, G. 1990. The ecology and genetics of fitness in *Chlamydomonas*. I. Genotype – by – environment interaction among pure strains. Proc. R. Soc. B: Biol. Sci. 240: 295 – 321. doi: 10. 1098/rspb. 1990. 0039.

Botsford, L. W. , Brumbaugh, D. R. , Grimes, C. , Kellner, J. , Largier, J. , O'Farrell, M. R. , Ralston, S. , Soulanille, E. , and Wespestad, V. 2009. Connectivity, sustainability, and yield: bridging the gapbetween conventional fisheries management and marine protected areas. Rev. Fish Biol. Fish. 19(1): 69 – 95. doi: 10.1007/s11160 – 008 – 9092 – z.

Chen, Y. 1997. A comparison study of age – and length – structured yield – per – recruit models. Aquat. Living Resour. 10: 271 – 280. doi: 10.1051/alr:1997030.

Chen, Y. , and Montgomery, S. S. 1999. Modeling the dynamics of eastern rock lobster, *Jasus verreauxi*, stock in New South Wales, Austrilia. Fish. Bull. 97: 25 – 38.

Chen, Y. 2003. Quality of fisheries data and uncertainty in stock assessment. Sci. Mar. 67 (Suppl. 1): 75 – 87. doi:10.3989/scimar.2003.67s175.

Curtis, J. M. R. , and Naujokaitis – Lewis, I. 2008. Sensitivity of population viability to spatial and nonspatial parameters using GRIP. Ecol. Appl. 18(4): 1002 – 1013. doi:10.1890/07 – 1306.1.

Curtis, J. M. R. , and Naujokaitis – Lewis, I. 2008. Sensitivity of population viability to spatial and nonspatial parameters using GRIP. Ecol. Appl. 18(4): 1002 – 1013. doi:10.1890/07 – 1306.1.

Dichmont, C. M. , Deng, A. , Punt, A. E. , Venables, W. , and Haddon, M. 2006. Management strategies for short – lived species: The case of Australia's Northern Prawn Fishery: 1. Accounting for multiple species, spatial structure and implementation uncertainty when evaluating risk. Fish. Res. 82: 204 – 220. doi: 10.1016/j.fishres.2006.06.010.

Dieckmann, U, O'Hara, B. , and Weisser, W. 1999. The Evolutionary Ecology of Dispersal. Trends Ecol. Evol. 14: 88 – 90.

Frank, K. T. , and Brickman, D. 2000. Allee effects and compensatory population dynamics within a stock complex. Can. J. Fish. Aquat. Sci. 57 (3): 513 – 517. doi:10.1139/cjfas – 57 – 3 – 513.

Han, Z. , Lin, L. , Shui, B. , and Gao, T. 2009. Genetic diversity of small yellow croaker *Larimichthys polyactis* revealed by AFLP markers. Afr. J. Agr. Res. 4(7): 605 – 610.

Li, N. , Zhao, S. , and Wasiliev, B. 2000. Geology of Marginal Sea in the Northwest Pacific. Heilongjiang Education Press, Harbin, China. (In Chinese).

Hanski, I. 1999. Metapopulation Ecology. Oxford University Press, Oxford.

Hansson, L. 1991. Dispersal and connectivity in metapopulations. Biol. J. Linn. Soc. 42: 89 – 103. doi: 10.1111/j.1095 – 8312.1991.tb00553.x.

Hart, D. R. , and Cadrin, S. 2004. Yellowtail flounder (*Limanda ferruginea*) off the Northeastern United States: implications of movement among stocks. *In*: Species Conservation and Management: Case Studies. *Edited by* H. R. Akçakaya, M. Burgman, O. Kindvall, C. C. Wood, P. Sjögren – Gulve, J. S. Hatfield, and M. A. McCarthy. Oxford University Press, New York: pp. 230 – 243.

Heath, M. R. , Kunzlik, P. A. , Gallego, A. , Holmes, S. J. , and Wright, P. J. 2008. A model of metapopulation dynamics for North Sea and West of Scotland Cod—The dynamic consequences of natal fidelity. Fish. Res. 93: 92 – 116. doi:10.1016/j.fishres.2008.02.014.

Heifetz, J. , and Quinn II, T. J. 1998. Dynamics of an age by region fish population model. *In* Proceedings of the Symposium on Fishery Stock Assessment Models in the 21st Century, Anchorage, A. K. 8 – 11 October, 1997. Alaska Sea Grant College Program, Fairbanks, A. K. pp. 219 – 244.

Hilborn, R. , and Walters, C. 1992. Quantitative Fisheries Stock Assessment: Choice, Dynamics & Uncertainty. Chapman and Hall, New York.

Hutchings, J. 1996. Spatial and temporal variation in the density of northern cod and a review of hypotheses for the stock's collapse. Can. J. Fish. Aquat. Sci. 53: 943 – 962. doi:10.1139/cjfas – 53 – 5 – 943.

Hutchings, J. 2000. Collapse and recovery of marine fishes. Nature 406: 882 – 885. doi: 10.1038/35022565.

Hutchinson, W. F. 2008. The dangers of ignoring stock complexity in fishery management: the case of the North Sea cod. Biol. Lett. 4(6): 693 – 695. doi:10.1098/rsbl.2008.0443.

Ikeda, I. 1964. Studies on the fisheries biology of the yellow croaker in the East China and the Yellow Seas. Bull. Seikai Reg. Fish. Res. Lab. 31: 1 – 81.

Kinlan, B. P., Gaines, S. D., and Lester, S. E. 2005. Propagule dispersal and the scales of marine community process. Divers. Distrib. 11: 139 – 148. doi: 10.1111/j.1366 – 9516.2005.00158.x.

Kritzer, J. P., and Sale, P. F. 2004. Metapopulation ecology in the sea: from Levins' model to marine ecology and fisheries science. Fish Fish. 5: 131 – 140. doi: 10.1111/j.1467 – 2979.2004.00131.x.

Lin, L., Wang, X., and Ma, C. 2006. A preliminary study on total allowable catch (TAC) of *Pseudosciaena polyactis* in the East China Sea Region. Mar. Environ. Sci. 25: 30 – 32. (In Chinese with abstract in English).

Lin, L., Cheng, J., Jiang, Y., Yuan, X., Li, J. and Gao, T. 2008. Spatial distribution and environmental characteristics of the spawning grounds of small yellow croaker in the southern Yellow Sea and the East China Sea. Acta Ecol. Sin. 28: 3485 – 3494. (In Chinese with abstract in English).

Lin, L. 2009. Study on the fishery biology and management strategy of *Larimichthys polyactis* in the southern Yellow Sea and the East China Sea. Doctoral Dissertation of Fisheries College, Ocean University of China, Qingdao. (In Chinese with abstract in English).

Lin, L., Ying, Y., Han, Z., Xiao, Y., and Gao, T. 2009. AFLP analysis on genetic diversity and population structure of small yellow croaker *Larimichthys polyactis*. Afr. J. Biotechnol. 8: 2700 – 2706.

Lindenmayer, D. B., Ball, I., Possingham, H. P., McCarthy, M. A., and Pope, M. L. 2001. A landscape – scale test of the predictive ability of a spatially explicit model for population viability analysis. J. Appl. Ecol. 38 (1): 36 – 48. doi: 10.1046/j.1365 – 2664.2001.00558.x.

Liu, X. 1962. The research of small yellow croaker (*Larimichthys polyactis*) geographic race and gonad. Science Press, Beijing. (In Chinese).

Mchich, R., Charouki, N., Auger, P., Raissi, N., and Ettahiri, O. 2006. Optimal spatial distribution of the fishing effort in a multi fishing zone model. Ecol. Model. 197: 274 – 280. doi: 10.1016/j.ecolmodel.2006.03.026.

Milton, D. A., Rawlinson, N. J. F., and Blaber, S. J. M. 1996. Recruitment patterns and factors affecting recruitment of five species of short – lived clupeoids in the tropical South Pacific. Fish. Res. 26: 239 – 255. doi:10.1016/0165 – 7836(95)00434 – 3.

Sawchik, J., Dufrene, M., Lebrun, P., Schtickzelle, N. and Baguette, M. 2002. Metapopulation dynamics of the bog fritillary butterfly: modeling the effect of habitat fragmentation. Acta Oecol. 23: 287 – 296.

Schtickzelle, N., Choutt, J., Goffart, P., Fichefet, V., and Baguette, M. 2005. Metapopulation dynamics and conservation of the marsh fritillary butterfly: population viability analysis and management options for a critical endangered species in Western Europe. Biol. Conserv. 126 (4): 569 – 581. doi: 10.1016/j.biocon.2005.06.030.

Seikai National Fisheries Research Institute. 2001. Biological and ecological characteristics of valuable fisheries resources from the East China Sea and the Yellow Sea – comparison between the Chinese and Japanese knowledges. Seikai National Fisheries Research Institute, Nagasaki. (In Japanese).

Shanks, A. L., Grantham, B. A., and Carr, M. H. 2003. Propagule dispersal distance and the size and spacing of marine reserves. Ecol. Appl. 13 (Suppl. 1): S159 – S169. doi: 10.1890/1051 – 0761(2003)013[0159:PDDATS]2.0.CO;2.

Stephenson, R. L. 1999. Stock complexity in fisheries management: a perspective of emerging issues related to population sub – units. Fish. Res. 43: 247 – 249. doi:10.1016/S0165 – 7836(99)00076 – 4.

Trakhtenbrot, A., Nathan, R., Perry, G., and Richardson, D. M. 2005. The importance of long – distance dispersal in biodiversity conservation. Divers. Distrib. 11: 173 – 181. doi: 10.1111/j.1366 – 9516.2005.00156.x.

Orensanz, J. M., Armstrong, J., Armstrong, D., and Hilborn, R. 1998. Crustacean resources are vulnerable to serial depletion – the multifaceted decline of crab and shrimp fisheries in the Greater Gulf of Alaska. Rev. Fish Biol. Fish. 8: 117 – 176.

Punt, A. E. 1993. The comparative performance of production – model and ad hoc tuned VPA based feedback – control management procedures for the stock of Cape hake off west coast of South Africa. p. 283 – 299. In: S. J. Smith, J. J. Hunt and D. Rivard [Ed.] Risk evaluation and biological reference points for fisheries management. Can. J. Fish. Aquat. Sci. Spec. Publ. 120.

Quinn II, T. J., and Deriso, R. B. 1999. Quantitative Fishery Dynamics. Oxford, New York.

Underwood, N. 2007. Variation in and Correlation between Intrinsic Rate of Increase and Carrying Capacity. Am. Nat. 169 (1): 136 – 141.

Wilson, J., Ostrom, E., Low, B., and Costanza, R. 2000. Scale misperceptions: and the spatial dynamics of a social – ecological system, Ecol. Econ. 31:243 – 257.

Wooster, W. S. 1992. King crab dethroned. *In* Climate, variability, vlimate vhange and visheries. *Edited by* M. H. Glantz. Cambridge University Press, New York. pp. 14 – 30.

第四篇　小黄鱼种群遗传学

中国近海9个小黄鱼群体的形态学比较研究①

韩真[1],肖永双[2],高天翔[1]

(1. 中国海洋大学水产学院,山东 青岛 266003;2. 中国科学院海洋研究所,山东 青岛 266071)

摘要: 对2005—2010年采自渤海、黄海以及东海海域的9个小黄鱼(*Larimichthys polyactis*)群体共208个个体进行了形态学比较研究,运用主成分分析、判别分析、聚类分析和单因子方差分析等多元统计分析方法对9个小黄鱼地理群体的20个量度特征和8个分节特征进行分析。结果显示,判别分析的综合判别率为73.6%。其中,东海(宁波)群体判别率最高(86.4%);黄海SY4群体判别率最低(54.3%)。主成分分析、聚类分析、单因子方差分析结果一致,均显示渤海群体与黄海、东海群体间存在一定程度的分化。

关键词: 小黄鱼,群体,形态差异,多元统计分析

在鱼类分类上,其形态上的性状差异最为直观,传统的形态学分析方法是通过对可数性状及可量性状进行单一比较,这对种上水平的物种鉴别较为有效,但对亚种水平的群体的鉴别往往无能为力[1-2]。而聚类分析、判别分析等多元分析结果则能较好地反映鱼类群体间形态差异程度,可以较准确地进行群体鉴定。

小黄鱼(*Larimichthys polyactis*)俗称黄花鱼、小鲜、小黄瓜,隶属于鲈形目,鲈亚目,石首鱼科,黄鱼属,为暖温性底层鱼类,广泛分布于中国渤海、黄海和东海北部以及朝鲜半岛西部海域[3],是中国近海渔业重要的经济种类。在小黄鱼渔业盛期(20世纪50年代),年平均渔获量高达12.8×10^4 t,曾被誉为中国"四大渔业"之一[4]。20世纪70年代以后,由于受到过度捕捞和环境变化,小黄鱼资源严重衰退。20世纪90年代因伏季休渔、禁渔区等制度的有效实施,小黄鱼资源有所恢复,但其群体表现出小型化、低龄化与性成熟提早等特征[5-7]。

目前,对小黄鱼的研究主要集中于生物学特性、资源量变动、产卵及洄游习性和分子遗传学等方面。林龙山等[8-11]对渤海、黄海及东海小黄鱼的生物学特性、食物组成、摄食习性和洄游路径等进行了研究;Xiao等报道了基于mtDNA控制区第一高变区对小黄鱼种群遗传结构及其遗传多样性现状。关于海洋鱼类群体的形态学研究较多,如中日太平洋鲱(*Clupea pallasii*)群体差异形态学分析;中日青鳞小沙丁鱼(*Sardinella Zunasi*)形态学比较;以及利用形态学分析的方法确定了可以区分鮨科6种鱼类的形态性状[15]等。但迄今尚未见到小黄鱼群体不同地理群体间形态学方面的比较研究报道。该研究对中国沿海9个小黄鱼群体的形态特征进行了研究,分析了小黄鱼不同地理群体间的形态差异水平,旨在为小黄鱼资源的开发利用及保护管理提供基础资料。

---

① 原文刊载于"南方水产科学,2012,8(3):25-33"。

1 材料与方法

1.1 材料

研究所用小黄鱼样品来自2005—2010年在渤海、黄海、东海海域进行的底拖网调查中共采集到的9个群体共208个个体。其采集地点、时间、数量以及生物学特征见表1。各采样地点的地理位置见图1。

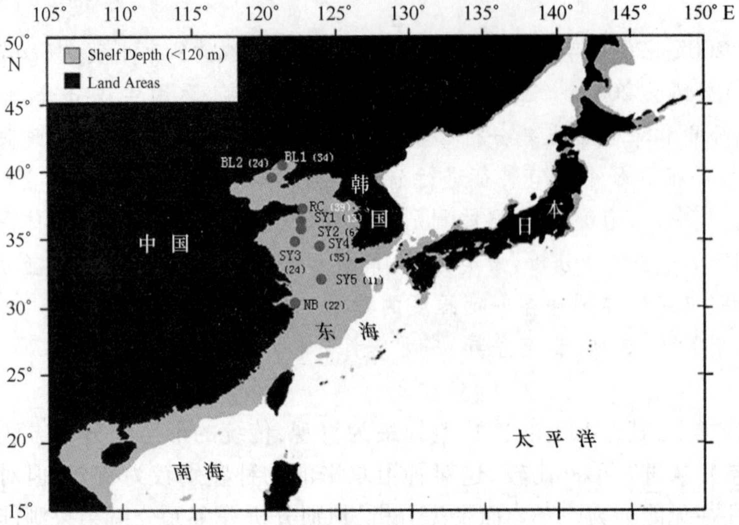

图1 小黄鱼采样地点

Fig. 1 Sampling sites of *L. polyactis*

1.2 方法

1.2.1 形态测量

采用传统形态学测量方法对小黄鱼样品的分节性状(第一背鳍鳍条数,第二背鳍鳍条数,胸鳍鳍条数,腹鳍鳍条数,臀鳍鳍条数,第一鳃弓上下鳃耙数,脊椎骨数)直接计数。用直尺测量体长,所测量长度精确到0.1 cm;用游标卡尺测量头长(HL)、吻长(SL)、眼径(ED)、眼后头长(POL)、上颌长(UJL)、眼间隔(EI)、体高(BD)、体宽(BW)、尾柄长(CPL)、尾柄高(CPD)、吻至第一背鳍起点的水平距离(SD)、吻至胸鳍起点的水平距离(SP)、吻至腹鳍起点的水平距离(SV)、吻至臀鳍起点的水平距离(SA)、第一背鳍基长(FDL)、第二背鳍基长(SDL)、臀鳍基长(AL)、胸鳍基长(PL)、腹鳍基长(VL),所测量长度精确到0.001 cm。

1.2.2 数据处理

用Excel软件拟合小黄鱼各群体的体长与体质量关系。应用主成分分析、判别分析、聚类分析、单因子方差分析对9个小黄鱼群体的28个形态学数据进行分析。为消除不同个体大小对各参数值的影响,将头部的量度特征值除以头长,体宽除以体高,尾柄长除以尾柄高,其余各特征值均除以体长,对得到的17个变量(X1–X17)用SPSS和Excel软件进行数据分析。

表1　小黄鱼样品信息

Tab. 1　Sample information of *L. polyactis*

采集地 (Sampling location)		群体 (Population)	采样地点 (Location)	采样时间 (Date)	数量 (Sample size)	体长范围 (Length range)/cm	体重范围 (Weight range)/g	体长体重关系 (Relationship between body length and weight)
渤海 Bohai Sea	渤海 1	BL1	40°15′N,121°45′E	Oct - 07	34	81. 8 ~ 180. 3	6. 9 ~ 100. 0	W = 5 × 10 - 6L3. 2275　R^2 = 0. 9595
	渤海 2	BL2	39°45′N,120°45′E	Oct - 07	24	76. 3 ~ 143. 6	5. 3 ~ 43	W = 3 × 10 - 6L3. 2967　R^2 = 0. 971
黄海 (Yellow Sea)	荣成	RC	37°15′N,122°45′E	Aug - 10	39	80. 7 ~ 114. 5	9. 5 ~ 23. 5	W = 2 × 10 - 5L3. 004 4　R^2 = 0. 922 9
	黄海 1	SY1	36°15′N,122°15′E	Oct - 05	13	84. 2 ~ 189. 2	8. 2 ~ 99. 1	W = 1 × 10 - 4L2. 510 8　R^2 = 0. 733 1
	黄海 2	SY2	35°45′N,122°15′E	Oct - 05	6	82. 3 ~ 126. 7	7. 2 ~ 32. 0	W = 8 × 10 - 6L3. 1113　R^2 = 0. 999 5
	黄海 3	SY3	35°15′N,121°45′E	Oct - 05	24	79. 9 ~ 165. 9	7. 2 ~ 72. 2	W = 1 × 10 - 6L3. 5442　R^2 = 0. 948 9
	黄海 4	SY4	34°45′N,123°15′E	Oct - 05	35	134. 9 ~ 152. 6	24 ~ 57. 2	W = 7 × 10 - 6L3. 1608　R^2 = 0. 935 7
	黄海 5	SY5	30°45′N,123°45′E	May - 05	11	109. 2 ~ 160. 5	19. 7 ~ 69. 5	W = 1 × 10 - 9L4. 8534　R^2 = 0. 596 2
东海 (East China Sea)	宁波	NB	30°15′N,122°15′E	Aug - 08	22	89. 4 ~ 120. 9	8. 5 ~ 21. 5	W = 1 × 10 - 5L3. 0011　R^2 = 0. 7616

(1)主成分分析。运用 SPSS18.0 软件对数据进行主成分分析,得到各主成分的特征值和贡献率,并绘制主成分散点图。

(2)判别分析。运用 SPSS18.0 软件中的 Analyze - Classcify - Hierarchical - Discriminate Analysis 方法建立 9 个小黄鱼群体的判别公式:

判别准确率 $P(\%)$ =(判别正确的个数/实际个数)×100 %。

综合判别率 = $\sum_{i=1}^{n} A_i / \sum_{i=1}^{n} B_i$ 。

式中实际个数是指该群体所测量的个体数,判别个数是指被判为该群体的个体数,A_i 为第 i 个群体中判别正确的个体数,B_i 为第 i 个群体的实际个数,n 为群体数。

(3)聚类分析。运用 SPSS18.0 软件中的 Analyze - Classcify - Hierarchical - cluster 方法,对 9 个群体进行聚类分析。

(4)单因子方差分析。运用 SPSS18.0 软件开展单因子方差分析(One - way ANOVA),对具有方差同质性的采用 LSD 法,不具有方差同质性的采用 Tamhane's T2 法分析不同群体间差异。

2 结果

2.1 分节特征

小黄鱼各群体分节特征的范围和平均值见表 2。从中可以看出 9 个小黄鱼群体的第二背鳍棘数、腹鳍棘数、腹鳍条数、臀鳍棘数均为定值。除 BL2、SY1、SY4 第一背鳍棘数为定值 9、SY1 胸鳍条数为定值 16、SY5 脊椎骨数为定值 28 外,其他特征值在各群体间均存在一定的变化。

表 2 小黄鱼 9 个群体的分节特征

Tab. 2 Meristic counts of 9 *L. polyactis* populations

分节特征 (Meristic count)	BL1	BL2	RC	SY1	SY2	SY3	SY4	SY5	NB
第一背鳍鳍棘数 (First dorsal fin spine)	8 ~ 10 (9.0)	9 (9.0)	9 ~ 10 (9.2)	9 (9.0)	9 ~ 10 (9.1)	8 ~ 9 (9.0)	9 (9.0)	8 ~ 10 (9.2)	9 ~ 10 (9.2)
第二背鳍鳍棘数 (Second dorsal fin spine)	1 (1.0)	1 (1.0)	1 (1.0)	1 (1.0)	1 (1.0)	1 (1.0)	1 (1.0)	1 (1.0)	1 (1.0)
第二背鳍鳍条数 (Second dorsal fin ray)	31 ~ 36 (33.1)	31 ~ 35 (33.2)	33 ~ 36 (34.6)	33 ~ 36 (35.0)	32 ~ 37 (35.0)	33 ~ 36 (34.7)	32 ~ 36 (34.2)	31 ~ 37 (34.0)	32 ~ 37 (34.3)
胸鳍条数 (Pectoral fin ray)	13 ~ 16 (14.3)	14 ~ 15 (14.4)	15 ~ 17 (16.0)	16 (16.0)	15 ~ 17 (15.9)	15 ~ 18 (16.1)	15 ~ 16 (15.6)	15 ~ 19 (16.1)	14 ~ 17 (15.4)
腹鳍棘数 (Ventral fin spine)	1 (1.0)	1 (1.0)	1 (1.0)	1 (1.0)	1 (1.0)	1 (1.0)	1 (1.0)	1 (1.0)	1 (1.0)
腹鳍条数 (Ventral fin ray)	5 (5.0)	5 (5.0)	5 (5.0)	5 (5.0)	5 (5.0)	5 (5.0)	5 (5.0)	5 (5.0)	5 (5.0)

续表

分节特征 (Meristic count)	BL1	BL2	RC	SY1	SY2	SY3	SY4	SY5	NB
臀鳍棘数 (Anal fin spine)	2 (2.0)	2 (2.0)	2 (2.0)	2 (2.0)	2 (2.0)	2 (2.0)	2 (2.0)	2 (2.0)	2 (2.0)
臀鳍条数 (Anal fin ray)	9 ~ 10 (9.5)	9 ~ 11 (9.6)	9 ~ 10 (9.9)	10 ~ 11 (10.8)	9 ~ 11 (10.3)	9 ~ 11 (10.1)	10 ~ 11 (10.8)	9 ~ 11 (10.3)	9 ~ 11 (9.9)
上鳃耙数 (Upper gill raker)	7 ~ 9 (8.1)	7 ~ 9 (7.8)	7 ~ 10 (9.3)	8 ~ 9 (8.8)	9 ~ 10 (9.7)	9 ~ 11 (9.7)	8 ~ 10 (9.4)	8 ~ 11 (9.7)	7 ~ 10 (8.9)
下鳃耙数 (Lower gill raker)	15 ~ 18 (17.1)	16 ~ 19 (17.5)	16 ~ 20 (18.2)	17 ~ 19 (18.3)	17 ~ 19 (17.9)	17 ~ 20 (18.3)	17 ~ 20 (18.7)	16 ~ 20 (18.1)	17 ~ 20 (18.6)
脊椎骨数 (Vertebra)	27 ~ 29 (27.6)	27 ~ 29 (27.5)	28 ~ 29 (28.3)	28 ~ 29 (28.3)	27 ~ 29 (28.0)	27 ~ 28 (27.9)	27 ~ 29 (28.1)	28 (28.0)	27 ~ 30 (28.7)

2.2 主成分分析

对小黄鱼各标准化的量度性状进行主成分分析(表3和表4),结果表明前7项的累积贡献率达81.46%,第一主成分的贡献率为18.51%,其余六项分别为15.35%、13.16%、11.11%、8.85%、7.75%、6.75%。第一主成分主要由UJL/HL、HL/BL、EI/HL决定,主要反映了鱼类头部的形态特征。第二主成分主要由SD/BL、ED/HL、BW/BD决定。第三主成分由PL/BL、SV/BL决定,主要反映了鱼体躯干前半部特征。根据前2个主成分绘制成散点图(图2)。

表3 小黄鱼群体的主成分分析

Tab. 3 Analysis of principle component analysis *L. polyactis* populations

主成分 Principal component	1	2	3	4	5	6	7
特征值 Eigenvalue	3.146	2.609	2.237	1.888	1.504	1.317	1.147
累积贡献率% Cumulative contribution%	18.507	33.856	47.016	58.121	66.966	74.711	81.458

表4 小黄鱼17个可量性状主成分分析的因子负荷值

Tab. 4 Factor loadings of principal components extracted from 17 morphological characters of 9 *L. polyactis* populations

性状 Characteristic	主成分1 PC1	主成分2 PC2	主成分3 PC3
X1	-0.635	0.215	0.297
X2	-0.511	0.358	-0.126

续表

性状 Characteristic	主成分 1 PC1	主成分 2 PC2	主成分 3 PC3
X3	0. 081	0. 657	-0. 419
X4	0. 023	-0. 207	0. 486
X5	0. 667	0. 552	-0. 236
X6	0. 555	0. 457	-0. 188
X7	-0. 063	0. 522	0. 073
X8	0. 113	0. 234	0. 383
X9	-0. 169	0. 760	0. 346
X10	-0. 685	0. 404	-0. 080
X11	-0. 401	-0. 019	-0. 477
X12	-0. 259	0. 438	0. 399
X13	0. 470	-0. 113	-0. 321
X14	0. 388	0. 197	-0. 452
X15	0. 537	0. 290	0. 445
X16	0. 347	-0. 189	0. 518
X17	0. 445	0. 120	0. 436

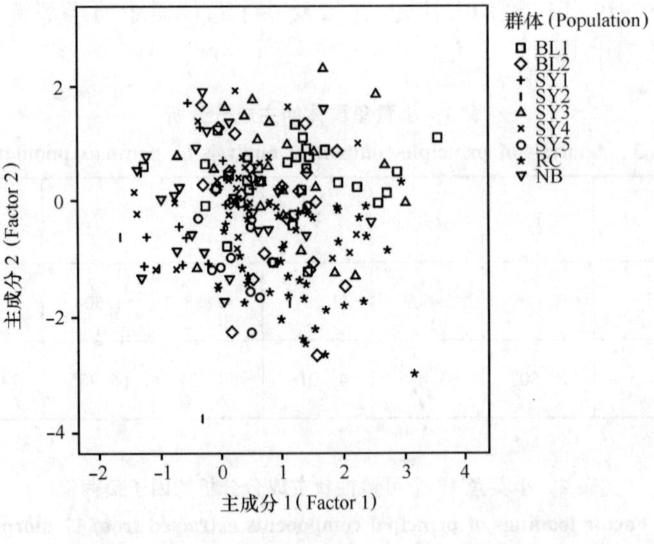

图 2　小黄鱼 9 个群体的第一、二主成分散点图

Fig. 2　Scatter plot of first and second components from PCA of 9 *L. polyactis* populations

2. 3　判别分析

对 9 个小黄鱼群体 17 个变量进行判别分析。结果表明 NB 群体判别准确率最高，为 86. 4%，SY4 群体判别准确率最低，为 54. 3%。综合判别率为 73. 6%。根据这 17 个形态

特征值建立的判别公式如下：

BL1：$Y=3261X1+95X2+529X3+506X4+814X5+1389X6+301X7+50X8-149X9+77X10+499X11+1712X12+453X13+661X14-397X15+1460X16-1560X17-2101$

BL2：$Y=3350X1+106X2+484X3+505X4+808X5+1438X6+307X7+46X8-157X9+127X10+479X11+1662X12+428X13+621X14-402X15+1520X16-1587X17-2078$

RC：$Y=3035X1+130X2+488X3+479X4+768X5+1324X6+278X7+50X8-172X9+2X10+531X11+1733X12+548X13+644X14-430X15+1555X16-1253X17-1978$

SY1：$Y=3349X1+112X2+476X3+501X4+770X5+1433X6+298X7+52X8-81X9+22X10+525X11+1711X12+414X13+641X14-385X15+1437X16-1514X17-2107$

SY2：$Y=3178X1+143X2+473X3+526X4+771X5+1317X6+277X7+52X8-77X9-61X10+592X11+1712X12+433X13+662X14-472X15+1460X16-1516X17-2027$

SY3：$Y=3200X1+135X2+511X3+459X4+812X5+1368X6+285X7+55X8-133X9-28X10+542X11+1709X12+463X13+616X14-410X15+1556X16-1250X17-2046$

SY4：$Y=3261X1+144X2+510X3+490X4+813X5+1344X6+292X7+53X8-184X9+4X10+529X11+1730X12+464X13+633X14-446X15+1580X16-1411X17-2071$

SY5：$Y=3267X1+136X2+489X3+494X4+797X5+1330X6+309X7+48X8-141X9-96X10+561X11+1709X12+574X13+641X14-470X15+1409X16-1525X17-2030$

NB：$Y=3303X1+110X2+526X3+513X4+779X5+1430X6+286X7+47X8-140X9-15X10+575X11+1740X12+394X13+639X14-340X15+1458X16-1755X17-2097$

式中 X1－X17 分别代表 HL/BL、SL/HL、ED/HL、POL/HL、UJL/HL、EI/HL、BW/BD、CPL/CPD、SD/BL、SP/BL、SV/BL、SA/BL、FDL/BL、SDL/BL、AL/BL、PL/BL、VL/BL。

2.4 聚类分析

对计算得到的群体特征值平均值进行聚类分析(图3)。结果显示9个小黄鱼群体分为2组,渤海群体(BL1、BL2)聚为第一组,黄海、东海群体聚为另外一组。在第二组中,来自东海的NB群体与其余6个来自黄海的群体距离最大。

2.5 单因子方差分析

用SPSS18.0软件中的One－way ANOVA方法进行单因子方差分析,并对各群体指标进行多重比较,具有方差齐性的变量采用LSD法,不具有方差齐性的变量采用Tamhane's T2法。表5是17个变量在 $P=0.05$ 显著性差异水平上的分析结果。结果表明,各特征值均存在显著性差异($P<0.05$)。

参照Mayr等[16]提出的75%识别与划分的规则,差异系数由下面公式求得：

$$C.D.=|M1-M2|/(S1+S2)$$

式中：$M1$、$M2$ 和 $S1$、$S2$ 分别对应于两群体性状的平均值和标准差。

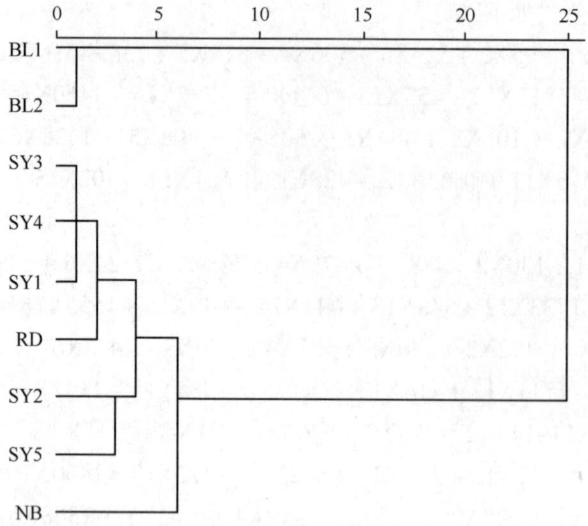

图 3　小黄鱼 9 个群体的聚类关系图

Fig. 3　Dendrogram sof relationship among 9 *L. polyactis* populations

3　讨论

3.1　生长特性和分节特征

小黄鱼 9 个群体的体长随体质量增长均呈幂指数关系,但不同群体的体质量与体长相对生长速度各不相同,体长与体质量的相关性存在一定差异。Ricker[17] 认为幂指数 b 值可以被用来判断鱼类是否处于等速生长(或称匀速生长)。即当 $b=3$ 时,表示该鱼类为等速生长的鱼类, 即说明其个体 3 个线度（长、宽、高）方向生长的速度相等, 这种情况被认为是一种理想状态[17] 。9 个小黄鱼群体的 b 值存在差异,可能是由于采样地点和时间不同以及营养条件和生活阶段不同导致。其中,SY5 群体的 b 值最大(4. 853 4),但相关系数较低(0. 596 2)。其环境因子 a 值远远小于其他群体,可能是由于小黄鱼 SY5 群体样品采于 2005 年 5 月,处于繁殖末期[18] 所致。

在分节特征方面,小黄鱼的第二背鳍鳍棘数为定值 1,腹鳍鳍棘数为定值 1,腹鳍鳍条数为定值 5,臀鳍鳍棘数为定值 2。第一背鳍棘数在 8 ~ 10 之间,第二背鳍条数在 31 ~ 37 之间,胸鳍条数在 13 ~ 19,臀鳍条数在 9 ~ 11,上鳃耙数在 7 ~ 10,下鳃耙数在 15 ~ 20,脊椎骨数在 27 ~ 30,与以往的分类学资料[19] 相一致。但小黄鱼群体的各分节性状值分布范围大致相当,难以作为划分小黄鱼不同群体的依据。

3.2　多元统计分析结果的比较

主成分分析、判别分析、聚类分析和单因子方差分析结果均表明,9 个小黄鱼群体存在一定程度的形态差异,且主要表现在 UJL/HL、HL/BL、EI/HL、SD/BL、ED/HL、BW/BD、PL/BL 及 SV/BL 等性状上。

主成分分析作为一种多变量分析方法,广泛地被用于鱼类新物种的发现[20 - 21] 以及鱼类不同地理群体间的遗传分化等研究[22 - 23],能直观地反映个体之间的相似程度。分

表 5　9 个小黄鱼群体量度特征的单因子方差分析结果(平均值 ± 标准差)及差异系数

Tab. 5　Results of One – Way ANOVA (MEAN ± S. D.) and *C. D.* for morphometrics of 9 *L. polyactis* populations

性状 (Characteristic)	BL1	BL2	RC	SY1	SY2	SY3	SY4	SY5	NB	*C. D.* (max)
X1	0.286 ± 0.017^{ce}	0.293 ± 0.015^{ae}	0.270 ± 0.011^{d}	0.307 ± 0.011^{b}	0.290 ± 0.020^{ace}	0.282 ± 0.012^{c}	0.290 ± 0.012^{e}	0.289 ± 0.013^{ace}	0.295 ± 0.012^{ae}	1.639
X2	0.208 ± 0.026^{a}	0.208 ± 0.024^{a}	0.223 ± 0.038^{c}	0.215 ± 0.026^{ac}	0.230 ± 0.031^{abc}	0.241 ± 0.034^{b}	0.242 ± 0.021^{b}	0.223 ± 0.018^{abc}	0.215 ± 0.017^{ac}	0.722
X3	0.312 ± 0.022^{b}	0.299 ± 0.025^{ab}	0.292 ± 0.020^{a}	0.282 ± 0.230^{a}	0.272 ± 0.039^{ab}	0.313 ± 0.024^{b}	0.304 ± 0.023^{b}	0.284 ± 0.013^{a}	0.308 ± 0.017^{b}	0.819
X4	0.493 ± 0.037^{b}	0.493 ± 0.033^{b}	0.474 ± 0.026^{c}	0.487 ± 0.031^{bcd}	0.511 ± 0.038^{bd}	0.439 ± 0.031^{a}	0.466 ± 0.032^{cde}	0.479 ± 0.061^{bcde}	0.494 ± 0.020^{bd}	1.085
X5	0.583 ± 0.042^{a}	0.574 ± 0.033^{a}	0.550 ± 0.031^{def}	0.515 ± 0.045^{b}	0.513 ± 0.029^{be}	0.586 ± 0.037^{ae}	0.566 ± 0.035^{ac}	0.539 ± 0.015^{bdef}	0.543 ± 0.025^{ef}	1.113
X6	0.378 ± 0.024^{a}	0.392 ± 0.020^{ac}	0.358 ± 0.016^{b}	0.368 ± 0.019^{ab}	0.339 ± 0.017^{b}	0.369 ± 0.030^{abc}	0.355 ± 0.023^{b}	0.352 ± 0.017^{b}	0.378 ± 0.016^{a}	1.439
X7	0.418 ± 0.064^{ab}	0.421 ± 0.046^{ab}	0.389 ± 0.054^{ac}	0.420 ± 0.057^{abc}	0.388 ± 0.064^{abcd}	0.397 ± 0.050^{a}	0.402 ± 0.044^{a}	0.440 ± 0.076^{b}	0.381 ± 0.051^{acd}	0.464
X8	2.821 ± 0.313^{a}	2.565 ± 0.218^{b}	2.855 ± 0.232^{ace}	2.991 ± 0.169^{acef}	3.062 ± 0.318^{ce}	3.209 ± 0.365^{cdef}	3.111 ± 0.285^{cef}	2.817 ± 0.276^{ace}	2.591 ± 0.213^{b}	1.104
X9	0.296 ± 0.014^{a}	0.296 ± 0.015^{ac}	0.277 ± 0.014^{cd}	0.311 ± 0.013^{b}	0.299 ± 0.019^{abce}	0.291 ± 0.020^{ace}	0.287 ± 0.014^{ce}	0.285 ± 0.010^{c}	0.299 ± 0.015^{a}	1.239
X10	0.307 ± 0.011^{a}	0.310 ± 0.014^{a}	0.291 ± 0.009^{b}	0.307 ± 0.009^{a}	0.296 ± 0.021^{ab}	0.299 ± 0.009^{ab}	0.302 ± 0.010^{a}	0.293 ± 0.012^{ab}	0.308 ± 0.011^{a}	0.877
X11	0.305 ± 0.015^{ab}	0.304 ± 0.016^{ab}	0.297 ± 0.013^{a}	0.305 ± 0.013^{ab}	0.305 ± 0.023^{ab}	0.299 ± 0.010^{a}	0.303 ± 0.012^{ab}	0.305 ± 0.018^{ab}	0.314 ± 0.015^{b}	0.287
X12	0.649 ± 0.021^{bc}	0.631 ± 0.022^{a}	0.653 ± 0.017^{bcd}	0.662 ± 0.017^{b}	0.659 ± 0.019^{bcd}	0.647 ± 0.021^{c}	0.655 ± 0.025^{bcd}	0.647 ± 0.023^{bcd}	0.662 ± 0.019^{bd}	0.429
X13	0.162 ± 0.015^{a}	0.160 ± 0.014^{acd}	0.175 ± 0.015^{b}	0.154 ± 0.010^{ac}	0.152 ± 0.012^{acd}	0.164 ± 0.010^{ad}	0.163 ± 0.014^{ad}	0.177 ± 0.013^{b}	0.153 ± 0.012^{c}	0.930
X14	0.429 ± 0.028^{ac}	0.408 ± 0.028^{bc}	0.423 ± 0.026^{ac}	0.428 ± 0.019^{ac}	0.444 ± 0.017^{a}	0.406 ± 0.023^{b}	0.419 ± 0.021^{c}	0.427 ± 0.031^{ac}	0.420 ± 0.017^{c}	0.966
X15	0.109 ± 0.008^{a}	0.108 ± 0.013^{a}	0.107 ± 0.010^{abc}	0.108 ± 0.011^{a}	0.099 ± 0.010^{b}	0.111 ± 0.011^{ac}	0.108 ± 0.008^{a}	0.103 ± 0.010^{ab}	0.111 ± 0.008^{ac}	0.556
X16	0.046 ± 0.004^{a}	0.048 ± 0.005^{ab}	0.049 ± 0.004^{b}	0.045 ± 0.008^{a}	0.043 ± 0.003^{a}	0.050 ± 0.007^{b}	0.049 ± 0.005^{b}	0.043 ± 0.003^{ac}	0.044 ± 0.006^{ac}	0.734
X17	0.038 ± 0.005^{a}	0.038 ± 0.003^{a}	0.043 ± 0.005^{bd}	0.038 ± 0.004^{abe}	0.036 ± 0.001^{ac}	0.043 ± 0.005^{bde}	0.041 ± 0.004^{be}	0.038 ± 0.004^{a}	0.034 ± 0.005^{c}	1.140

注:英文字母上标表示群体间的差异程度。上标相同或包含关系表示差异不显著,上标不同或交集关系表示差异显著。差异系数为各群体间的最大值。

The superscript means the difference among populations. The same superscripts or containing relation means the differences are not significant; different superscripts or intersection relation means the differences are significant. Here coefficient of difference shows the largest *C. D.* difference among nine populations.

析结果显示,3 个主成分的累积贡献率为 47.016%,未达到累积贡献率≥85%的要求,说明小黄鱼不能用几个相互独立的因子来判断不同群体间的差异[24]。散点图表明不同地理群体在 2 个主成分上的分散程度大致相当(图 2)。对第一主成分而言,不同地理群体能存在交叉现象,但仍能分辨出其中的某一个群体。对主成分 2 而言,来自渤海的 BL1、BL2 群体多数分布于正半轴,其余群体多数分布于负半轴。尽管各群体间存在一定的重叠,但仍能发现来自渤海的 2 个群体多数位于主成分 1 的正半轴与主成分 2 的正半轴重叠的区域,一定程度上反映了不同海域的小黄鱼存在一定的差异,可能是小黄鱼在渤海、黄海、东海具有相对独立的产卵场和越冬场而导致了这种差异[25]。

判别分析是根据测量的若干变量值判断如何对研究对象进行分类的一种统计方法。其具有很强的实用性,已被广泛应用于各个领域[26-28]。此研究采用 17 个变量对 9 个小黄鱼群体进行判别分析,综合判别率为 73.6%。其中 NB 群体判别准确率最高(86.4%);SY4 群体判别准确率最低(54.3%)。相对而言,判别准确率不是很高,说明各群体间存在的差异不大。

聚类分析所采用的数据是群体各变量的平均值,从总体水平上反映了各群体之间的相似性。聚类分析的结果与主成分分析结果一致,来自渤海的两个群体 BL1 与 BL2 聚为一组,其他群体聚为另一组。而在第二组中来自黄海的群体首先聚在一起,然后再与来自东海的 NB 群体聚类。由此可以看出各群体依据一定的地理分布关系进行聚类,不同群体之间的形态差异可能是由不同海域的地理条件和环境因素不同造成的。

单因子方差分析结果表明,小黄鱼 9 个群体间形态差异较大,不同地理群体间在 7~13 个变量上存在显著差异。其中,BL1 与 BL2 之间形态特征差异的指标较少,在 17 个变量上仅有 4 个存在差异,在可数性状上这 2 个群体未检测到显著差异;而这 2 个群体与其他 7 个群体之间存在形态差异的指标较多。多重比较结果显示,UJL/HL、HL/BL、CPL/CPD、SD/BL、POL/BL、EI/HL、BW/BD 在各群体间差异较显著,其中部分指标与构成主成分 1 与主成分 2 的性状相一致。因此,单因子方差分析与主成分分析和聚类分析的结论是基本一致的,它们从不同的角度上反映了各群体间的形态差异。差异系数的计算结果显示,在 2 个变量上,*C. D.* 值大于 1.28,其中,RC 群体与 SY1 群体在变量 *X*1 上的差异系数为 1.639,BL2 群体与 SY2 群体在变量 *X*6 上的差异系数为 1.439;根据 Mayr 等[16]提出的判定生物群体分化程度的标准,其差异达到了亚种水平。但在 20 世纪 90 年代,Avise 和 Ball[29]及 O'Brien 和 Mayr[30]在 Mayr 等[16]分类学原理的基础上,提出亚种间的形态差异要与分子差异一致。Xiao 等[12]基于 mtDNA 控制区对小黄鱼的遗传多样性和群体遗传结构进行了分析,结果显示来自渤海和东海的 8 个群体之间无明显的遗传差异。Han 等[24]对来自黄海和东海的 4 个小黄鱼群体进行的 AFLP 分析结果显示小黄鱼具有一定的地理结构,各群体间存在一些遗传分化。刘效舜等[31]根据小黄鱼产卵场和越冬场的分布以及回游路径,将小黄鱼分为 3 个地理群体,即黄渤海群系、南黄海群系和东海群系。从形态聚类图可以看出渤海群系先聚为一组,黄海群体与东海宁波群体聚为另一组,且南黄海的群体聚类后才与东海小黄鱼群体聚类,与先前学者的研究具有一致性。由于此研究所用的样本采集时间不同,且个体大小存在一定差异,故不能作为判断小黄鱼群体差异的唯一依据。今后需结合微卫星等分子标记开展深入地研究。

致谢:纪东平、张磊、陈澄璟、潘晓哲在样品采集和试验过程中给予了帮助,谨此致谢!

参考文献:

[1] Cadrin SX. Advances in morphometric identification of fishery stocks[J]. Rev Fish Bio Fish, 2000, 10(1):91 - 112.

[2] 高天翔,孙希福,宋娜. 斑尾复虾虎鱼群体的形态学比较[J]. 中国海洋大学学报,2009,39(1):35 - 42.

[3] 丁峰元,林龙山,李建生,等. 东海区北部小黄鱼生殖群体分布及与水团关系[J]. 自然资源学报,2007,22(6):1013 - 1019.

[4] 蒙子宁,庄志猛,金显仕,等. 黄海和东海小黄鱼遗传多样性的 RAPD 分析[J]. 生物多样性,2003,11(3):197 - 203.

[5] 许广平,仲霞铭,丁亚平,等. 黄海南部小黄鱼群体遗传多样性研究[J]. 海洋科学,2005,29(11):34 - 38.

[6] 林龙山. 东海区小黄鱼现存资源量分析[J]. 海洋渔业,2004,26(1):18 - 23.

[7] 张国政,李显森,金显仕,等. 黄海中南部小黄鱼生物学特征的变化[J]. 生态学报,2010,30(24):6854 - 6861.

[8] 郭旭鹏,金显仕,戴芳群. 渤海小黄鱼生长特征的变化[J]. 中国水产科学,2006,13(2):243 - 249.

[9] 胡成建,张晶. 南黄海族小黄鱼地方支族群洄游途径与环境关系的探讨[J]. 海洋渔业,2005,27(2):109 - 112.

[10] 林龙山,程家骅,任一平,等. 东海区小黄鱼种群生物学特性的分析[J]. 中国水产科学,2004,11(4):333 - 338.

[11] 薛莹,金显仕,张波,等. 黄海中部小黄鱼的食物组成和摄食习性的季节变化[J]. 中国水产科学,2004,11(3):237 - 243.

[12] Xiao YS, Zhang Y, Gao TX, et al. Genetic diversity in the mtDNA control region and population structure in the small yellow croaker *Larimichthys polyactis*[J]. Environ Biol Fish, 2009, 85:303 - 314.

[13] 刘名,王艳君,高天翔,等. 中日太平洋鲱形态学比较研究[J]. 中国海洋大学学报,2007,37(增刊):131 - 136.

[14] 高天翔,杨天燕. 中、日青鳞小沙丁鱼形态学比较分析[J]. 中国海洋大学学报,2008,38(2):201 - 206.

[15] Mauro J C, Leandro R M, Paulo R D. Landmark - based morphometric analysis in selected species of Serranid fishes (Perciformes: Teleostei) [J]. Zool Stud, 1999, 38 (3):287 - 294.

[16] Mayr E, Linsley E G, Usinger R L. Methods and Principles of Systematic Zoology[M]. New York, Toronto and London: McGraw Hill, 1953:23 - 29, 123 - 154.

[17] Ricker W E. Computations and Interpretation of biological statistics of fish populations[J]. Bull Fish Res Board Con, 1975, 191. 1 - 382.

[18] 刘勇,程家骅,陆健健. 利用 Bootstrap 统计方法探讨体长 - 体重关系中的幂指数对小黄鱼产卵期的指示作用[J]. 渔业科学进展,2011,32(2):1 - 6.

[19] 朱元鼎. 中国石首鱼类分类系统的研究和新属新种的叙述[M]. 上海:上海科技出版社,1963:70 - 71.

[20] Eisenhour D J. Systematics of *Macrhybopsis tetranema* (Cypriniforms: Cyprinidae) [J]. Copeia, 1999 (4):969 - 980.

[21] Golubtsov A S, Berendzen P B. Morphological evidence for the occurrence of two electric catfish (*Malapterurus*) *species in the White Nile and Omo* – Turkana systems (East Africa) [J]. J Fish Biol, 1999, 55(3): 492 – 505.

[22] Gibson A R, Baker A J, Moeed A. Morphometric variation in introduced populations of the common myna (*Acridotheres tristis*): An application of the jackknife to principal component analysis [J]. Syst Zool, 1984, 33(4): 408 – 421.

[23] Voss R S, Marcus L F, Escalante P. Morphological evolution in muroidrodents I. Conservative patterns of craniometric covariance and their ontogenetic basis in the Neotropical genus *Zygodontomys* [J]. Evolution, 1990, 44(6): 1568 – 1587.

[24] 马爱军，王新安，雷霁霖，等．大菱鲆（*Scophthalmus maximus*）四个不同地理群体数量形态特征比较[J]．海洋与湖沼 2008, 39(1): 24 – 28.

[25] HAN Zhiqiang, LIN Longshan, SHUI Bonian, et al. Genetic diversity of small yellow croaker *Larimichthys polyactis* revealed by AFLP markers [J]. Afr J Agric Res, 2009, 4(7): 605 – 610.

[26] 丁士晟．多元分析方法及其应用[M]．长春：吉林人民出版社，1981: 259 – 315.

[27] 张晓庭，方开泰．多元统计分析引论[M]．北京：科学出版社，1982: 393 – 403.

[28] 张岩，肖永双，高天翔，等．钝吻黄盖鲽不同群体形态学比较研究[J]．渔业科学进展，2010, 31(5): 15 – 21.

[29] Avise J C, Ball R M. Principles of genealogical concordance in species concepts and biological taxonomy [J]. Oxf Surv Evol Biol, 1990, 7: 45 – 67.

[30] O'brien S J, Mary E. Bureaucratic mischief: recognizing endangered species and subspecies [J]. Science, 1991, 251(4998): 1187 – 1188.

[31] 刘效舜．黄渤海区渔业资源调查与区划[M]．北京：海洋出版社，1990: 191 – 200.

Comparisons of morphological characteristics of 9 *Larimichthys polyactis* populations in China

Han Zhen[1], Xiao Yongshuang[2], Gao Tianxiang[1]

(1 *Fishery collage*, *Ocean University of China*, *Qingdao* 266003, *China*; 2 *Institute of Oceanology*, *Chinese academy of sciences*, *Qingdao* 266071, *China*)

Abstract: To compare the morphological differences among 9 small yellow croaker (*Larimichthys polyactis*) populations, we analyzed 20 morphological characteristics and 8 meristic counts of 208 individuals collected from Bohai Sea, Yellow Sea and East China Sea during 2005—2010 by using multivariate statistical analysis (principal component analysis, discriminant analysis, cluster analysis and One – Way ANOVA). The results show that the total accuracy of discrimination for the 9 population is 73.6%, with the highest 86.4% in Ningbo and the lowest 54.3% in SY4. The results of principal component analysis, cluster analysis and One – Way ANOVA are consistent, which indicates that geographical variance exists between Bohai Sea population and other population from Yellow Sea and East China Sea.

Key words: small yellow croaker (*Larimichthys polyactis*); population; morphological difference; multivariate statistical analysis

Genetic diversity in the mtDNA control region and population structure in the small yellow croaker *Larimichthys polyactis*①

Xiao Yongshuang[1], Zhang Yan[1], Gao Tianxiang[1], Takashi Yanagimoto[2], Mamoru Yabe[3], Yasunori Sakurai[3]

(1 *Key Laboratory of Mariculture, Ministry of Education of China, Ocean University of China, Qingdao, China*; 2 *National Research Institute of Far Seas Fisheries, Fukuura, Kanazawa, Japan*; 3 *Graduate School of Fisheries Sciences, Hokkaido University, Minato - cho, Hakodate, Japan*)

Abstract: The genetic diversity and population genetic structure among Yellow Sea and northern East China Sea populations of the small yellow croaker (*Larimichthys polyactis*) were investigated. One hundred and fourteen individuals were sampled from 8 localities of the Yellow Sea and northern East China Sea. Genetic variation in DNA sequences were examined from the first hypervariable region (HVR - 1) of the mitochondrial DNA control region. A total of 84 polymorphic sites were found, and 87 haplotypes were defined. The pairwise nucleotide differences between samples ranged from 3.83 ± 2.19 to 6.56 ± 3.25. High levels of genetic diversity (h = 0.98 ± 0.87%, π = 0.015 ± 0.79%) in the HVR - 1 region were detected. The demographic history of *L. polyactis* was examined using neutrality tests and mismatch distribution analysis, suggesting Pleistocene population expansion at about 49 300 - 197 000 yeas ago. This yielded 87 haplotypes that exhibited a minimum spanning tree with starburst structure, also suggestive of a very recent origin for most haplotypes. Hierarchical molecular variance analysis (AMOVA) and conventional population F_{ST} comparisons revealed no significant genetic structure throughout the examined range. All population analysis showed that *L. polyactis* constituted a single, panmictic population over the sampled range, in contrast to previous findings based on the morphological and ecological studies. Long - term dispersal and high gene flow likely have contributed to the genetically homogeneous population structure of the species. These data assessments of genetic diversity and genetic structure will be crucial to establish appropriate fishery management stocks for the species.

Key words: *Larimichthys polyactis*, control region, genetic diversity, demographic history, genetic structure.

1 Introduction

The small yellow croaker, *Larimichthys polyactis* (Bleeker), is a benthopelagic fish spe-

① 原文刊载于"Environmental Biology of Fishes, 2009, 85(4): 303 - 314."

cies of family Sciaenidae, which inhabits coastal waters and estuaries (FishBase, 2005). The species is an important fisheries resource and is also becoming an important marine food fish species in Asian countries. It is widely distributed in the Yellow and East China Sea of the western North Pacific Ocean (FishBase, 2005). The global landing of *L. polyactis* reached 320 thousand metric tones in 2000. Heavy fishing pressure has resulted in decreasing catch in the Yellow Sea and East China Sea (Froese and Pauly, 2003). Based on the studies of spawning migration routes and morphological variation, Liu (1962) and Ikeda (1964) suggested that three wild stocks existed throughout the range of *L. polyactis.* The small yellow croaker spawn pelagic eggs and their spawning grounds are always located in estuaries and mixed areas with both low and high salinity. Spawning occurs in the East China Sea from March to April, and in both the Yellow Sea and Gulf of Bo Hai in May. Several studies on morphological and ecological research of this species have been completed recently (Hu and Zhang, 2005; Xu et al. 2005; Zhang and Cheng, 2005). However, studies on genetic diversity, population genetic structure and demographic history of *L. polyactis* have not been conducted.

Assessments of intraspecific genetic diversity and population genetic structure can provide important biological and evolutionary data, which are also invaluable for the successful conservation or management of exploited species. From a biological perspective, the assessment can imply whether the species is panmictic throughout its range and help to identify the potential sites of historic refugium. From a management perspective, an accurate definition of population structure is important for the management of commercial marine fish (Utter, 1991). Failure to detect population units can lead to local overfishing and ultimately to severe declines (Waples, 1998).

In the present study, we examined the genetic diversity and population genetic structure of *L. polyactis* using sequence analysis from the first hypervariable region (HVR-1) of the mitochondrial DNA (mtDNA) control region, a genetic marker that has been shown to be particularly sensitive in detecting population genetic structure in marine fish (Buonnacorsi et al., 2001). We discuss the results with regard to the biological and geological factors that influence population structure. An understanding of the genetic variability of the mitochondrial genome should provide an important basis for future detailed examination of population structure of *L. polyactis* and potential implications for the management of the species as an important fisheries resource.

2 Materials and methods

2.1 Sample collection

One hundred and fourteen specimens were collected from 8 geographic locations throughout the distribution area of *L. polyactis* from 2003 to 2005 (Fig. 1). All individuals were identified based on morphological characteristics, and a piece of muscle tissue was obtained from each individual and preserved in 95% ethanol or frozen for DNA extraction.

2.2 DNA extraction, amplification and sequencing

Genomic DNA was isolated from muscle of *L. polyactis.* Muscle tissues were digested with proteinase K in a buffer of 10 mM Tris – HCl (pH 7.5) with 125 mM NaCl, 50 mM EDTA, 8 M urea, and 1% SDS by at 50℃ temperature and purified by standard phenol – chloroform extraction. Fish primers DL – S (5′ – TCAAAGCTTACAGTCTTGTA – 3′) and DL – R (5′ – TGGTGGTTGCTCCCGCTTATG – 3′) (Kocher et al. 1989), which target a portion of transfer RNA ($tRNA^{pro}$) and the central conserved region of the control region were used in a polymerase chain reaction (PCR) to amplify the first hypervariable region. The PCR amplification were carried out in a thermal cycler 9700 (Applied Biosystems, Foster City, CA, USA) under the following conditions: initial 3 min denaturation at 94℃, and 39 alternating cycles of 1 min at 94℃ for denaturation, 1 min at 50℃ for annealing, 1 min at 72℃ for extension, and a final extension at 72℃ for 10 min. A total of 2 μL of each PCR product was used for 1% agarose gel electrophoresis for verifying the amplified fragment length with a standard size marker (TaKaRa, Dalian). PCR products were purified with Gel Extraction Mini Kit (Watson Bio-Technologies, Shanghai). Both strands were sequenced using the BigDye Terminator Cycle Sequencing Kit (ver. 2.0, PE Biosystems, Foster City, California) and run on an ABI Prism 377 (applied Biosystems) automatic sequencer according to the manufacturer's recommendations. The primers used for sequencing were the same as those for PCR amplification.

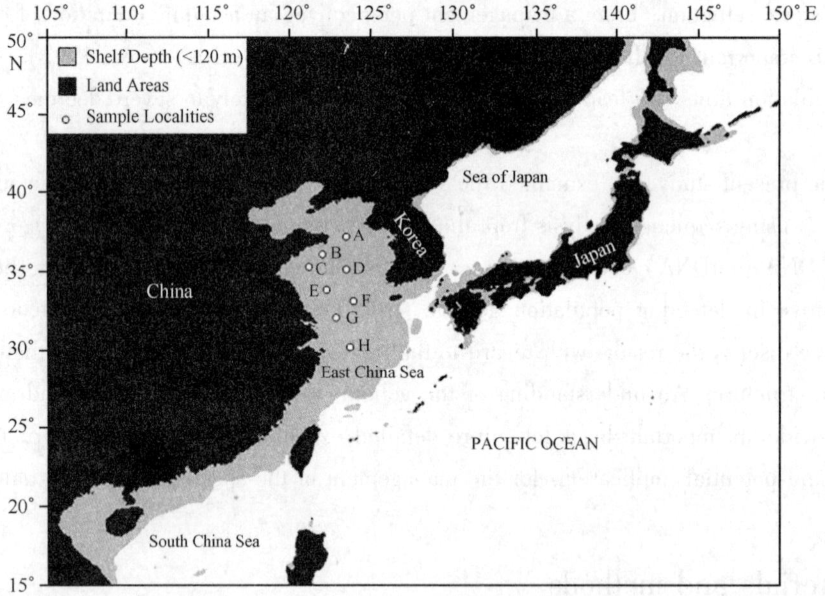

Fig. 1 Map showing sample locations of *L. polyactis*, samples are marked by abbreviations that correspond to Table 1. Shaded sea areas are continental shelves that would have been exposed to the air during periods of low sea – level.

2.3 Sequence alignment and data analysis

All sequences were edited and aligned using Dnastar software (DNASTAR Inc., Madison, USA). Molecular diversity indices such as the number of haplotypes, polymorphic sites, transitions, transversions, and indels were obtained using the program ARLEQUIN version 2.000 (Schneider et al., 2000). Haplotypes diversity (h), nucleotide diversity (π) (Nei, 1987), and the mean number of pairwise differences (k) (Tajima, 1983), and their corresponding variances were calculated following Nei (1987) as implemented in ARLEQUIN. The gamma distribution shape parameter for the rate heterogeneity among sites and nucleotide sequence evolution models were evaluated using likelihood – ratio tests implemented by the program Modeltest version 3.06 (Posada and Crandall, 1998). The historical demographic pattern of *L. polyactis* was examined by using neutrality tests and mismatch distribution analysis (Tajima, 1989a; Fu, 1997). We used the D test of Tajima (1989a) and Fs test of Fu (1997) to test if the neutrality holds. Significant negative D and Fs statistics can be interpreted as signature of population expansion. Historic demographic expansions were also investigated by the examination of frequency distributions of pairwise differences between sequences (mismatch distribution), which is based on three parameters: θ_0, θ_1 (θ before and after the population growth) and τ (time since expansion expressed in unit of mutational time) (Rogers and Harpending, 1992). The distribution is usually multimodal in sample drawn from populations at demographic equilibrium, but it is usually unimodal in population following a recent population demographic expansion and population range expansion (Rogers and Harpending, 1992; Ray et al. 2003; Excoffier, 2004). The concordance of the observed with the expected distribution under the sudden population model was further tested using the Harpending's raggedness index (*Hri*) (Harpending, 1994). Both mismatch analysis and neutrality tests were performed in ARLEQUIN. For distribution that did not differ significantly ($P > 0.05$) from the expectation of the sudden expansion model, the parameter of the sudden expansion τ was estimated by a generalized nonlinear leastsquare approach, and confidence intervals was computed using a parametric bootstrap approach (Schneider and Excoffier, 1999). The values of τ were transformed to estimates of real time since expansion with the equation $\tau = 2ut$, where u is the mutation rate for the whole sequence under study per generations and t is the time measured in generation since expansion.

A hierarchical molecular variance analysis (AMOVA) and the conventional population Fst comparisons performed in ARLEQUIN to test for significant population genetic structure within *L. polyactis* (Excoffier et al., 1992). In additon to a one gene pool analysis, the AMOVA analysis were also carried out with three groups representing three conventinonal spawning groups (Liu, 1962), the North Yellow Sea population (35° – 37°N), South Yellow Sea population (32° – 34°N) and East China Sea population (29° – 31°N). The haplotypes were permuted 1,000 times in AMOVA test and the significance of conventional population Fst was tested by 10,000 permutations. The significance threshold of pairwise Fst was always adjusted by sequential Bonferroni correction (Rice, 1989).

A molecular clock for the control region has not been determined with precision for marine fish, and seems to vary among major taxonomic groups (reviewed by Liu et al., 2006b). The morphological and physiological characteristics of *L. polyactis* (short generation time, high metabolic rate and small body size) correlated with molecular clocks in other vertebrates (Martin and Palumbi, 1993). In the present study, sequence divergence rate of 3% ~ 12%/MY was applied for the control region sequences. Occasionally, pronounced rate heterogeneity is reported even among closely related lineages, and large variance might be existed in the divergence rate used in the present study. However, a molecular clock – based time estimate provides an approximate time frame for evaluating phylogeographic hypothese.

3 Results

3.1 Intraspecific sequence variation

After unreadable site close to the primers at either end were removed, 457 base pairs (bp) of unambiguous sequences were obtained for 114 individuals. Comparison with the sequences from the carp (Chang et al., 1994) verified the obtained sequence included part of the $tRNA^{pro}$ (46 bp) and the the first hypervariable control region (411 bp). The nucleotide composition of the fragment was A^T – rich (A, 27%; T, 37%), and variations consisted predominantly of transition substitutions (Ti: Tv = 4.0) as is usual for this region in many bony fish (Xia et al., 2006; Tang et al., 2007). A total of 84 polymorphic sites (39 parsimony informative sites) were found within the HVR – 1 region, which defined 76 substitutions: 59 transitions and 17 transversions. Fifteen indels were also detected in the HVR – 1 region. A total of 87 haplotypes were defined by the 84 variable sites, 7 of which were shared among populations. There were more haplotypes than variable sites in the species, which indicated homoplasy, a common outcome in control region surveys (Liu et al., 2006a, 2006b). A Γ value of 0.88 was calculated for *L. polyactis*, also suggesting strong homoplasy of substitution rates among nucleotide sites in its HVR – 1.

Intrapopulation diversity indices were shown in Tables 1 and 2. Overall, high levels of intrapopulation diversity were observed. Of all the populations examined, the haplotype diversity, nucleotide diversity and average number of pairwise nucleotide differences with their standard deviations were 0.98 ± 0.87%, 0.015 ± 0.79% and 6.20 ± 2.97, respectively. The nucleotide divergences in overall data within samples ranged from 0.010 ± 0.6% (A) to 0.016 ± 0.9% (C, G and H) (Table 1), and nucleotide diversity ranged from 0.017 ± 0.9% (north East China Sea group) to 0.015 ± 0.8% (north Yellow Sea group) (Table 2).

Table 1 Sampling data of *L. polyactis* including sample abbreviation (ID), site (country), sample size, No. of haplotypes and date of collection

ID	Sampling location	Date of collection	Sample size (n)	No. of haplotypes	h	π	S	k
A	37°17′N, 123°55′E	May 2003	7	6	0.95 ±0.09	0.010 ±0.006	13	3.83 ±2.19
B	36°08′N, 122°10′E	Apr. 2005	13	13	1.00 ±0.03	0.014 ±0.008	25	5.49 ±2.82
C	35°19′N, 121°20′E	Apr. 2005	11	10	0.98 ±0.05	0.016 ±0.009	27	6.31 ±3.24
D	35°16′N, 123°57′E	Mar. 2003	11	11	1.00 ±0.04	0.013 ±0.008	23	5.40 ±2.82
E	33°58′N, 122°26′E	May 2004	21	16	0.96 ±0.03	0.013 ±0.007	30	5.25 ±2.64
F	33°10′N, 124°40′E	Apr. 2005	12	11	0.98 ±0.04	0.011 ±0.006	20	4.36 ±2.32
G	32°20′N, 123°28′E	Mar. 2005	18	16	0.98 ±0.03	0.016 ±0.009	33	6.56 ±3.25
H	30°30′N, 124°05′E	Mar. 2005	21	19	0.99 ±0.02	0.016 ±0.009	38	6.36 ±3.14

Several diversity indices for control region were also indicated

Note: A – H: sampling locations, n: Sample size, h: Gene diversity (Nei, 1987), π: Nucleotide diversity, k: Mean pairwise nucleotide differences (Tajima, 1983) S: Number of polymorphic sites.

Table 2 Descriptive statistics of *L. polyactis* demographic groups based on the breeding migration routes, North Yellow Sea group, South Yellow Sea group and North East China Sea group

Group	Sample size (n)	Location	No. of haplotypes	h	π	S	k
N. Yellow Sea	42	35°N – 37°N	35	0.98 ±0.01	0.015 ±0.008	54	6.13 ±2.98
S. Yellow Sea	51	32°N – 34°N	40	0.97 ±0.02	0.015 ±0.008	50	6.05 ±2.92
N. East China Sea	21	29°N – 31°N	19	0.99 ±0.02	0.017 ±0.009	38	6.69 ±3.29

Several diversity indices for control region were also indicated

Note: A – H: sampling locations, n: Sample size, h: Gene diversity (Nei, 1987), π: Nucleotide diversity, k: Mean pairwise nucleotide differences (Tajima, 1983), S: Number of polymorphic sites.

3.2 Phylogenetic relationships of haplotypes

The phylogenetic tree of the mtDNA haplotypes from *L. polyactis* was reconstructed on Tamura – Nei distances corrected with the shape parameter of a gamma distribution ($\Gamma = 0.88$) with the neighbor – joining approach, which was implemented in PAUP*. No long internal branches were present. No branches showed an association with sampling localities (Fig. 1), typically, haplotypes in a sample were scattered throughout the tree. The shallow phylogeny is consistent with a population after a bottleneck (Slatkin and Hudson, 1991). This yielded 87 haplotypes that exhibited a minimum spanning tree with starburst structure, also suggestive of a very recent origin for most haplotypes. Both phylogenetic tree (NJ tree) and minimum spanning tree (MST) showed that no significant genealogical structure existed throughout the examined range of *L. polyactis*.

3.3 Historical demography

Relationships among haplotypes were represented on a minimum spanning tree (MST), with many individual haplotypes linked by a single or a few mutations (Figs. 2, 3 and 4). The MST of *L. polyactis* was starlike, which indicated a signature of population expansion for *L. polyactis*. The MST also showed no obvious haplotypes clustering with respect to North Yellow Sea and East China Sea populations (Fig. 2). High levels of haplotypic diversity ($h = 0.98 \pm 0.87\%$, mean ± SE) and nucleotide diversity ($\pi = 0.015 \pm 0.79\%$) is indicative of a population bottleneck followed by rapid population growth and accumulation of mutation (Grant and Bowen 1998; Avise, 2000). Tajima's D and Fu's Fs statistics were significantly negative ($D = -1.91$, $P < 0.05$; $Fs = -25.08$, $P < 0.01$) (Table 3), and those statistics checked from North East China Sea group to North Yellow Sea group were also significantly negative. Therefore, we rejected the hypothesis of selective neutrality (this test assumes the population is at equilibrium). In addition, a significantly negative value could also be inferred as the genetic signature of a large population expansion (Aris – Brosou and Excoffier, 1996). The mismatch analysis produced a unimodal distribution of pairwise differences (Fig. 3), which was consistent with the sudden population expansion model. Harpending's raggedness index ($Hri = 0.005 \pm 0.066\%$, $P > 0.05$) was low, indicating a significant fit of the observed and expected distribution to further evidence of population expansion in the species (Harpending, 1994). Population historical demography statistics are listed in Table 3. We estimated that *L. polyactis* experienced Pleistocene population expansion at about 49,300 ~ 197,000 years.

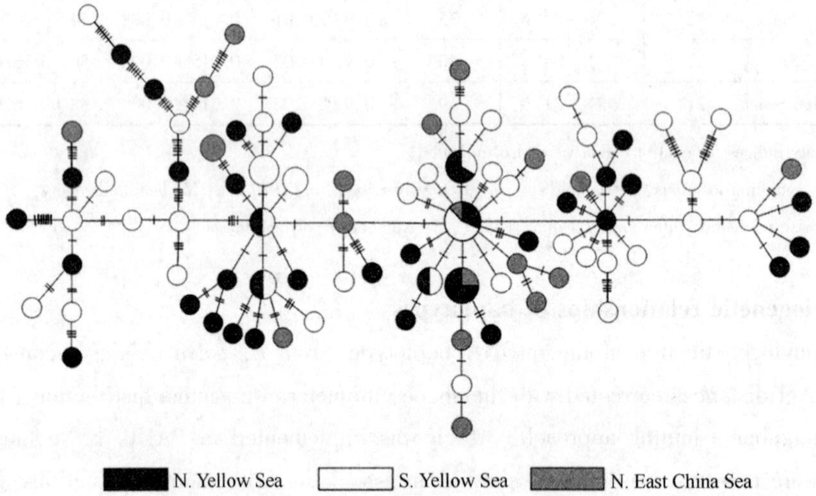

Fig. 2 The observed pairwise difference (bars) and the expected mismatch distributions under sudden expansion model (solid line) of the control region haplotypes in *L. polyactis*.

3.3 Genetic structuring

The genetic structure of the population of *L. polyactis* was investigated by AMOVA. The

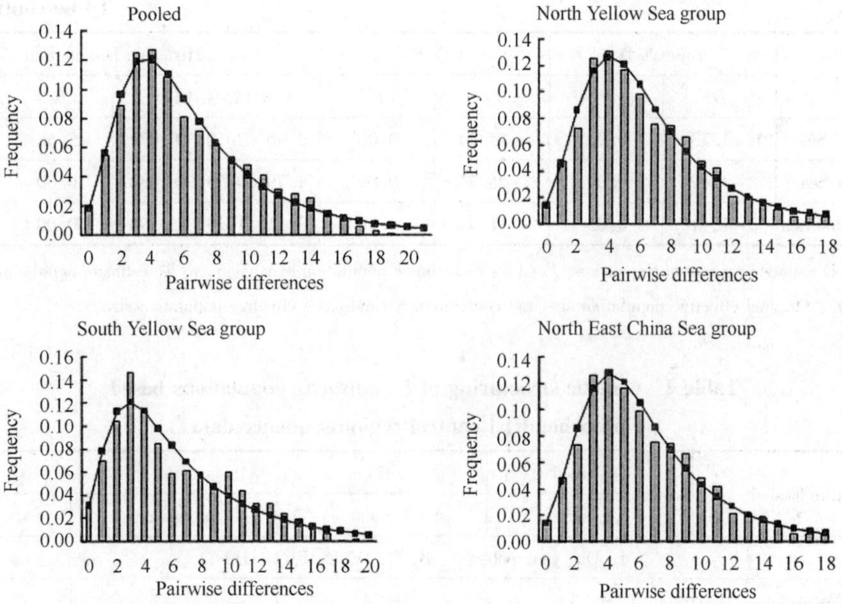

Fig. 3 Neighbor - joining tree constructed using Tamura and Nei distances with a gamma shape parameter of 0. 88 for 87 control region haplotypes of *L. polyactis*.

results of AMOVA analysis, performed under two patterns of gene pools with five formats, showed most of the variances were found within populations: 98. 26% and 99. 97% in one gene pool pattern, 98. 56% and 98. 20% in three gene pools pattern (Table 4), and the overall Φst value did not differ from zero (Φst = 0. 0003, P = 0. 39) among North East China Sea group, South Yellow Sea group and North Yellow Sea group. The values of Φct in the three pools pattern were low, group subdivisions were not significant in three gene pools pattern, especially, using the latitude of spawning groups as the grouping criterion (Φct = - 0. 01, $P >$ 0. 05). All hierarchical molecular variance anlaysis (AMOVA) showed that no population structure existed throughout the examined range of *L. polyactis*. All the Fst values observed were not statistically significant after the sequential Bonferroni correction, suggesting a pattern of overall mitochondrial control region homogeneity of the Northern Yellow Sea, Southern Yellow Sea, and Northern East China Sea. Six of the pairwise Fst estimates were negative (Table 5), indicating that the variation within collections was greater than that between collections, and most of them were not statistically significant after correction for multiple tests.

Table 3 Tajima's D, Fu's Fs statistics, corresponding *P* value, mismatch distribution parameter estimates and estimates of θ

Group	Tajima's D		Fu's Fs		Mismatch Distribution		
	D	*P*	*Fs*	*P*	τ (95% CI)	θ_0	θ_1
L. polyactis	-1. 91	0. 01	-25. 08	0. 00	2. 43 (1. 82, 7. 65)	4. 22	1117. 81

To be continued

Group	Tajima's D		Fu's Fs		Mismatch Distribution		
	D	*P*	*Fs*	*P*	τ (95% CI)	θ_0	θ_1
N. Yellow Sea	-1.73	0.02	-25.24	0.00	2.96 (2.10, 10.77)	3.58	399.61
S. Yellow Sea	-1.49	0.04	-25.26	0.00	1.79 (0.59, 18.08)	0.00	15.11
N. East China Sea	-1.41	0.05	-11.41	0.00	3.21 (1.38, 13.19)	0.00	11.51

D: Tajima's D estimate population expansion, *Fs*: Fu's Fs estimate population expansion, τ: To estimate population expansion time θ_0 and θ_1: Original effective population size and contemporary timescales effective population size

Table 4 Genetic structuring of *L. polyactis* populations based on mitochondrial control region sequence data

Structure Tested	Observed Variance	Partition % total	Φ Statistics	*P*
1. One gene pool (A, B, C, D, E, F, G, H)				
Among populations	0.05	1.74	Φst = 0.02	< 0.05
Within populations	2.86	98.26		
2. One gene pool (N. Yellow sea, S. Yellow sea, S. East sea)				
Among populations	0.00	0.03	Φst = 0.00	0.39 ± 0.02
Within populations	2.88	99.97		
3. Three gene pools (A, B, C, D)(E, F, G)(H)				
Among groups	-0.03	-1.11	Φct = -0.01	0.67 ± 0.00
Within groups	0.07	2.55	Φsc = 0.03	0.04 ± 0.00
Within populations	2.86	98.56	Φst = 0.01	0.07 ± 0.00
4. Three gene pools (A, B)(C, D, E, F, G)(H)				
Among groups	-0.01	-0.68	Φct = -0.01	0.84 ± 0.00
Within groups	0.06	2.15	Φsc = 0.02	0.06 ± 0.00
Within populations	2.86	98.52	Φst = 0.01	0.07 ± 0.00
5. Three gene pools (A, B, C, D, E, F)(G)(H)				
Among groups	0.00	0.15	Φct = -0.00	0.43 ± 0.00
Within groups	0.05	1.65	Φsc = 0.02	0.06 ± 0.00
Within populations	2.86	98.20	Φst = 0.02	0.06 ± 0.00

Note: Φst: The differentiation among populations.

Table 5 Pairwise F_{ST} (below diagonal) and associated *P* values (above diagonal) among small yellow croaker populations.

Population	A	B	C	D	E	F	G	H
A		0.05*	0.25	0.08	0.28	0.34	0.11	0.47

To be continued

Population	A	B	C	D	E	F	G	H
B	0.080		0.19	0.72	0.36	0.01 *	0.67	0.11
C	0.027	0.027		0.21	0.53	0.24	0.58	0.25
D	0.058	-0.024	0.026		0.35	0.08	0.31	0.56
E	0.014	0.002	-0.011	0.005		0.02 *	0.45	0.38
F	0.008	0.086	0.016	0.041	0.061		0.06	0.10
G	0.059	-0.020	-0.015	0.008	-0.004	0.056		0.06
H	-0.006	0.026	0.013	-0.007	0.002	0.028	0.037	

Note: * $P \leq 0.05$, A - H: sampling locations.

4 Discussion

4.1 Genetic variability

The mtDNA control region has been documented to be particularly sensitive in detecting genetic diversity and population genetic structure of marine fish and has been used for analysis of populations in various fish (Bremer et al., 1996; Iguchi et al., 1999; Tabata and Taniguchi, 2000; Ishikawa et al., 2001). High levels of genetic diversity in the HVR - 1 control region of mitochondrial DNA were detected in *L. polyactis*. The variability pattern of mtDNA control region with high haplotypes diversity and low average sequence differences in *L. polyactis* is similar to that of Japanese eel except for the frequency of variable sits (Ishikawa et al., 2001). The variability pattern of the species may imply *L. polyactis* had experienced population expansion (Slatkin and Hudson, 1991).

The high genetic diversity in the control region of *L. polyactis* may be derived in part from a combination of high mutation rate and large population size. Mutation rate and large population size are the principle determinants of the number of neutral alleles that can be maintained in a population (Kimura and Crow, 1964). With regard to population size, attempt to preserve *L. polyactis* spawning sites have been carried out since the 1990s, and the capacity of the species to be a fishery resource has been nearly recovered. According to the fishery investigation, global capture production for *L. polyactis* rose from 53 thousand metric tones in 1990 to 350 thousand metric tones in 2005 (Froese and Pauly, 2005.), which indicates a large population size has been restored for this species. Thus, both high mutation rate of mtDNA control region and large population size of *L. polyactis* likely have contributed to maintain a high genetic diversity for this species. A period of rapid population growth (sudden population expansion) could also have contributed to high genetic diversity in *L. polyactis* (Rogers and Harpending, 1992). During sudden population expansion, the rate of stochastic loss of haplotypes slows, thus more haplotypes are retained than can be lost by genetic drift (Avise et al., 1984). The MST of *L. polyactis* was star - like, which indicated a signature of population expansion for *L.*

polyactis (Fig. 2). Both the neutrality tests ($D = -1.91$, $P < 0.05$; $Fs = -25.08$, $P < 0.01$) and the mismatch distribution analysis (unimodal, $Hri = 0.005 \pm 0.066\%$, $P > 0.05$) also indicated a historic population expansion happened in *L. polyactis*. By correlating *L. polyactis* morphological and physiological characteristics

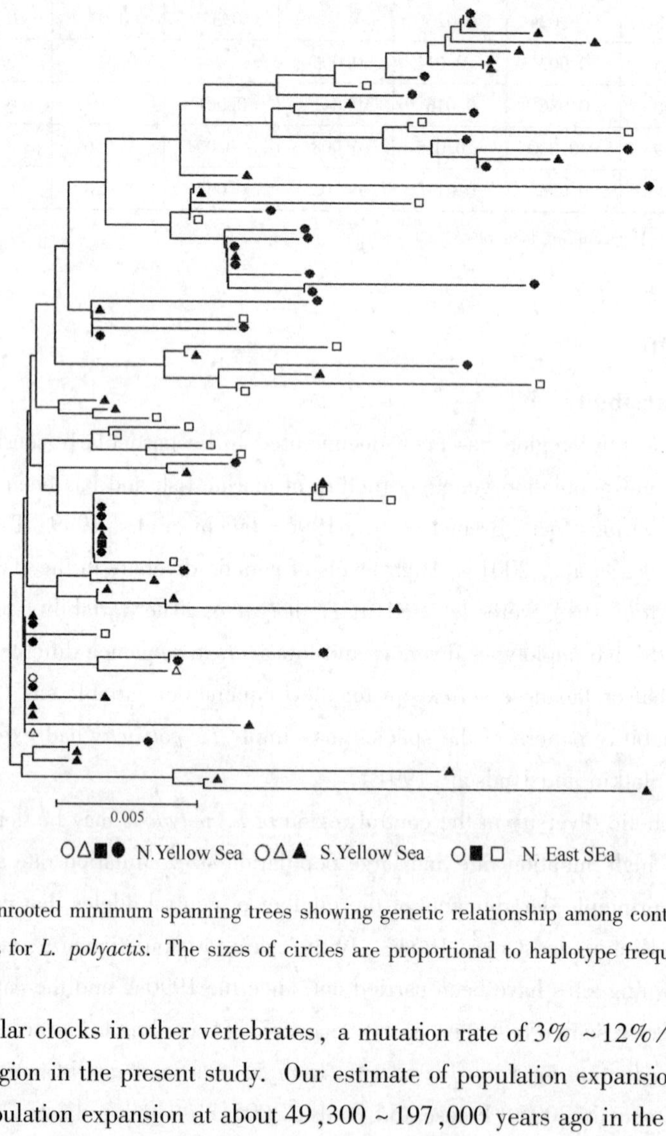

Fig. 4 Unrooted minimum spanning trees showing genetic relationship among control region haplotypes for *L. polyactis*. The sizes of circles are proportional to haplotype frequency.

with molecular clocks in other vertebrates, a mutation rate of 3% ~ 12%/MY was applied for the control region in the present study. Our estimate of population expansion time indicated a Pleistocene population expansion at about 49,300 ~ 197,000 years ago in the species. During the Pleistocene, environmental fluctuations directly affected the distribution and demographics of species worldwide (Hewitt, 1996), and mismatch patterns similar to that of *L. polyactis* have been described for numerous organisms (Hundertmark et al., 2002). Additionally, simulations demonstrated that range expansions may lead to a molecular signature quite similar to that observed after a pure demographic expansion (Ray et al., 2003). During glacial periods, the displaced populations had to survive along the glacial refugium in a compressed biome, inevitably leading to reduced genetic diversity (Hewitt, 1996, 2000). And as one of the most extensive continental shelves in the Western Pacific, the East China Sea Shelf with a total area of 850 000 km^2 was exposed during the Pleistocene ice ages (Wang, 1999) (Fig. 1). Post-glacial expansion into new territory was suggested to be important in the geographic distribution of population and species genomes (Hewitt, 2000). If an ancestral population and a derived population are compared, the genetic diversity in expected to be higher in the ancestral population (Savolainen et al., 2002). The nucleotide diversities (π) of the samples ranged from 0.016 ±0.009 in the Northern East China Sea population to 0.010 ±0.006 in Northern Yellow Sea population, which was consitent with the postglacial population range expansion from the historic refugium in the basin of East China Sea (Liu et al., 2006a). Similar result was found in the spotted sea bass (*Lateolabrax maculatus*) species with the glacial refugium located in the basin of East China Sea (Liu et al., 2006a). Both past population demographic expansion and geographical range expansion could result in the observed mitochondrial diversity in *L. polyactis*.

4.2 Population genetic structure

Marine fish generally show low levels of genetic differentiation among geographic regions due to higher dispersal potential during planktonic egg, larval, or adult history stages coupled with an absence of physical barriers to movement between ocean basins or adjacent continental margins (Hewitt, 2000). The present DNA analyses of mtDNA control region indicate that *L. polyactis* conforms this pattern with no significant phylogenetic structure or population subdivision. *L. polyactis* spawn pelagic eggs. The same conclusion was drawn for the northern anchovy, *Engratdis moedax* and Pacific sardine, *Sardinops sagax*, two temperate marine fish inhabiting the California Current in the northeast Pacific Ocean (Lecomte et al., 2004). In previous research, Liu (1962) suggested that three wild stocks (North Yellow sea population, South Yellow Sea population and East China Sea population) existed throughout the range of *L. polyactis* based on the species spawning migration routes. Ikeda (1964) found that recruitment phenomenon existed from north to south among the three wild stocks of *L. polyactis* based on the investigation of fishery status. In the present study, the AMOVA conducted on two patterns of gene pools with five formats was used to illustrate the species population genetic structure and showed that most variations existed within populations in both one gene pool and three gene pool pattern (Table 4), and overall Φst value did not differ from zero ($\Phi st = 0.0003$, $P = 0.39$) among the three wild stocks. The conventional population statistic Fst also revealed no significant genetic structure throughout the examined range of *L. polyactis* and detected strong gene flow existed among the populations, which was consistent with previous fishery investigation indicating the recruitment phenomena existed from north to south among the three wild stocks (Ikeda, 1964). The Yellow Sea population could also be recruited by eggs transported from East China Sea to north along the coast under the China Coast Current and subtle flow from Kurosiho Current. Thus, these two tests may imply the species is panmictic throughout its examined range. The results also have important implications for fisheries management of the species. The lack of structure in *L. polyactis* is consistent with a ‘one stock’ management policy.

When managing a species as a resource, the ability to assess population genetic diversity and structure can be a vital tool for maintaining a productive fishery (Seeb et al., 1990). Severe population declines can be recognized by decreased genetic diversity (Lavery et al. 1996b; Glennetal., 1999). Our genetic assessment of *L. polyactis* provides a baseline from which *L. polyactis* populations can be appraised in the future. The present mtDNA analysis of *L. polyactis* gives no evidence for genetic subdivision of *L. polyactis*. It is premature, however, to conclude that *L. polyactis* is composed of a single panmictic stock. In order to have a comprehensive understanding of population genetic structure in *L. polyactis*, and have a further insight into the genetic differentiation of the species, it is necessary to use more sensitive DNA markers (such as microsatellite DNA and AFLP).

5 Acknowledgements

We are grateful to Professors Syuiti Abe to check the content of the paper. Thanks Mr. Nwafili Sylvanus for checking of writing English. The study was supported by State 863 High – Technology R&D Project of China (No. 2006AA09Z418). The National Key Basic Research Program from the Ministry of Science and Technology, P. R. China (No. 2005CB422306) and National Natural Science Foundation of China (30800841).

References

Aris – Brosou S, Excoffier L (1996) The impact of population expansion and mutation rate heterogeneity on DNA sequence polymorphism. Mol. Biol. Evol. 13: 494 – 504.

Avise J (2000) Phylogeography: the History and Formation of Species. Harvard University Press, Cambridge, MA, USA.

Avise JC, Neigel JE, Arnold J (1984) Demographic influences on mitochondrial DNA lineage survivorship in animal populations. J Mol Evol 20: 99 – 105.

Bremer JRA, Mejuto J, Greig TW, Ely B (1996) Global population structure of the swordfish (*Xiphias gladius L.*) as revealed by analysis of the mitochondrial DNA control region. J Exp Mar Biol Ecol 197: 295 – 310.

Buonnacorsi VP, McDowell JR, Graves JE (2001) Reconciling pattern of inter – ocean molecular variance from four classes of molecular markers in blue marlin (*Makaira nigricans*). Mol Ecol 10: 1179 – 1196.

Chang Y, Huang F, Lo T (1994) The complete nucleotide sequence and gene organization of carp (*Cyprinus carpio*) mitochondrial DNA gene. J Mol Evol 38: 138 – 155.

Excoffier L (2004) Patterns of DNA sequence diversity and genetic structure after a range expansion: lessons from the infinite – island model. Mol Ecol 13: 853 – 864.

Excoffier L, Smouse PE, Quattro JM (1992) Analysis of molecular variance inferred from metric distances among DNA haplotypes: Application to human mitochondrial DNA restriction data. Genetics 131: 479 – 491.

Excoffier L (1993) MINSPNET: A Programme for Producing Minimum Spanning Network. Department of Anthropology and Ecology, University of Geneva, Switzerland.

FishBase. http:// www. fishbase. org/home. htm. Accessed in May 2000.

Froese R, Pauly D (2003) Global capture production for *Larimichthys polyactis*. In: FAO Fishery statistic.

FAO, Rome, Italy.

Froese R, Pauly D (2005) Global capture production for *Larimichthys polyactis*. In: FAO Fishery statistic, FAO, Rome, Italy.

Fu YX (1997) Statistical tests of neutrality of mutations against population growth, hitchhiking and background selection. Genetics 147: 915 – 925.

Glenn TC, Stephan W, Braun MJ (1999) Effects of a population bottleneck on whooping crane mitochondrial DNA variation. Conserv Biol 13: 1097 – 1107.

Grant SW, Bowen BW (1998) Shallow population histories in deep evolutionary lineages of marine fishes: insight from sardines and anchovies and lessons for conservation. J Hered 89: 415 – 426.

Harpending RC (1994) Signature of ancient population growth in a low – resolution mitochondrial DNA mismatch distribution. Hum Biol 66: 591 – 600.

Hewitt GM (1996) Some genetic consequences of ice ages, and their role in divergence and speciation. Biol J Linn Soc 58: 247 – 276.

Hewitt GM (2000) The genetic legacy of the Quaternary ice ages. Nature 405: 907 – 913.

Hu CJ, Zhang J (2005) Probe into the relationship between the migrating routes of endemic branch tribles of *Larimichthys polyactis* in the Southern Yellow Sea and the environment. Mar Fish 27: 109 – 112.

Hundertmark KJ, Shields GF, Udina IG, Bowyer RT, Danilkin AA, Schwartz CC (2002) Mitochondrial phylogeography of moose (*Alces alces*): later Pleistocene divergence and population expansion. Mol Phylogenet Evol 22: 375 – 387.

Iguchi K, Tanimura Y, Takeshima H, Nishida M (1999) Genetic variation and geographic population structure of amphidromous ayu *Plecoglossus altivelis* as examined by mitochondrial DNA sequencing. Fish Sci 65: 63 – 67.

Ikeda I (1964) Studies on the Fisheries Biology of the Yellow Croaker in the East China and the Yellow Seas. Seikai Reg Fish Res Lab 31: 1 – 81.

Ishikawa S, Aoyama J, Tsukamoto K, Nishida M (2001) Population structure of the Japanese eel *Anguilla japonica* as examined by mitochondrial DNA sequencing. Fish Sci 67: 246 – 253.

Kimura M, Crow JF (1964) The number of alleles that can be maintained in a finite population. Genetics 49: 725 – 738.

Kocher TD, Thomas WK, Meyer A, Edwards SV (1989) Dynamic of mitochondrial DNA evolution in animals: amplification and sequencing with conserved primers. Pro Natl Acad Sci USA 86: 6196 – 6200.

Lavery S, Moritz C, Fielder DR (1996b) Genetic patterns suggest exponential population growth in a declining species. Mol Biol Evol 13: 1106 – 1113.

Liu XS (1962) The research of small yellow croaker (*Larimichthys polyactis*) geographic race and gonad. Science Press, Beijing, pp 35 – 70.

Liu JX, Gao TX, Yokogawa KJ, Zhang YP (2006a) Differential population structuring and demographic history of two closely related fish species, Japanese sea bass (*Lateolabrax japonicus*) and spotted sea bass (*Lateolabrax maculatus*) in Northwestern Pacific. Mol Phylogenet Evol 39: 799 – 811.

Liu JX, Gao TX, Zhuang ZM, Jin XS, Yokogawa KJ, Zhang YP (2006b) Late Pleistocene divergence and subsequent population expansion of two closely related fish species, Japanese anchovy (*Engraulis japonicus*) and Australian anchovy (*Engraulis australis*). Mol Phylogenet Evol 40: 712 – 723.

Martin AP, Palumbi SR (1993) Body size, metabolic rate, generation time and the molecular clock. Pro Natl Acad Sci USA 90: 4087 – 4091.

Nei M (1987) Molecular Evolutionary Genetics. Columbia University Press, New York.

Posada D, Crandall KA (1998) Modeltest: testing the model of DNA substitution. Bioinformatics 14: 817 – 818.

Ray N, Currat M, Excoffier L (2003) Intra – deme molecular diveraity in spatially expanding populations. Mol Biol Evol 20: 76 – 86.

Rogers AR, Harpending H (1992) Population growth makes waves in the distribution of pairwise genetic difference. Mol Biol Evol 9: 552 – 569.

Rice WR (1989) Analyzing tables of statistical tests. Evolution 43: 223 – 225.

Schneider S, Roessli D, Excoffier L (2000) ARLEQUIN, version 2,000: A Software of Population Genetic Data Analysis. University of Geneva, Geneva.

Schneider S, Excoffier L (1999) Estimation of past demographic parameters from the distribution of pairwise differences when the mutation rates vary among sites: application to human mithochondrial DNA. Genetics 152: 1079 – 1089.

Saitou N, Nei M (1987) The neighbor – joining methods: a new method for reconstructing phylogenetic trees. Mol Biol and Evol 4: 406 – 425.

Swofford DL (2002) PAUP*. Phylogenetic Analysis Using Parsimony (* and other methods), version 4. Sinauer Associates, Sunderland, MA.

Sato A, Takezaki N, Tichy H, Figueroa F, Mayer WE, Klein J (2003) Origin and speciation of Haplochromine fishes in East African crater lakes investigated by the analysis of their mtDNA, Mhc genes, and SINEs. Mol Biol Evol 20: 1448 – 1462.

Sturmbauer C, Baric S, Salzburge W, Rüber L, Verheyen E (2001) Lake level fluctuations synchronize genetic divergences of cichlid fishes in African lakes. Mol Biol Evol 18: 144 – 154.

Slatkin M, Hudson RH (1991) Pairwise comparisons of mitochondrial DNA sequences in stable and exponentially growing populations. Genetics 129: 555 – 562.

Savolainen P, Zhang YP, Luo J, Lundeberg J, Leitner T (2002) Genetic evidence for an East Asian origin of domestic dogs. Science 298: 1610 – 1613.

Seeb LW, Seeb JE, Polovina JJ (1990) Genetic variation in highly exploited spiny lobster *Panulirus marginatus* populations from the Hawaiian Archipelago. Fish Bull 88:713 – 718.

Tajima F (1983) Evolutionary relationship of DNA sequence in finite populations. Genetics 105: 437 – 467.

Tajima F (1989a) Statistical – method for testing the neutral mutation hypothesis by DNA polymorphism. Genetics 123: 585 – 595.

Tamura K, Nei M (1993) Estimation of the number of nucleotide substitutions in the control region of mitochondrial DNA in humans and chimpanzees. Mol Biol Evol 10: 512 – 526.

Tang WQ, Hu XL, Yang JQ (2007) Species validities of *Coilia brachygnathus* and *C. nasus taihuensis* based on sequence variation of complete mtDNA control region. Biodiv Sci 15: 224 – 231.

Tabata K, Taniguchi N (2000) Differences between *Pargus major* and *Pagrus auratus* through mainly mtDNA control region analysis. Fish Sci 66: 9 – 18.

Utter FM (1991) Biochemical genetics and fishery management: an historical perspective. J Fish Bio 39: 1 – 20.

Waples RS (1998) Separating wheat from the chaff: patterns of genetic differentiation in high gene flow species. J Hered 89: 438 – 450.

Wang PX (1999) Response of Western Pacific marginal seas to glacial cycles: paleoceangraphic and sedimentological features. Mar Geol 156: 5 – 39.

Xia YZ, Sheng Y, Chen YY (2006) DNA sequence variation in the mitochondrial control region of lenok (*Branchymystax lenok*) populations in China. Biodiv Sci 14: 48 – 54.

Xu GP, Zhong XM, Ding YP, Liu PT, Tang JH, Xu P (2005) The research on genetic diversity of *Pseudosciaena polyactis* population from the southern part of the Yellow Sea. Mar Sci 29: 34 – 38.

Zhang HY, Cheng JH (2005) Geostatistical analysis on spatial patterns of small yellow croaker (*Larimichthys polyactis*) in the East China Sea. J Fish Sci China 12: 419 – 423.

Zhu D, Jamieson BGM, Hugall A, Moritz C (1994) Sequence evolution and phylogenetic signal in control – region and cytochrome *b* sequences of rainbow fishes (Melanotaenidae). Mol Biol Evol 11: 672 – 683.

Genetic diversity of small yellow croaker *Larimichthys polyactis* revealed by AFLP markers①

Han Zhiqiang[1], Lin Longshan[2], Shui Bonian[1], Gao Tianxiang[1,2]

(1 *Fishery College, Zhejiang Ocean University, Zhoushan.* 316004 *P. R. China*; 2 *The Key Laboratory of Mariculture, Ministry of Education, Ocean University of China, Qingdao* 266003 *P. R. China*)

Abstract: The population genetic structure of small yellow croaker *Larimichthys polyactis* in the Yellow Sea and East China Sea was analyzed using amplified fragment length polymorphism (AFLP). A total of 304 loci were detected by four primer combinations among 53 individuals collected from four locations representing three stocks of small yellow croaker, 231 of which were polymorphic (75.99%). The proportion of polymorphic loci and Nei's genetic distances for four populations ranged from 58.11% to 69.43%, and from 0.107 6 to 0.133 1. AMOVA analysis and pairwise F_{ST} revealed significant genetic differentiation among four samples, supporting separate stocks in this species and endemic branch tribes in South Yellow Sea stock. The UPGMA tree also revealed the significant geographic structure in this species. Pattern of isolation by distance was observed in this species, indicating that significant genetic differentiation among localities of small yellow croaker was mainly due to the geographic distance. Besides geographic distance, the migratory behavior might be another factor, which influences the genetic structure of this species.

Key words: *Larimichthys polyactis*, small yellow croaker, genetic structure, AFLP

1 Introduction

Understanding fish stock structure is an important component of successful and sustainable long-term management and has attracted considerable interest, because of a fundamental interest in biotic evolution (Tudela et al., 1999). Determination of population genetic structure provides essential information to underpin resource recovery and to aid in delineating and monitoring populations for fishery management. Failure to detect population units can lead to local over-fishing and ultimately to severe declines (Zhang et al., 2006). Molecular genetic techniques offer the ability to identify and delineate fish stock structure where it may not be apparent from phenotypic or behavioural characteristics. Such techniques have been used successfully to understand the structure of marine fish species (Liu et al., 2006; Han et al., 2008a).

---

① 原文刊载于"African Journal of Agricultural Research, 2009, 4(7): 605-610."

The small yellow croaker, *Larimichthys polyactis* (Bleeker), is a benthopelagic fish species of family Sciaenidae that inhabits coastal waters and estuaries (Zhu et al., 1963). Extensively distributed in the Bohai Sea, Yellow Sea and the East China Sea, *L. polyactis* has supported a major fishery for decades in China and Korea. Global capture production for *L. polyactis* reached 320 thousand metric tons in 2000 (Seikai National Fisheries Research Institute, 2001). After extensive commercial exploitation, the biomass of small yellow croaker continuously declined, and is now considered over – exploited (Yan et al., 2006). Therefore, measures are being taken by the Chinese government and scientific community to restore its resource and prevent against future over – exploitation.

The small yellow croaker spawn pelagic eggs and breeding grounds of the species always located in estuaries and coastal waters. The species spawn eggs in East China Sea from March to April, but in May in Yellow Sea and Gulf of Bohai Sea (Lin, 1962; Liu, 1962; Seikai National Fisheries Research Institute, 2001). In previous studies, Liu (1962) and Ikeda (1964) believed that three wild stocks or tribes existed throughout the range of *L. polyactis* based on the investigation of this species' routes of breeding migration and morphological data. Understanding genetic structure is important for the management and conservation of exploited species. However, whether these stocks are independent biological units has not been investigated genetically until recently.

Amplified fragment length polymorphism (AFLP) analysis (Vos et al., 1995) is a PCR – based multilocus fingerprinting technique that combines the strengths and overcomes the weaknesses of PCR – RFLP and RAPD – PCR. AFLP analysis has been used for indirect examination of levels of genetic diversity in several species (Liu et al., 2005; Chen et al., 2005; Kim et al., 2007). The major strengths of the AFLP method include simultaneous screening of a large number of polymorphic loci, high reproducibility due to high stringency of PCR, and relative cost effectiveness (Liu and Cordes, 2004). Moreover, it does not require any prior molecular information about sequences under investigation and is thus especially applicable to species in which the genome sequences are not well characterized, like small yellow croaker. For any species, the success of conservation programs and the creation of effective management policies depend on determining the levels of genetic divergence within and between populations and developing strategies to maintain genetic diversity. Because small yellow croaker is an important commercial fish species, confirmation of whether or not it is a single stock in the East China Sea and Yellow Sea or whether different genetic stocks occur in over its wide distribution would represent a great contribution to conservation policies and population management. The objectives of this study are determination of genetic diversity and intraspecific population differentiation of small yellow croaker in the East China Sea and Yellow Sea using AFLP analysis for which no data are available at present.

Table 1 Parameters of genetic diversity for populations of small yellow croaker

Locations	n	Date of collection	Coordinates	Number of loci	Number of polymorphic loci	Proportion of polymorphic loci	Nei's genetic diversity
A	18	May 2005	122°30′E 36°10′N	265	184	69.43%	0.133 1
B	13	May 2005	124°30′E 33°01′N	250	165	66.00%	0.124 3
C	12	April 2005	122°50′E 31°40′N	222	129	58.11%	0.107 6
D	10	April 2005	124°00′E 30°30′N	236	151	63.98%	0.116 6

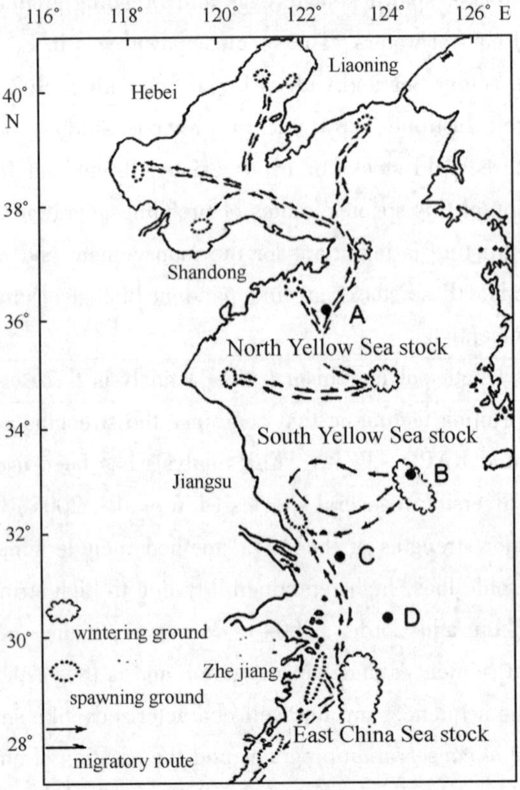

Fig. 1 Sample sites and migration routes for small yellow croaker. Three fishery stocks were also shown in the map. The migration routes for small yellow croaker were following Liu (1962).

2 Material and Method

2.1 Sampling

Fifty three individuals of small yellow croaker were collected from four geographic locations (A to D) from the East China Sea and Yellow Sea from April 2005 to May 2005 (Fig. 1; Table 1) by the Yellow Sea Fisheries Research Institute through trawl net surveys. According to Liu et al (1962), location A belongs to North Yellow Sea stock, B and C belong to the South Yellow Sea stock; while D belongs to East China Sea stock. The whole fish was frozen and shipped to the Ocean University of China. Muscle samples were obtained and preserved in 95% ethanol or frozen for DNA extraction after specimen identification and morphological measure.

2. 2 AFLP analysis

Genomic DNA was isolated from muscle tissue by proteinase K digestion followed by a standard phenol - chloroform method (Sambrook et al., 1989). DNA was subsequently re-suspended in 100 μL of TE buffer (10 mmol/L Tris - Cl, 1 mmol/L EDTA, PH = 8.0). Procedures of AFLP were essentially based on Vos et al. (1995) and Wang et al. (2000). PCR products were run on 6.0 % denaturing polyacrylamide gel electrophoresis (PAGE) for 2.5 h at 50℃ on the Sequi - Gen GT Sequencing Cell (Bio - Rad, USA), and finally detected using the silver staining technique modified from Merril et al. (1979). Sequences of AFLP adapters and primers are listed in Table 2. Four primer combinations (E - ACT/M - CAA, E - ACG/M - CAC, E - ACT/M - CTT and E - ACG/M - CAA) were chosen for AFLP analysis (Table 2).

Table 2 Adaptor and primer sequences used in AFLP analysis

Primer	Sequence
Adapters	
EcoRI - adapter	5' - CTCGTAGACTGCGTACC - 3'
	5' - AATTGGTACGCAGTCTAC - 3'
MseI - adapter	5' - GACGTGAGTCCTGAG - 3'
	5' - TACTCAGGACTCAT - 3'
Pre - amplification primer	
EcoRI	5' - GACTGCGTACCAATTC - 3'
MseI	5' - GATGAGTCCTGAGTAA - 3'
Selective amplification primer	
E - ACT/M - CAA	5' - GACTGCGTACCAATTCACT - 3' 5' - GATGAGTCCTGAGTAACAA - 3'
E - ACG/M - CAC	5' - GACTGCGTACCAATTCACG - 3' 5' - GATGAGTCCTGAGTAACAC - 3'
E - ACT/M - CTT	5' - GACTGCGTACCAATTCACT - 3' 5' - GATGAGTCCTGAGTAACTT - 3'
E - ACG/M - CAA	5' - GACTGCGTACCAATTCACG - 3' 5' - GATGAGTCCTGAGTAACAA - 3'

AFLP bands were scored for presence (1) or absent (0), and transformed into 0/1 binary character matrix. Proportion of polymorphic loci, Nei's genetic diversity and Shannon diversity index were calculated by POPGEN. Similarity indices were calculated using the formula $S = 2Nab/(Na + Nb)$, genetic distances between individuals were computed using the formula $D = -\ln S$ (Nei and Li 1979). Genetic relationships among populations were estimated by constructing UPGMA tree based on Nei's genetic distance (Nei, 1978) in Mega 3.0. Population structure of small yellow croaker was investigated using the molecular variance software package (AMOVA) and F-statistics in ARLEQUIN 2.000. To test for isolation by distance (Slatkin, 1993), pairwise values of $F_{ST}/(1-F_{ST})$ were plotted against geographical distance (one-dimensional stepping-stone model) between sample sites of small yellow croaker. The strength and significance of the relationship between genetic distances and geographic distances was assessed using reduced major axis regression and Mantel tests.

3 Results

A total of 304 loci were detected by the four primer combinations, 231 of which were polymorphic (75.99%, Table 3). The average number of bands scored per primer pair was 76, ranging from 57 to 104. The number of polymorphic loci amplified by each primer combination over all populations ranged from 42 to 83, with the average of 57.75 polymorphic loci per prime combination (Table 3).

Table 3 Number of bands generated by primer combinations

	E-ACT/ M-CAA	E-ACG/ M-CAC	E-ACT/ M-CTT	E-ACG/ M-CAA	Total
Number of loci	104	57	73	70	304
Number of polymorphic loci	83	42	47	59	231
Proportion of polymorphic loci	79.81%	73.68%	64.38%	84.29%	75.99%

The population with the highest proportion of polymorphic loci (69.43%) was population A, whereas that with the lowest value was population C, in which the proportion of polymorphic loci and number of polymorphic loci was 58.11% and 129, respectively. The population with the highest Nei's genetic diversity was also A population, with a value of 0.1331, the lowest Nei's genetic diversity was found in C population, only with a value of 0.1076 (Table 1).

According to AMOVA analysis, overall genetic differentiation among small yellow croaker from the four populations was small but significant ($F_{ST} = 0.0422$, $P < 0.001$), suggesting significant genetic differentiation among localities. Moreover, pairwise F_{ST} values among populations were also significant ($P < 0.05$), ranging from 0.0303 to 0.0675 (Table 4). These analyses indicated that several distinct populations of small yellow croaker existed in the East China Sea and Yellow Sea. Additionally pairwise F_{ST} analysis indicated the largest genetic difference among populations existed in locations A and D ($F_{ST} = 0.0675$, $P < 0.01$), whereas the difference between B and C was the smallest (F_{ST} =0. 0303 , P <0. 01). Nei's genetic distance analysis also suggested that populations A and D were the most different genetically (D = 0. 0229) , whereas the most similar populations were B and C (D =0. 0093) (Table 4).

Table 4 Nei's genetic distance (above) and pairwise F_{ST} (below) between populations

	A	B	C	D
A		0. 012 8	0. 014 6	0. 022 9
B	0. 036 1 *		0. 009 3	0. 013 9
C	0. 042 5 *	0. 030 3 *		0. 011 7
D	0. 067 5 *	0. 036 5 *	0. 033 5 *	

* significant P <0. 05.

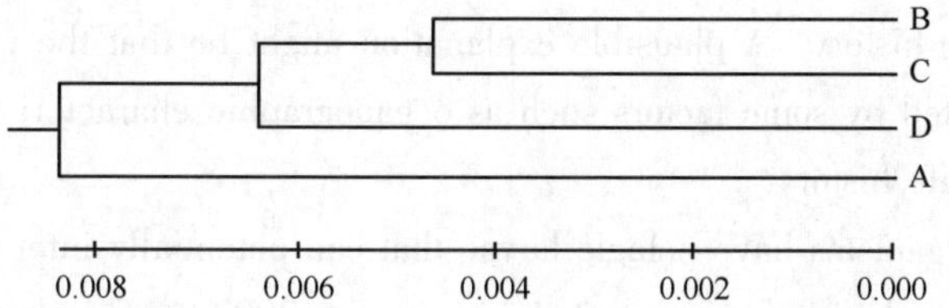

Fig. 2 UPGMA cluster analysis based on Nei's genetic distances among four populations

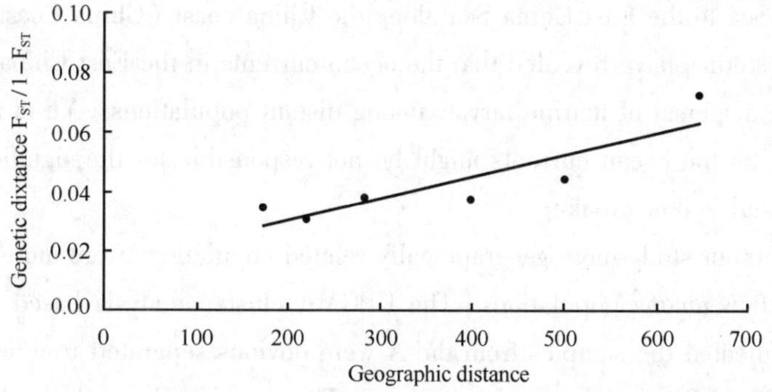

Fig. 3 Plot of pairwise estimates of $F_{ST}/(1-F_{ST})$ and geographic distance between samples of small yellow croaker.

Further, cluster analysis placed populations B, C and D in a group, while population A as another group (Fig. 2). Among sample sites for small yellow croaker, a Mantel test indicated a significant relationship (P =0. 007 , r =0. 88) between $F_{ST}/(1-F_{ST})$ and geographic distance indicating isolation by distance (Fig. 3), with geographic distance explaining 88% of the variation in genetic differentiation for species.

4 Discussion

Analysis of genetic diversity and population differentiation is essential for genetic research of various organisms. Marine fish generally show low levels of genetic differentiation among geographic regions due to higher dispersal potential during planktonic egg, larval, or adult history stages coupled with an absence of physical barriers to movement between ocean basins or adjacent continental margins (Hewitt, 2000). However, the present study provided the molecular evidence for the existence of separate small yellow croaker stocks in the East China Sea and Yellow Sea, as the F_{ST} values among four populations were all significant ($P < 0.001$). The AMOVA analysis also supported the significant differentiation among populations of small yellow croaker. The causes of differentiation in marine organisms are not well understood. In marine environments, the geographic structure of populations may be affected by local conditions and species life history. A plausible explanation might be that the gene exchange among populations was limited by some factors such as oceanographic characteristics, geographic distance, and species life history.

Many marine organisms have pelagic larvae that can potentially interconnect distant populations through dispersal on ocean currents (Liu et al., 2007). The dean current circulation between the Yellow and the East China seas consists of inflow from the East China Sea to the Yellow Sea along the west coast of Korea (Yellow Sea Warm Current), and outflow of water from the Yellow Sea to the East China Sea along the China coast (China Coastal Current) (Li 2000). Previous studies have revealed that the ocean currents in the East China Sea and Yellow Sea facilitate the dispersal of marine larvae among distant populations (Yu et al., 2005; Han et al., 2008b). So the ocean currents might be not responsible for the significant genetic differentiation in small yellow croaker.

Generally, in our study more geographically related populations were more genetically similar due to gene flow among populations. The UPGMA cluster analysis based on the Nei's genetic distance indicated the samples from the A were obvious separated from other sites, while populations B, C and D were clustered in a group. The pairwise F_{ST} analysis also indicated that a significant difference existed in population A and other three subpopulations ($P < 0.001$). Therefore, the population A was more different genetically from other populations. To further investigate the correlation between the geographic distance and genetic distance, the isolation by distance test (Slatikin, 1993) was conducted in this study. The plot of $F_{ST}/(1 - F_{ST})$ and geographic distance revealed a strong pattern of isolation by distance in this species, indicating that population subdivision among localities of small yellow croaker was mainly due to the geographic distance (88%). Marine environments are often seen as open habitats in which isolation by distance is the main mechanism that may promote genetic differentiation among populations. Patterns of isolation by distance are often established over long periods through equilibrium between gene flow and drift (Slatkin, 1993). Isolation by distance in small yellow croaker indicated this species is at genetic equilibrium under dispersal and genetic drift.

Besides geographic distance, the migratory behavior including the different migration routes and different over – wintering grounds, and different mating period in the East China Sea and Yellow Sea might also be responsible for the significant genetic differentiation among populations of small yellow croaker. In previous study, three stocks (North Yellow Sea stock, South Yellow Sea stock and East China Sea stock) were identified throughout the range of small yellow croaker based on the species breeding migration routes and over – wintering grounds (Liu, 1962). The over – wintering ground for North Yellow Sea stock is located in 33°30′ ~ 35°30′N, 127°00′ ~ 125°00′E; in March, the adults migrate from the over – wintering ground north to the Haizhou Bay, Laizhou Bay, Bohai Bay for spawning. For South Yellow Sea stock, the over – wintering ground is located in 32°00′ ~ 34°00′N, 123°00′ ~ 126°00′E; the adults migrate from this over – wintering ground west to Yangtze Rivers estuary for spawning in March, the migration distance is no longer 300 sea miles. The southern coastal waters of Zhejiang Province is the over – wintering ground for the East China Sea stock, the Zhoushan archipelago is the main spawning areas for this stock (Table 1; Seikai National Fisheries Research Institute, 2001). Our results were partly consistent with this previous study, supporting at least three stocks in small Yellow croaker. However, the significant genetic differention between locations B and C might supported that there were endemic branch tribes of *L. polyactis* in South Yellow Sea stock. Hu et al. (2005) reported that there were four endemic branch tribes of *L. polyactis* in the South Yellow Sea stock, supporting our results. These migration behaviors might predispose small yellow croaker to genetic structuring along its geographical distribution, although the species showed strong larval dispersal ability.

Genetic analysis of fish species in the East China Sea and Yellow Sea is still few in number, which can be used for comparison to our present study. Genetic study on the *Nibea albiflora* revealed no significant genetic structure in China coastal waters by mtDNA and AFLP markers, suggesting high gene flow among populations (Han et al., 2006; Han et al., 2008b). The dean currents in the East China Sea and Yellow Sea were responsible for the lack of genetic structure in *N. albilfora*. A study on the redlip mullet, *Chelon haematocheilus* in the Northwestern Pacific, found no significant genetic structure between the Yellow and the East China seas, although there were significant genetic differences between the three marginal seas of Northwestern Pacific (the Sea of Japan, East China Sea, and South China Sea) (Liu et al., 2007). Recent range expansion and insufficient time to attain migration – drift equilibrium were reasons for the lack of phylogeographical structure in redlip mullet. However, similar to our study, AFLP analysis of Japanese Spanish mackerel *Scomberomorus niphonius* in China coastal waters also revealed significant genetic differentiation among populations in the East China Sea and Yellow Sea (Shui et al., 2008). The explanation for significant genetic differentiation in this species might result from migration behavior. MtDNA analysis of white croaker *Pennahia argentata* in the East China Sea and Yellow Sea revealed two geographic groups, with the similar geographic distribution of small yellow croaker (Han et al., 2008c). This geographic structure of white croaker was partly due to the biological characteristics of this species.

Although sample size from each geographic site in this study was limited, specimens were collected from different geographic stocks. This might be sufficient to generate the preliminary data on genetic diversity and population differentiation of small yellow croaker in the East China Sea and Yellow Sea. Moritz (1994) proposed the concept of a management unit (MU), which was defined as a conservation unit that had statistically significant divergence in allele frequencies (nuclear or mitochondrial). Therefore, the small yellow croaker in the Yellow Sea and East China Sea should be considered to be at least four management units, which provides a guideline for further effective conservation and management of the species, and would help greatly in understand.

5 ACKNOWLEDGMENTS

This work was supported by the National Key Technologies R&D Program (2007BAD43B03), State 863 High – Technology R&D Project of China (2006AA09Z418) and the National Key Basic Research Program from the Ministry of Science and Technology, P. R. China (Grant no. 2005CB422306).

Reference

Chen D, Zhang C, Lu C, Chang Y, Chang J (2005). Amplified fragment length polymorphism analysis to identify the genetic structure of the *Gymnocypris przewalskii* (Kessler, 1876) population from the Qinghai Basin, China. J. Appl. Ichthyol. 21: 178 – 183.

Han ZQ, Li YZ, Chen GB, Gao TX (2008a). Population genetic structure of coral reef species *Plectorhinchus flavomaculatus* in South China Sea. Afr. J. Biotechnol. 7:1774 – 1781.

Han ZQ, Gao TX, Yanagimoto T, Sakurai Y (2008b). Genetic population structure of *Nibea albiflora* in Yellow Sea and East China Sea. Fish. Sci. 74: 544 – 552.

Han ZQ, Gao TX, Yanagimoto T, Sakurai Y (2008c). Deep phylogeographic break among white croaker *Pennahia argentata* (Sciaenidae, Perciformes) populations in North – western Pacific. Fish. Sci. 74: 770 – 780.

Han ZQ, Gao TX, Wang ZY, Zhuang ZM, Su TF (2006). Analysis of genetic diversity of *Nibea albiflora* by AFLP markers. J. Fish. China 30: 640 – 646.

Hewitt GM (2000). The genetic legacy of the Quaternary ice ages. Nature 405: 907 – 913.

Hu CJ, Zhang J (2005). Probe into the relationship between the migrating routes of endemic branch tribles of *Larimichthys polyactis* in the Southern Yellow Sea and the environment. Mar. Fish. 27:109 – 112.

Ikeda I (1964). Studies on the Fisheries Biology of the Yellow Croaker in the East China and the Yellow Seas. Seikai. Reg. Fish. Res. Lab. 31: 1 – 81.

Kim JK, Kai Y, Nakabo T (2007). Genetic diversity of *Salanx ariakensis* (Salangidae) from Korea and Japan inferred from AFLP. Ichthyol. Res. 54: 416 – 419.

Li NS, Zhao SL, Wasiliev B (2000) Geology of Marginal Sea in the Northwest Pacific. Heilongjiang Education Press, Harbin.

Lin XZ (1964). The study on biological measurement of population of small yellow croaker. In: The Proceedings of Marine Fisheries Resources. Agriculture Press, Beijing.

Liu JX, Gao TX, Zhuang ZM, Jin XS, Yokogawa K, Zhang YP (2006). Late Pleistocene divergence and subsequent population expansion of two closely related fish species, Japanese anchovy(*Engraulis japonicus*) and *Australian anchovy*(Engraulis australis). Mol. Phylogenet. Evol. 40: 712 –723.

Liu JX, Gao TX, Wu SF, Zhang YP (2007). Pleistocene isolation in the Northwestern Pacific marginal seas and limited dispersal in a marine fish, *Chelon haematocheilus*(Temminck & Schlegel, 1845). Mol. Ecol. 16:275 –288.

Liu JZ, Cordes JF (2004). DNA marker technologies and their applications in aquaculture genetic. Aquaculture 238: 1 –37.

Liu XS (1962). The research of small yellow croaker (*Larimichthys polyactis*) geographic race and gonad. Science Press, Beijing.

Liu YG, Chen SL, Li BF, Wang ZJ, Liu ZJ (2005). Analysis of genetic variation in selected stocks of hatchery flounder, *Paralichthys olivaceus*, using AFLP markers. Biochem. Syst. Ecol. 33: 993 –1005.

Merril CR, Switzer RC, Van Keuren ML (1979). Trace polypeptides in cellular extracts and human body fluid detected by two – dimensional electrophoresis and a highly sensitive silver stain. Proc. Natl. Acad. Sci. USA 76: 4335 –4339.

Moritz C (1994). Defining “evolutionary significant units” for conservation. Trends Ecol. Evol. 9: 373 –375.

Nei M (1978). Estimation of average heterozygosity and genetic distance from a small number of individuals. Genetics 89: 583 –590.

Nei M, Li WH (1979). Mathematical model for studying genetic variation in terms of restriction endonucleases. Proc. Natl. Acad. Sci. USA 76: 5269 –5273.

Sambrook J, Fritsch EF, Maniatis T (1989). Molecular Cloning: A Laboratory Manual, 2nd edn. Cold Spring Harbor Laboratory Press, Cold Springs Harbor, New York.

Seikai National Fisheries Research Institute (2001). Biological and Ecological Characteristics of Valuable Fisheries Resources from the East China Sea and the Yellow sea – Comparison between the Chinese and Japanese Knowledges. Seikai National Fisheries Research Institute, Nagasaki.

Shui BN, Han ZQ, Gao TX, Miao ZQ (2008). Genetic structure of Japanese Spanish mackerel *Scomberomorus niphonius* in the East China Sea and Yellow Sea inferred from AFLP data. Afr. J. Biotechnol. 21: 3860 –3865.

Slatkin M (1993). Isolation by distance in equilibrium and non – equilibrium populations. Evolution 47: 264 –279.

Tudela S, Garca – Marn JL, Pla C (1999). Genetic structure of the European anchovy, *Engraulis encrasicolus*, in the north – west Mediterranean. J. Exp. Mar. Biol. Ecol. 234: 95 –109.

Wang Z, Jayasankar P, Khoo SK (2000). AFLP fingerprinting reveals genetic variability in common carp stocks from Indonesia. Asian Fish. Sci. 13: 139 –147.

Vos P, Hogers R, Bleeker M, Reijans M,(1995). AFLP: a new technique for DNA fingerprinting. Nucleos. Acids. Res. 23: 4407 – 4414.

Yan LP, Hu F, Ling JZ, Li SF (2006). Study on age and growth of *Larimichthys polyactis* in the East China Sea. J. Ocean Univ. Chin. 36:95 –100.

Yu ZN, Kong XY, Guo TH, Jiang YY, Zhuang ZM, Jin XS (2005). Mitochondrial DNA sequence variation of Japanese anchovy *Engraulis japonicus* from the Yellow Sea and East China Sea. Fish. Sci. 71:

299 – 307.
Zhang JB, Cai ZP, Huang LM (2006). Population genetic structure of crimson snapper *Lutjanus erythropterus* in East Asia, revealed by analysis of the mitochondrial control region. ICES J. Mar. Sci. 63: 693 – 704.
Zhu YD, Luo YL, Wu HL (1963). A Study on the Classification of the Sciaenoid Fishes of China, with Description of New Genera and Species. Shanghai Sci. Tech. Pub. Shanghai.

New evidence to genetic analysis of small yellow croaker (*Larimichthys polyactis*) with continuous distribution in China①

Li Yuan, Han Zhen, Song Na, Gao Tianxiang

(*Institute of Evolution and Marine Biodiversity, Ocean University of China, Qingdao* 266003, *P. R. China*)

Abstract: The genetic diversity and population structure of the small yellow croaker (*Larimichthys polyactis*) were investigated based on seven microsatellite markers. Two hundred and twenty – six individuals were collected from ten locations from the Bohai Sea, The Yellow Sea and the East China Sea. Relatively high genetic variation (He = 0.826 ~ 0.873) and very low genetic differentiation (F_{ST} = 0.001 ~ 0.029) between populations were checked, which were attributed by high mutation rate, large population size, wide distribution and diverse habitats. *L. polyactis* had not undergone recent genetic bottleneck events, which was supported by Wilcoxon signed – rank test and mode – shift indicator of allele frequency distribution. UPGMA tree revealed that the cluster results had no connection with isolation by distance. The knowledge on genetic diversity and population structure will be crucial to establish appropriate fishery management stocks for the species.

Key word: *Larimichthys polyactis*, Genetic diversity, Population structure, Bottleneck, Microsatellite

1 Introduction

The small yellow croaker (*Larimichthys polyactis*) is a benthopelagic fish species of family Sciaenidae, which is widely distributed in the Bohai Sea, The Yellow Sea and the East China Sea of the Northwest Pacific Ocean. This fish was an important economic fisheries resource and had supported a major fishery for decades in China, Korea and Japan. Because of high fishing pressure, the biomass of small yellow croaker had severely declined since 1970s and was considered over – exploited (Zhu et al., 1963; Yan et al., 2006). Many measures had been taken by Chinese government and scientific communities to restore its resource and avoid overfishing since 1990s. In 2000, the annual captured amount of *L. polyactis* reached 320 thousand metric tones (Seikai National Fisheries Research Institute, 2001). However, population

① 原文刊载于"Biochemical Systematics and Ecology, 2013,50:331 – 338."

fluctuations of *L. polyactis* were characterized with individual miniaturization, domination of low age groups, increases in growth parameters but decreases in approximate length and weight (Lin, 2004).

Understanding fish stock structure is an important component of successful and sustainable long – term management and has attracted considerable interest, because of a fundamental interest in biotic evolution (Tudela et al., 1999). From a management perspective, an accurate definition of population genetic structure can provide essential information to underpin resource recovery and to aid in delineating and monitoring populations for fishery management. Failure to detect population units can lead to local overfishing and ultimately to severe declines (Xiao et al., 2009). Most researches of *L. polyactis* were focused on morphology, biology, physiology and resources (Lin and Cheng, 2004; Hu and Zhang, 2005; Yan et al., 2006; Xu and Chen, 2009; Lin, 2010). However, some information could be found about population genetics of this species at present (Meng et al., 2003; Xiao et al., 2009; Han et al., 2009; Zheng et al., 2012).

Microsatellites were a type of nuclear genetic marker and can give insights into contemporary levels of gene flow. They were inherited co – dominantly in a Mendelian manner and had been used successfully for the accurate evaluation of population genetic differentiation and for monitoring the genetic diversity of marine organisms (Cárdenas et al., 2009; Baggiano et al., 2011; Liu et al., 2012; Zeng et al., 2012). In this study, seven microsatellite molecular markers was employed to analyze ten *L. polyactis* populations collected from the Bohai Sea, Yellow Sea and the East China Sea for two primary objectives: (i) to characterize the genetic diversity at microsatellite loci; and (ii) to assess intraspecific population structure along coastal areas in China. This information could provide sound genetic data for the reasonable conservation policies and population managements for *L. polyactis*.

2 Material and methods

2.1 Sampling and DNA extraction

Tissue samples from 226 *L. polyactis* adults were collected in 2005—2009 at ten locations from the Bohai Sea, The Yellow Sea and the East China Sea through trawl net surveys (Fig. 1). Among those samples, 24 were from BLA (40°15′N, 121°45′E, October in 2007), 24 were from BLB (39°45′N, 120°45′E, October in 2007), 16 were from DY (37°45′N, 119°15′E, September in 2009), 24 were from WH (37°20′N, 123°20′E, September in 2009), 20 were from QD (36°00′N, 120°30′E, September in 2009), 24 were from SYA (35°19′N, 122°00′E, October in 2007), 24 were from SYB (33°58′N, 123°30′E, October in 2007), 23 were from SYC (31°45′N, 124°05′E, May in 2005), 23 were from NEA (28°30′N, 122°30′E, September in 2007), 23 were from NEB (28°30′N, 123°00′E, September in 2007). The whole fishes were frozen and shipped to Ocean University of China. Muscle samples were obtained and preserved in 95% ethanol or frozen for DNA extraction after specimen identification and morphological measure. Total genomic DNA was extracted followed by the standard phenol – chloroform technique. Extracted DNA was checked using 1.5% agarose gel electrophoresis and then stored at −20℃ for PCR amplification.

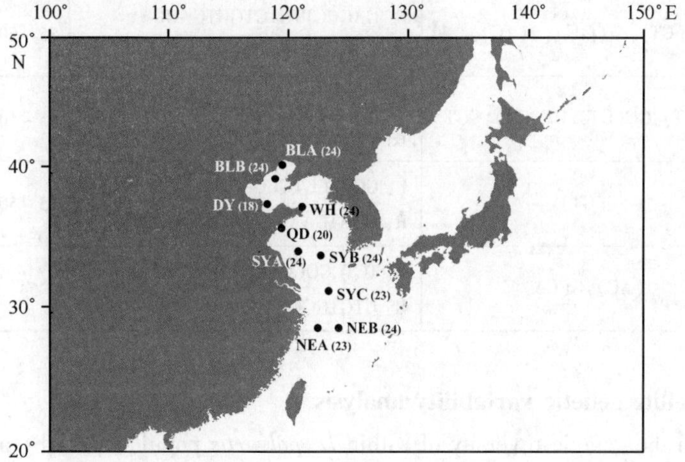

Fig. 1 Sample sites of *L. polyactis*

2.2 Amplification of microsatellite loci

Seven polymorphic microsatellite markers were employed for this study (Zheng et al., 2006; Wu et al., 2011) (Table 1). Polymerase chain reaction (PCR) was performed in 10 μl volume containing 60 ng DNA, 1 × PCR buffer, 0.1 μM each primer set, 0.25 mM dNTP mix, 1.5 mM $MgCl_2$, 0.5 unit of Taq DNA polymerase. The amplification was carried out by thermal cycler. The PCR condition involved denaturing at 95℃ for 5 min, and then followed by 30 cycles of 30 s at 95℃, 30 s at annealing temperature 50 ~ 55℃, 30 s at 72℃ and final extending for 10 min at 72℃. The PCR products were separated via electrophoresis on 6% denatured polyacrylamide gels. The fragments were visualized by silver staining (Wu et al., 2011), and we found the use of the 10 bp allelic ladder to be essential for accurate and consistent scoring.

Table 1 Information for seven microsatellite loci and primers of *L. polyactis* in this study

Locus	Motif	Primer sequence (5' – 3')	T (℃)	GenBank Accession NO.
LYC0008	$(GT)_{11}$	F: GAAACAATAGCTCGCTCCTG R: GACTCTGCCAGCACATTAGTG	55 ~ 50	EF372243
LYC0010	$(TG)_{19}$	F: GTCTCAGCTGACTCCTGCTTC R: ATGGCTCTAAACATGGTAGG	55	EF372245
LYC0013	$(GT)_{28}$	F: GCTGCGAGCTACTTTACTCAT R: AACTCACAAACATGCAC	50	EF372248

To be continued

Locus	Motif	Primer sequence (5' - 3')	T (℃)	GenBank Accession NO.
LYC0016	$(GT)_3 \cdots (GT)_{11}A(TG)_4$	F: GAGCCTTGTGTGGTGAGCA R: GAAAACCCAGACCGTATTGT	55 ~ 50	EF372251
LYC0018	$(GT)_6GC(GT)_5CT(GT)_4GGT$	F: CTGAGACCATGTGAGCAGTT R: GTGACCCAGTCCATGAGAAC	55 ~ 50	EF372253
LYC0024	$(GT)_7$	F: GGCTCGTGCCAGCAGGG R: GTATGAAGAACATGTGCAGT	55 ~ 50	EF372259
LYC0406	$(AC)_7G(CA)_8$	F: TCTCGGGCAAATTGGTTT R: CTGTGGGCAGGAAGAAAA	54	CX348392

2.3 Microsatellite genetic variability analysis

To examine the genetic diversity of within *L. polyactis* populations, the number of alleles (*NA*), observed heterozygosity (*Ho*) and expected heterozygosity (*He*) were obtained for each locus from each population by POPGENE 1.32 (Yeh et al., 2000). Polymorphism Information Content (*PIC*) was calculated by MS tools. Deviations from the Hardy - Weinberg equilibrium (HWE) and linkage disequilibrium of each locus within each site were checked by GENEPOP 3.4 (Raymond and Rousset, 1995). The null alleles in each population were presented by Micro - Checker 2.2.3 (Van Oosterhout et al., 2004). FSTAT 2.9.3 (Goudent, 2001) was used to calculate the value of allelic richness (*AR*) and assess the values of F_{ST}. Bottleneck 1.2.02 program (Piry et al., 1999) was used to detect the evidence of recent bottleneck events under three different mutation models: the infinite allele model (IAM), stepwise mutation model (SMM) and two - phase mutation model (TPM), where 95% single - step mutations and 5% multiple steps mutations with 1000 simulation iterations were set as recommended (Zeng et al., 2012). We also proposed a graphical descriptor of the shape of the allele frequency distribution (mode shift indicator) which could differentiate between bottlenecked and stable populations (Luikart et al., 1998). To assess the population structure, comparisons of genetic structure between and within populations were undertaken by the analysis of molecular variance (AMOVA) in ARLEQUIN 3.1 (Excoffier et al., 2005). In addition to a one gene pool analysis, the AMOVA analysis was also carried out with four groups according to the geographical distance. The UPGMA tree was constructed by MEGA 4.0 (Tamura et al., 2007) based on the DA genetic distance, which was computed by DISPANA (Nei et al., 1983). STRUCTURE 2.2 (Pritchard et al., 2000) was employed to detect the possibility of cryptic population structure of the small yellow croaker. The program was run for 1,000,000 Markov Chain Monte Carlo (MCMC) repeats after an initial burn - in period of 100,000 interactions from $K = 1 - 9$ under an admixture model with correlated allele frequencies among the populations. Each K was calculated from ten independent runs. The *ad hoc* estimated likelihood of $K(\Delta K)$ was used to determine the most likely number of populations (K) based on the rate of change in the log probability of the data [Ln Pr(X/K)].

3 Results

3.1 Genetic diversity

A total of 178 alleles were detected from 226 individuals of *L. polyactis* from ten populations and genotyped by seven microsatellite loci. The number of alleles ranged from 12 (LYC0018) to 47 (LYC0013) and the number of alleles in ten populations ranged from 3 (WH - LYC0018) to 23 (SYC - LYC0013), respectively. The mean AR value of NEA population was the highest (10.640) and the lowest in WH population (9.429). The expected heterozygosity (*He*) ranged from 0.826 (WH) to 0.873 (SYA) and the observed heterozygosity varied from 0.601 (QD) to 0.738 (NEB) on average. Within populations, the mean *He* was consistently higher than the mean *Ho* across all loci (Table 2), which suggested a deficit of heterozygosity among the individuals. The *PIC* values ranged from 0.399 to 0.946 (Table 2), which suggested high genetic diversity (*PIC* >0.5, Botstein et al., 1980).

Table 2 Genetic diversity indices for seven microsatellite loci in *L. polyactis*

Loci	Parameter	BLA	BLB	DY	WH	QD	SYA	SYB	SYC	NEA	NEB
LYC0008	NA	16	17	15	13	12	21	16	15	15	15
	He	0.934	0.926	0.949	0.924	0.910	0.935	0.930	0.940	0.937	0.921
	Ho	1.000	0.958	0.667	1.000	0.800	0.958	1.000	0.955	0.913	0.955
	PIC	0.909	0.901	0.912	0.897	0.877	0.910	0.904	0.913	0.911	0.892
	AR	12.616	12.919	13.642	11.077	10.423	13.978	12.556	12.702	12.410	11.722
	Fis	-0.072	-0.035	0.305	-0.084	0.124	-0.025	-0.077	-0.016	0.026	-0.038
LYC0010	NA	18	19	18	17	20	22	17	16	17	25
	He	0.930	0.946	0.958	0.910	0.962	0.962	0.941	0.952	0.948	0.970
	Ho	0.818	0.864	1.000	0.900	0.842	0.952	0.950	0.882	1.000	0.955
	PIC	0.902	0.920	0.919	0.878	0.933	0.936	0.912	0.919	0.917	0.946
	AR	13.086	14.308	16.123	12.559	15.751	16.275	13.306	13.979	13.829	17.355
	Fis	0.123	0.089	-0.046	0.012	0.127	0.01	-0.01	0.075	-0.057	0.017
LYC0013	NA	22	20	13	17	16	17	22	23	19	19
	He	0.965	0.957	0.946	0.943	0.920	0.948	0.956	0.959	0.954	0.946
	Ho	0.909	1.000	0.750	0.933	0.867	0.955	0.826	0.842	0.850	0.889
	PIC	0.940	0.931	0.899	0.905	0.882	0.921	0.931	0.930	0.926	0.915
	AR	16.387	15.044	13.000	14.852	14.159	13.484	15.468	16.769	14.940	15.205
	Fis	0.059	-0.046	0.214	0.01	0.059	-0.008	0.138	0.125	0.111	0.062

To be continued

Loci	Parameter	BLA	BLB	DY	WH	QD	SYA	SYB	SYC	NEA	NEB
LYC0016	NA	8	12	7	12	7	12	7	8	11	10
	He	0. 760	0. 879	0. 835	0. 832	0. 794	0. 874	0. 781	0. 781	0. 834	0. 896
	Ho	0. 136	0. 174	0. 200	0. 333	0. 154	0. 304	0. 250	0. 222	0. 353	0. 636
	PIC	0. 713	0. 845	0. 779	0. 794	0. 727	0. 840	0. 725	0. 724	0. 795	0. 864
	AR	6. 530	9. 248	6. 730	8. 844	6. 766	9. 350	6. 086	6. 636	9. 906	9. 397
	Fis	0. 824	0. 806	0. 767	0. 604	0. 813	0. 657	0. 685	0. 721	0. 584	0. 295
LYC0018	NA	4	5	5	3	6	5	4	7	6	5
	He	0. 671	0. 634	0. 746	0. 520	0. 792	0. 764	0. 712	0. 768	0. 688	0. 658
	Ho	0. 046	0. 042	0. 286	0. 042	0. 158	0. 167	0. 261	0. 353	0. 130	0. 217
	PIC	0. 605	0. 549	0. 672	0. 399	0. 738	0. 703	0. 642	0. 708	0. 614	0. 576
	AR	3. 980	4. 201	4. 856	2. 500	5. 839	4. 498	3. 955	6. 112	4. 564	4. 279
	Fis	0. 934	0. 936	0. 626	0. 922	0. 805	0. 786	0. 639	0. 548	0. 814	0. 675
LYC0024	NA	9	11	8	12	11	9	7	8	12	10
	He	0. 868	0. 873	0. 863	0. 874	0. 814	0. 832	0. 799	0. 818	0. 912	0. 884
	Ho	0. 652	0. 696	0. 750	0. 636	0. 778	0. 684	0. 546	0. 636	0. 783	0. 773
	PIC	0. 832	0. 840	0. 815	0. 839	0. 767	0. 789	0. 750	0. 775	0. 882	0. 849
	AR	8. 303	9. 226	7. 485	9. 705	8. 988	8. 020	6. 273	7. 181	10. 297	8. 694
	Fis	0. 253	0. 207	0. 135	0. 277	0. 046	0. 182	0. 323	0. 226	0. 145	0. 128
LYC0406	NA	9	8	7	8	10	10	10	11	10	7
	He	0. 842	0. 817	0. 760	0. 779	0. 843	0. 793	0. 866	0. 867	0. 829	0. 814
	Ho	0. 826	0. 652	0. 625	0. 826	0. 611	0. 667	0. 783	0. 667	0. 737	0. 739
	PIC	0. 805	0. 771	0. 705	0. 729	0. 798	0. 747	0. 830	0. 825	0. 786	0. 769
	AR	8. 198	6. 517	6. 440	6. 468	8. 298	7. 445	8. 484	9. 321	8. 536	6. 649
	Fis	0. 019	0. 206	0. 183	-0. 062	0. 281	0. 163	0. 098	0. 236	0. 114	0. 093
Mean	NA	12. 29	13. 14	10. 43	11. 71	11. 71	13. 71	11. 86	12. 57	12. 86	13. 00
	He	0. 853	0. 862	0. 865	0. 826	0. 862	0. 873	0. 855	0. 869	0. 872	0. 870
	Ho	0. 627	0. 627	0. 611	0. 667	0. 601	0. 670	0. 659	0. 651	0. 681	0. 738
	AR	9. 871	10. 209	9. 754	9. 429	10. 032	10. 436	9. 447	10. 386	10. 640	10. 472
All loci	Fis	0. 270	0. 278	0. 301	0. 196	0. 309	0. 237	0. 233	0. 256	0. 223	0. 155

Verification of the Hardy – Weinberg equilibrium revealed a significant departure in LYC0016and LYC0018, in which null alleles were also checked. Test for linkage disequilibrium showed a very low value of significant pairwise comparisons, which suggested independence of the other five examined loci and could be fit for further population analysis.

3.2 Bottleneck effect

Results of the genetic bottleneck analysis were detected by Wilcoxon sign – rank test under three models of microsatellite evolution (IAM, TPM and SMM) (Table 3). No significant heterozygosity excess was detected in ten populations under TPM and SMM, implying that no trace of genetic bottlenecks was detected in introduced populations of *L. polyactis* due to mutation – drift equilibrium. However, deviation of the mutation – drift equilibrium occurred in the SYA and SYC populations under IAM, of which both of the probability values were 0.03125 and showed significant heterozygosity excess, indicating that both populations had experienced a recent bottleneck event. However, normal L – shaped distribution pattern of the allele frequency in all ten populations was found under mode shift test, indicating lack of bottleneck events. Therefore, all populations of *L. polyactis* studied did not suffer from genetic bottleneck in their recent history.

Table 3 Results of Wilcoxon signed – rank test, Model shift indicator for genetic bottleneck of *L. polyactis*

Population	Wilcoxon signed – rank test			Mode shift[a]
	IAM	TPM	SMM	
BLA	0.056 31	0.312 50	0.109 38	Yes
BLB	0.056 31	0.056 31	0.593 75	Yes
DY	0.056 31	0.078 13	0.406 25	Yes
WH	0.046 88	0.687 50	0.921 88	Yes
QD	0.312 50	0.890 63	0.953 13	Yes
SYA	0.031 25 *	0.500 00	0.921 88	Yes
SYB	0.056 31	0.056 31	0.312 50	Yes
SYC	0.031 25 *	0.078 13	0.593 75	Yes
NEA	0.056 31	0.312 50	0.312 50	Yes
NEB	0.056 31	0.312 50	0.406 25	Yes

* Significant genetic differentiation among pairs of populations after sequential Bonferroni corrections.

[a] Yes: normal L – shaped distribution; No: shifted mode.

3.3 Population structure

The genetic structure of *L. polyactis* populations was investigated by AMOVA. The results of AMOVA analysis, implemented under three patterns of gene pools with two formats, showed most of total genetic variances were attributed to differences among individuals within populations: 99.5% in one gene pool pattern and 99.4% in four gene pools pattern (Table 4). All hierarchical molecular variance analysis indicated no population structure existed throughout the sample locations of *L. polyactis*, as evidenced by the pairwise F_{ST} estimates (Table 5). The F_{ST} values were very low ranging from 0.001 to 0.029 and not statistically significant after the sequential Bonferroni correction, suggesting a pattern of homogeneity in the Bohai sea, the Yellow Sea and East China Sea.

DA genetic distance ranged from 0.153 between WH and BLB populations to 0.350 between SYB and DY populations (Table 5). The UPGMA tree, constructed based on the DA genetic distance matrix, fell into three major clusters: SYB, NEA, SYA, SYC and NEB populations formed for one cluster, QD, BLA, BLB and WH populations for the second one, DY population for the third one but were supported by very low bootstrap values below 50% (Fig. 2). All results indicated the populations of *L. polyactis* within sampled locations without experiencing isolation by distance.

Table 4 Genetic structure of *L. polyactis* populations based on microsatellite data

Structure tested	Observed		Partition	
	Variance	Percentage %	Φ Statistics	P
1. One gene pool (BLA、BLB、DY、WH、QD、SYA、SYB、SYC、NEA、NEB)				
Among populations	0.0022	0.49	Φst = 0.0049	0.04 ± 0.01
Within populations	0.4450	99.51		
2. Four gene pools (BLA、BLB) (DY、WH) (QD、SYA、SYB) (SYC、NEA、NEB)				
Among groups	0.0020	0.44	Φct = 0.0044	0.06 ± 0.01
Within groups	0.0006	0.13	Φsc = 0.0013	0.29 ± 0.01
Within populations	0.4450	99.44	Φst = 0.0056	0.04 ± 0.01

Table 5 Pair-wise F_{ST} (below diagonal) and DA genetic distance (above diagonal) among populations of *L. polyactis*

Population	BLA	BLB	DY	WH	QD	SYA	SYB	SYC	NEA	NEB
BLA		0.244	0.277	0.222	0.255	0.244	0.259	0.252	0.316	0.243
BLB	0.017		0.306	0.153	0.310	0.232	0.283	0.243	0.260	0.211
DY	0.001	0.021		0.327	0.339	0.262	0.350	0.312	0.330	0.300
WH	0.018	0.004	0.016		0.294	0.229	0.229	0.244	0.268	0.238
QD	0.025	0.029*	0.027	0.026		0.283	0.268	0.318	0.321	0.294
SYA	0.018	0.009	0.009	0.010	0.027		0.246	0.227	0.226	0.219
SYB	0.015	0.021*	0.025*	0.026	0.011	0.030*		0.293	0.313	0.228
SYC	0.016	0.003	0.009	0.013	0.022*	0.009	0.028*		0.306	0.203
NEA	0.025*	0.007	0.021	0.015	0.016*	0.009	0.025*	0.007		0.260
NEB	0.012	0.002	0.013	0.018	0.027	0.015	0.016	0.001	0.006	

Note: * Significant ($P < 0.001$) for pair-wise F_{ST}.

Further clustering analysis was implemented by the model based clustering method under the condition of increasing number of inferred clusters ($K = 1$ to 9) and identified three genetic groups across the total data set of *L. polyactis* populations according to the maximum *ad hoc* estimated likehood of $K(\triangle K)$ at $K = 3$. A genetic continuity among ten populations was found

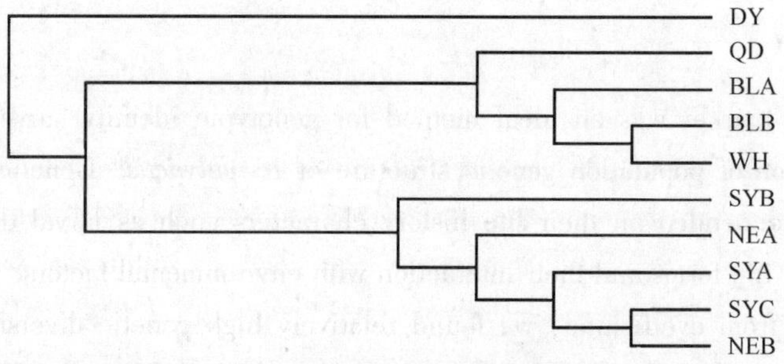

Fig. 2 UPGMA tree for *L. polyactis* based on DA genetic distance matrix.

and three inferred clusters were inferred based on genetic data (Fig. 3). More than 60% of BLA, DY, SYC, NEA and NEB populations were assigned to the second inferred cluster (green), and other individuals, represented by vertical line, were partitioned into different colored segments that represented the individuals' estimated membership fractions (Table 6). The assignment of the other five populations was complex.

Fig. 3 STRUCTURE bar plots ($K=3$) from five microsatellite loci for ten populations of *L. polyactis*. Each population is shown as plots and each individual is represented by a single vertical line of different colors, indicating the groups they belong to.

Table 6 Proportion of ten populations in each of the three inferred clusters

Population	Inferred cluster			Sample size
	1	2	3	
BLA	0. 134	0. 756	0. 110	24
BLB	0. 440	0. 414	0. 147	24
DY	0. 121	0. 821	0. 058	16
WH	0. 520	0. 248	0. 232	24
QD	0. 101	0. 555	0. 344	20
SYA	0. 278	0. 597	0. 125	24
SYB	0. 125	0. 491	0. 384	24
SYC	0. 284	0. 622	0. 094	23
NEA	0. 205	0. 715	0. 081	23
NEB	0. 197	0. 718	0. 084	24

4 Discussion

Microsatellite marker was an ideal method for genotypic identity survey and provided a complete description of population genetic structure of *L. polyactis*. Genetic diversity of most marine organisms depended on their life history characters such as larval dispersal duration, breeding systems, life forms and their interaction with environmental factors. Although *L. polyactis* had suffered from overfishing, we found relatively high genetic diversity in *L. polyactis* populations in this study. The genetic diversity index (He = 0.826 ~ 0.873) in *L. polyactis* was higher than the average value of marine fishes (He = 0.79) (DeWoody and Avise, 2000) and lower than the values of some pelagic species such as *Sardina pilchardus* (He = 0.944 ~ 0.953) and *Thunnus thynnus orientalis* (He = 0.890 ~ 0.909) (Carlsson et al., 2004; Gonzalez and Zardoya, 2007). The high genetic diversity in microsatellite loci of *L. polyactis* may be attributed that high mutation rate and large population sizes, which were the principle determinants of the number of neutral alleles could be maintained in a population (Kimura and Crow, 1964). The common mutation rate of microsatellite loci was 10^{-5} ~ 10^{-3}, faster than that of mtDNA control region (10^{-9} ~ 10^{-7}) (Lai and Sun et al., 2003; Carlsson et al., 2004; Liu et al., 2012). The faster mutation and the more differentiate made the species to get more opportunities to have high diversity. Since 1990s, many measures had been taken to monitor and manage resource and spawning sites of *L. polyactis*. As an important fisheries species, its resource had been nearly recovered in recent years. According to the fishery investigation, global capture production for *L. polyactis* rose from 53 thousand metric tones in 1990 to 350 thousand metric tones in 2005 (Lin, 2004; Froese and Pauly, 2005; Lin et al., 2008), which indicates a large population size has been restored for this species. Another plausible explanation might be wide distribution and diverse habitats of *L. polyactis* (Meng et al., 2003). Therefore, high mutation rate, large population size, wide distribution and diverse habitats likely had contributed to maintain a high genetic diversity for this species.

Deviation from H – W equilibrium found in the study could be probably traced to a number of different factors: Wahlund effect, nonrandom mating, selection favoring homozygote individuals, population history and inbreeding, which could cause excess homozygotes or heterozygotes. In addition, the possible occurrence of null alleles could cause an excess of homozygous genotypes within a population, which could probably explain deviations from H – W equilibrium in *L. polyactis* populations (Zeng et al., 2012). There were no records about mariculture or reproduction and releasing of *L. polyactis* in China yet, which would avoid some adverse effects on bottleneck, drift and inbreed (Kirsten and Jenny, 1993). We also verified that *L. polyactis* populations had not undergone a recent genetic bottleneck.

In general, marine fishes showed low or no genetic differentiation among geographic regions due to higher dispersal potential during planktonic egg, larval, or adult history stages coupled without obvious physical barriers to movement between ocean basins or adjacent continental margins (Hewitt, 2000). Analysis based on microsatellite DNA data indicated that *L. polyactis* conformed a pattern to no significant population structure and a very low level of genetic differentiation among populations, which were consistent with the previous results of mitochondrial DNA control region (Xiao et al., 2009). More than 99% of total genetic variation was among individuals within populations under three patterns of gene pools with two formats by AMOVA analysis. The STRUCTURE analysis indicated there were three inferred clusters and a genetic continuity was exited among ten populations. The cluster results from UPGMA tree had no connection with geographical distance, and disagreed with three wild stocks (North Yellow Sea population, South Yellow Sea population and East China Sea population) existed throughout the distribution of *L. polyactis* based on its spawning migration routes (Liu, 1962; Xu and Chen, 2009). Recruitment phenomenon was found from north to south among the three wild stocks of *L. polyactis* based on the fishery investigation (Ikeda, 1964). Yellow Sea population could also be recruited by eggs transported from East China Sea to north along the coast under the China Coast Current and subtle flow from Kurosiho Current (Xiao et al., 2009). Therefore, some gene flow must be existed among three wild stocks. The conventional population statistic F_{ST} also revealed no significant genetic structure through the introduced range of *L. polyactis* and detected gene flow existed, which was consistent with previous fishery investigation (Ikeda, 1964; Xu and Chen, 2009). Similar results of low genetic differentiation coastal waters in China also could be found. A study on *Chelon haematocheilus* in the Northwestern Pacific, found no significant genetic structure between the Yellow and the East China seas, although there were significant genetic differentiation between the three marginal seas of Northwestern Pacific (the Sea of Japan, East China Sea and South China Sea) (Liu et al., 2007). Genetic study on the *Nibea albiflora* revealed no significant genetic structure in China coastal waters by different molecular markers, suggesting high gene flow among populations (Han et al., 2006; Han et al., 2008).

All the results mentioned above indicated that the populations of this species were panmictic throughout its distribution in China (Xiao et al., 2009), and also had important implications for fisheries management of the species. Moritz (1994) proposed the concept of a management unit (MU), which was defined as a conservation unit that had statistically significant divergence in allele frequencies (nuclear or mitochondrial). Because of the lack of structure in *L. polyactis* populations, the fish should be considered as a single panmictic stock in the Bohai Sea, Yellow Sea and East China Sea, which provided a baseline and guideline for further effective conservation and management of the species.

Acknowledgements

We thank Dr. Ming Liu and Dr. Xin Jiang for their helpful comments on the manuscript. This work was supported by Public Science and Technology Research Funds Projects of Ocean (201105005) and the National Natural Science Foundation of China (30471329).

References

Baggiano O, Schmidt DJ, Hughes JM, 2011. Nine microsatellite markers for the Australian side – necked turtle *Chelodina expansa* (Chelidae) and cross species amplifications. Mar. Genom. 4, 297 – 300.

Botstein D, White R L, Skolnick M, Davis RW, 1980. Construct ion of a genetic linkage map in man using restrictiosn fragment length polymorphisms. Am. J. Hum. Genetics. 32, 314 – 331.

Cárdenas L, Silva A, Magoulas A, Cabezas J, Poulin E, Ojeda P, 2009. Genetic population structure in the Chilean jack mackerel, *Trachurus murphyi* (Nichols) across the South – eastern Pacific Ocean. Fish. Res. 100, 109 – 115.

Carlsson J, McDowell J R, Díaz – Jaimes P, Carlsson J E L, Boles S B, Goldo J R, Graves J E, 2004. Microsatellite and mitochondrial DNA analyses of Atlantic bluefin tuna (*Thunnus thynnus thynnus*) population structure in the Mediterranean Sea. Mol. Ecol. 13, 3345 – 3356.

DeWoody J A, Avise J C, 2000. Microsatellite variation in marine, freshwater and anadromous fishes compared with other animals. J. Fish. Biol. 56, 461 – 473.

Excoffier L, Laval G, Schneider S, 2005. Arlequin version 3.0: an integrated software package for population genetics data analysis. Evol. Bioinform. 1, 47 – 50.

Froese R, Pauly D, 2005. Global capture production for *Larimichthys polyactis*. In: FAO Fishery statistic, FAO, Rome, Italy.

Gonzalez E, Zardoya R, 2007. Relative role of life – history traits and historical factors in shaping genetic population structure of sardines (*Sardina pilchardus*). BMC Evol. Biol. 7, 197.

Goudet J, 2001. FSTAT, a Program to Estimate and Test Gene Diversities and Fixation Indices (Version 2.9.3). Available from http://www.unil.chizeasoftwares/fstat.html.

Han Z Q, Gao T X, Wang Z Y, et al. 2006. Analysis of genetic diversity of *Nibea albiflora* by AFLP markers. J. Fish. China 30, 640 – 646.

Han Z Q, Gao T X, Yanagimoto T, Sakurai Y, 2008. Genetic population structure of *Nibea albiflora* in Yellow Sea and East China Sea. Fish. Sci. 74, 544 – 552.

Han Z Q, Lin L S, Shui B N, Gao T X, 2009. Genetic diversity of small yellow croaker *Larimichthys polyactis* revealed by AFLP markers. Afr. J. Agr. Res. 4, 605 – 610.

Hu C J, Zhang J, 2005. Probe into the relationship between the migrating routes of endemic branch tribles of *Larimichthys polyactis* in the Southern Yellow Sea and the environment. Mar. Fish. 27, 109 – 112.

Ikeda I, 1964. Studies on the Fisheries Biology of the Yellow Croaker in the East China and the Yellow Seas. B. Seikai Reg. Fish. Res. Lab. 31, 1 – 81.

Kimura M, Crow J F, 1964. The number of alleles that can be maintained in a finite population. Genetics 49, 725 – 738.

Kirsten W, Jenny P V, 1993. Rapid detection of genetic variability in chrysanthemum using random primers. Heredity 71, 335 – 341.

Lai Y, Sun F, 2003. The relationship between microsatellite slippage mutation rate and the number of repeat units. Mol. Biol. Evol. 20, 2123 – 2131.

Lin L S, 2004. Analysis on extant abundance of small yellow croaker *Pseudosciaena polyactis* in the East China Sea. Mar. Fish. 26, 18 – 23.

Lin L S, Cheng J H, 2004. An analysis of the current situation of fishery biology of small yellow croaker in the East China Sea. Periodical of Ocean University of China 34, 565 – 570.

Lin L S, Cheng J H, Jiang Y Z, Yuan X W, Li J S, Gao T X, 2008. Spatial distribution and environmental characteristics of the spawning grounds of small yellow croaker in the southern Yellow Sea and the East China Sea. Acta Ecol. Sinica 28, 3485 - 3494.

Liu J X, Gao T X, Wu S F, Zhang Y P, 2007. Pleistocene isolation in the Northwestern Pacific marginal seas and limited dispersal in a marine fish, *Chelon haematocheilus* (Temminck & Schlegel, 1845). Mol. Ecol. 16, 275 - 288.

Liu M, Lin L S, Gao T X, Yanagimoto T, Sakurai Y, Grant W S, 2012. What maintains the central north Pacific genetic discontinuity in Pacific herring? Plos One 7, e50340.

Luikart G, Allendorf F W, Sherwin B, Cornuet J M, 1998. Distortion of allele frequency distributions provides a test for recent population bottlenecks. J. Hered. 12, 238 - 247.

Meng Z N, Zhuang Z M, Jin X S, Tang Q S, Su Y Q, 2003. Genetic diversity in small yellow croaker (*Pseudosciaena polyactis*) by RAPD analysis. Biodivers. Sci. 11, 197 - 203.

Moritz C, 1994. Defining "evolutionary significant units" for conservation. Trends Ecol. Evol. 9, 373 - 375.

Nei M, Tajima F, Tateno Y, 1983. Accuracy of estimated phylogenetic tree from molecular data. J. Mol. Evol. 19, 153 - 170.

Piry S, Luikart G, Cornuet J M, 1999. Bottleneck: a computer program for detecting recent reduction in the effective stock size using allele frequency data. J. Hered. 90, 502 - 503.

Raymond M, Rousset F, 1995. GENEPOP (version 1.2): Population genetics software for exact tests and ecumenicism. J. Hered. 86, 248 - 249.

Seikai National Fisheries Research Institute. 2001. Biological and Ecological Characteristics of Valuable Fisheries Resources from the East China Sea and the Yellow Sea - Comparison between the Chinese and Japanese Knowledge. Seikai National Fisheries Research Institute, Nagasaki.

Tamura K, Dudley J, Nei M, Kumar S, 2007. MEGA4: Molecular Evolutionary Genetics Analysis (MEGA) software version 4.0. Mol. Biol. Evol. 24, 1596 - 1599.

Tudela S, Garca - Marn J L, Pla C, 1999. Genetic structure of the European anchovy, *Engraulis encrasicolus*, in the north - west Mediterranean. J. Exp. Mar. Biol. Ecol. 234, 95 - 109.

Van Oosterhout C, Hutehinson W F, Wills D P M, Shipley P, 2004. Micro - checker: software for identifying and correcting genotyping errors in microsatellite data. Mol. Ecol. Notes 4, 535 - 538.

Wu X W, Liu X D, Cai M L, Ye X J, Wang Z Y, 2011. Genetic analysis of farmed and wild stocks of large yellow croaker *Larimichthys crocea* by using microsatellite markers. Afr. J. Biotechnol. 10, 5773 - 5784.

Xiao Y S, Zhang Y, Gao T X, Yanagimoto T, Yabe M, Sakurai Y, 2009. Genetic diversity in the mtDNA control region and population structure in the small yellow croaker *Larimichthys polyactis*. Environ Biol Fish. 85, 303 - 314.

Xu Z L, Chen J J, 2009. Analysis on migratory routine of *Larimichthy polyactis*. J. Fish. Sci. China 16, 931 - 940.

Yan L P, Hu F, Ling J Z, Li S F, 2006. Study on age and growth of *Larimichthys polyactis* in the East China Sea. Periodical of Ocean University of China 36, 95 - 100.

Yeh F C, Yang R, Boyle T J, Ye Z, Xiyan J M, 2000. PopGene32, Microsoft Windows - based freeware for stock genetic analysis, version 1.32. Molecular Biology and Biotechnology Centre, University of Alberta, Edmonton, Alberta, Canada.

Zeng L Y, Cheng Q Q, Chen X Y, 2012. Microsatellite analysis reveals the population structure and migration patterns of *Scomber japonicus* (Scombridae) with continuous distribution in the East and South China Seas.

Biochem. Syst. Ecol. 42, 83 – 93.

Zheng W B, Liu G Z, Ao J Q, Chen X H, 2006. Expression analysis of immune – relevant genes in the spleen of large yellow croaker (*Pseudosciaena crocea*) stimulated with poly I: C. Fish Shellfish Immun. 21, 414 – 430.

Zheng W J, Lai Y H, You X Y, Qin X H, Zhu S H, 2012. Genetic diversity of *Pseudosciaena polyactis* in Zhoushan based on mitochondrial DNA D – loop region sequences. Zool. Res. 33, 329 – 336.

Zhu Y D, Luo Y L, Wu H L, 1963. A study on the Classification of the Sciaenoid Fishes of China, with Description of New Genera and Species. Shanghai Science and Technology Publishers.

AFLP analysis on genetic diversity and population structure of small yellow croaker *Larimichthys polyactis*①

Lin Longshan[1,2], Ying Yiping[1], Han Zhiqiang[3], Xiao Yongshuang[1], Gao Tianxiang[1,3]

(1 *The Key Laboratory of Mariculture, Ministry of Education, Ocean University of China, Qingdao*, 266003 *P. R.*, *China.*; 2 *East China Sea Fisheries Research Institute, Chinese Academy of Fishery Sciences, Shanghai* 200090 *P. R.*, *China.*; 3 *Fishery College, Zhejiang Ocean University, Zhoushan*, 316004 *P. R.*, *China.*)

Abstract: The population genetic structure and diversity of small yellow croaker *Larimichthys polyactis* in the Bohai Bay, Yellow Sea and East China Sea were analyzed using amplified fragment length polymorphism (AFLP). Ninety－one individuals were collected from six locations representing three stocks of small yellow croaker. A total of 218 putative loci were detected by 3 primer combinations, 148 of which were polymorphic (67.89%). The proportion of polymorphic loci and Nei's genetic diversity for six populations ranged from 55.34% ~60.09%, and from 0.1244 ~0.1378. AMOVA analysis and pairwise F_{ST} revealed significant genetic differentiation among the three groups based on the breeding migration routes and over－wintering grounds, supporting separate stocks in this species. The result shows the migratory behavior might be an important factor which influences the genetic structure of this species. The UPGMA tree also revealed the significant geographic structure in this species. Pattern of isolation by distance was observed in this species, indicating that significant genetic differentiation among localities of small yellow croaker might be due to the geographic distance.

Key words: small yellow croaker, *Larimichthys polyactis*, genetic structure, AFLP

Introduction

The small yellow croaker, *Larimichthys polyactis* (Bleeker), is a benthopelagic fish species of family Sciaenidae, which inhabits coastal waters and estuaries (FishBase 2005). The species is an important fisheries resource and also becoming an important marine food fish species in Asian countries. It is widely distributed in Bohai Bay and the Yellow and East China Sea of the Northwest Pacific Ocean (FishBase 2005). The global landing of *L. polyactis* reached 320 thousand metric tones in 2000. However, high fishing pressure has resulted in de-

---

① 文刊载于"African Journal of Biotechnology, 2009, 8(12): 2700－2706."

creasing catch in Bohai Bay, the Yellow Sea and East China Sea (Froese and Pauly 2003). Therefore, measures are being taken by the Chinese government and scientific community to restore its resource and prevent against future over – exploitation.

The small yellow croaker spawn pelagic eggs and breeding grounds of the species always located in estuaries and mixed areas with low and high salinity. The species spawn eggs in East China Sea from March to April, but in May in Yellow Sea and Bohai Bay (Seikai National Fisheries Research Institute, 2001). Based on the studies of spawning migration routes and morphological variation, Liu (1962) and Ikeda (1964) suggested that three wild stocks existed throughout the range of the small yellow croaker.

Determination of population genetic structure provides essential information to underpin resource recovery and to aid in delineating and monitoring populations for fishery management. Molecular, Understanding fish stock structure is an important component of successful and sustainable long – term management and has attracted considerable interest because of a fundamental interest in biotic evolution (Tudela et al., 1999). Molecular genetic techniques offer the ability to identify and delineate fish stock structure. Nowadays, many molecular genetic techniques have been used successfully to understand the structure of marine fish species (Viñas et al., 2004; Kochzius and Blohm, 2005; Durand et al., 2005; Han et al., 2008a).

Amplified fragment length polymorphism (AFLP) analysis (Vos et al., 1995), a multilocus marker technique, is a PCR – based multilocus fingerprinting technique that combines the strengths and overcomes the weaknesses of PCR – RFLP and RAPD – PCR. The major strengths of the AFLP method include simultaneous screening of a large number of polymorphic loci, high reproducibility due to high stringency of PCR, and relative cost effectiveness (Liu and Cordes, 2004). Because of such advantages, AFLP marker has been advocated as a powerful genetic marker system for assessing population structure and individual identity (Gerber et al., 2000; Bensch and Akesson 2005; Kyall et al., 2006). And AFLP analysis has also been widely applied to study species, strain and hybrid identification, gene mapping, linkage and genetic diversity of species and populations in a wide variety of organisms including fishes and shrimp(Liu and Cordes, 2004; Wang et al., 2004; Kakehi et al., 2005; Kassam et al., 2005; Gwo et al., 2007). Moreover, AFLP method has already been shown to be a valuable tool for detecting subtle but significant genetic subdivisions in animal studies (Campbell et al., 2003; Whitehead et al., 2003; Wang et al., 2004).

For many species, the success of conservation programs and the creation of effective management policies depend on determining the levels of genetic divergence within and between populations and developing strategies to maintain genetic diversity. Because of small yellow croaker is an important economic resource, it is necessary to confirm whether different genetic stocks occur in over its wide distribution would represent a great contribution to conservation policies and population management. The objectives of this study were to investigate the genetic structure among the small yellow croaker populations in the Bohai Bay, Yellow Sea and East

China Sea, and to examine the degree of genetic diversity among them, by using AFLP method.

MATERIALS AND METHODS

Sampling

Ninety – one specimens were collected from 6 geographic locations throughout the distribution area of *L. polyactis* from 2005 to 2007 (Fig. 1; Table 1). All individuals were identified based on morphological characteristics, and a piece of muscle tissue was obtained from each individual. Muscle samples were preserved in 70% ~90% ethanol before DNA extraction.

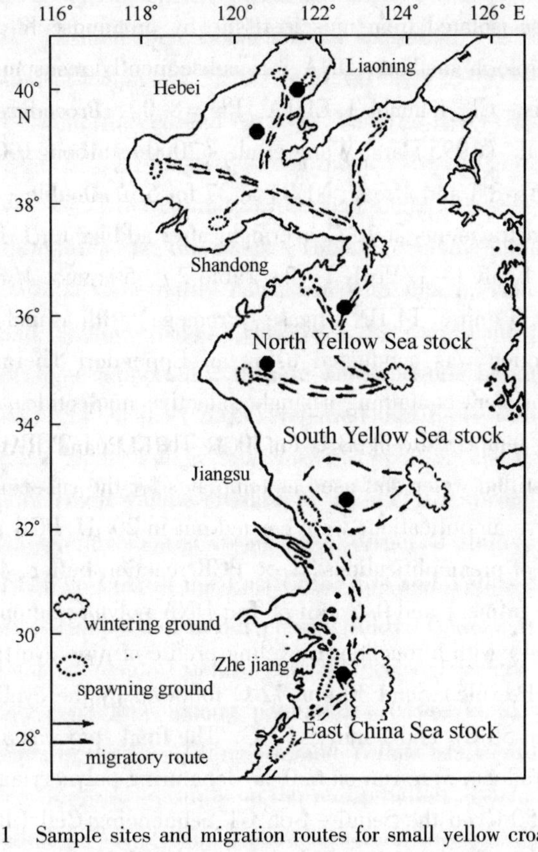

Fig. 1 Sample sites and migration routes for small yellow croaker. Three fishery stocks were also shown in the map.

Table 1 Parameters of genetic diversity for populations of small yellow croaker

Populations	n	Date of collection	Coordinates	Number of loci	Number of polymorphic loci	Proportion of polymorphic loci	Nei's genetic diversity
BBA	15	Oct. 2007	120°30′E 39°30′N	202	121	59.90%	0.129 8
BBB	16	Oct. 2007	121°45′E 40°15′N	203	122	60.09%	0.127 3

To be continued

Populations	n	Date of collection	Coordinates	Number of loci	Number of polymorphic loci	Proportion of polymorphic loci	Nei's genetic diversity
YSA	11	Apr. 2005	122°30′E 36°30′N	184	100	54.34%	0.124 4
YSB	15	Apr. 2005	122°00′E 35°00′N	196	116	59.18%	0.130 4
YSC	13	Apr. 2005	123°15′E 32°45′N	196	115	58.67%	0.137 8
ECS	21	Sep. 2007	123°00′E 28°30′N	198	117	59.09%	0.127 5

Genomic DNA was isolated from muscle tissue by proteinase K digestion followed by a standard phenol – chloroform method. DNA was subsequently resuspended in 100 μL of TE buffer (10 mmol/L Tris – Cl, 1 mmol/L EDTA, PH = 8.0). Procedures of AFLP were essentially based on Vos et al. (1995) and Wang et al. (2000). About 100 ng genomic DNA was digested with 1unit of *Eco*R I and *Mse* I (NEB) at 37 for 6 h. Double – stranded adapters were ligated to the restriction fragments at 20℃ overnight after adding 1 μL 10 × ligation buffer, 5 pmol E*co*R I adapter (EcoR I – 1/E*co*R I – 2; Table 2), 50 pmol *Mse* I adapter (MseI – 1/MseI – 2; Table 2), 0.3 unit of T4 DNA ligase (Promega) with a final volume of 10 μL. Preamplification PCR reaction was conducted using an Eppendorf Thermocycler (Mastercycler 5334) with a pair of primers containing a single selective nucleotide. Amplification was performed at an annealing temperature of 53℃ for 30 s. The 20 μL PCR product mixture was diluted 10 – fold with distilled water and used as templates for the subsequent selective PCR amplification. The selective amplifications were carried out in 20 μL PCR reaction volume containing 1 μL productions of preamplifications, 1 × PCR reaction buffer, 150 μM of each dNTP, 30 ng of each selective primer, and 0.5 unit of Taq DNA polymerase on a gradient thermal cycler (Mastercycler 5334) with a touchdown cycling profile of nine cycles of 30 s at 94℃, 30 s at 65℃ (–1℃ at each cycle), and 30 s at 72℃ followed by the cycling profile of 28 cycles of 30 s at 94℃, 30 s at 56℃, and 1 min at 72℃. The final step was a prolonged extension of 7 min at 72℃. PCR products were run on 6.0 % denaturing polyacrylamide gel electrophoresis (PAGE) for 2.5 h at 50℃ on the Sequi – Gen GT Sequencing Cell (Bio – Rad, USA), and finally detected using the silver staining technique modified from Merril et al. (1979). Sequences of AFLP adapters and primers are listed in Table 2. Sequences of AFLP adapters and primers are listed in Table 2. Three primer combinations (E – AAC/M – CAC, E – AAG/M – CAT and E – AAG/M – CTA) were chosen for AFLP analysis (Table 2).

AFLP bands were scored for presence (1) or absent (0), and transformed into 0/1 binary character matrix. Proportion of polymorphic loci, Nei's genetic diversity and Shannon diversity index were calculated by POPGEN. Similarity indices were calculated using the formula $S = 2Nab/(Na + Nb)$ (Nei and Li, 1979), where Na and Nb are the number of bands in individuals a and b, respectively and Nab is the number of sharing bands. Genetic distances between individuals were computed using the formula $D = -\ln S$ (Nei and Li, 1979). Genetic relationships among populations were estimated by constructing UPGMA tree based on Nei's genetic distance (Nei, 1978) in Mega 3.0.

Table 2 Adaptor and primer sequences used in AFLP analysis

Primer	Sequence
Adapters	
EcoRI – adapter	5' – CTCGTAGACTGCGTACC – 3'
	5' – AATTGGTACGCAGTCTAC – 3'
MseI – adapter	5' – GACGTGAGTCCTGAG – 3'
	5' – TACTCAGGACTCAT – 3'
Pre – amplification primer	
EcoRI	5' – GACTGCGTACCAATTC – 3'
MseI	5' – GATGAGTCCTGAGTAA – 3'
Selective amplification primer	
E – AAC/M – CAC	5' – GACTGCGTACCAATTCAAC – 3'
	5' – GATGAGTCCTGAGTAACAC – 3'
E – AAG/M – CAT	5' – GACTGCGTACCAATTCAAG – 3'
	5' – GATGAGTCCTGAGTAACAT – 3'
E – AAG/M – CTA	5' – GACTGCGTACCAATTCAAG – 3'
	5' – GATGAGTCCTGAGTAACTA – 3'

Population structure of small yellow croaker was investigated using the molecular variance software package (AMOVA) and F – statistics in ARLEQUIN 2.000. In additon to a one gene pool analysis, the AMOVA analysis were also carried out with three groups representing three groups defined by the species breeding migration routes and over – wintering grounds (Liu 1962), the Bohai Bay and North Yellow Sea population (>35°N; BBA, BBB, YSA, YSB), South Yellow Sea population (32°N ~ 34°N; YSC) and East 135 China Sea population (29°N ~ 31°N; ECS).

To test for isolation by distance (Slatkin, 1993), pairwise values of $F_{ST}/(1 - F_{ST})$ were plotted against geographical distance (one – dimensional stepping – stone model) between sample sites of small yellow croaker. The strength and significance of the relationship between genetic distances and geographic distances was assessed using reduced major axis regression and Mantel tests using RMA.

RESULTS

A total of 218 putative loci were detected by the four primer combinations, 148 of which were polymorphic (67.89%, Table 3). The average number of bands scored per primer pair was 73, ranging from 51 to 85. The number of polymorphic loci amplified by each primer combination over all populations ranged from 35 to 57, with the average of 49 polymorphic loci per prime combination (Table 3).

Table 3 Number of bands generated by primer combinations

	E – AAC/ M – CAC	E – ACG/M – CAC	E – ACT/ M – CTT	Total
Number of loci	85	82	51	218
Number of polymorphic loci	56	57	35	148
Proportion of polymorphic loci	65.88%	69.51%	68.62%	67.89%

Table 4 Nei's genetic distance (above) and pairwise F_{ST} (below) between populations

	BBA	BBB	YSA	YSB	YSC	ECS
BBA		0.009 1	0.012 3	0.012 3	0.016 0	0.014 1
BBB	–0.020 7		0.008 6	0.012 0	0.013 9	0.014 4
YSA	0.005 4	–0.007 3			0.015 0	0.014 4
YSB	0.008 8	0.010 8	–0.0262 8		0.014 3	0.015 1
YSC	0.039 6 *	0.045 6 *	0.043 3 *	0.029 1 *		0.012 4
ECS	0.048 2 *	0.058 9 *	0.058 0 *	0.056 8 *	0.029 7 *	

The population with the highest proportion of polymorphic loci (60.09%) was population BBB, whereas that with the lowest value was population YSA, in which the proportion of polymorphic loci and number of polymorphic loci was 54.34% and 100, respectively. The population with the highest Nei's genetic diversity was YSC population, with a value of 0.1378, the lowest Nei's genetic diversity was found in YSA population, only with a value of 0.1244 (Table 1).

According to AMOVA analysis, overall genetic differentiation among small yellow croaker from the six populations was small but significant (F_{ST} = 0.0305, $P < 0.001$), suggesting significant genetic differentiation among localities, and a significant genetic structure (F_{ST} = 0.0583, $P < 0.05$) was detected among the three groups based on the breeding migration routes and over – wintering grounds. Moreover, significant genetic structure ($P < 0.05$) was also detected from the pairwise F_{ST} values among populations, though it was lack of genetic structure among populations in the group of Bohai Bay and North Yellow Sea (Table 4). These analyses indicated that several distinct populations of small yellow croaker existed in Bohai Bay, the East China Sea and Yellow Sea. Nei's genetic distance analysis shows lower genetic distances among the populations of the Bohai Bay and North Yellow Sea group, but higher between each of them to other two populations (Table 4). Further, cluster analysis placed populations BBA, BBB, YSA and YSB in a group, while populations YSC and ECS as another group (Fig. 2). Among sample sites for small yellow croaker, a Mantel test indicated a significant relationship ($P = 0.02$, $r = 0.76$) between $F_{ST}/(1 - F_{ST})$ and geographic distance indicating isolation by distance (Fig. 3), with geographic distance explaining 76% of the variation in genetic differentiation for species.

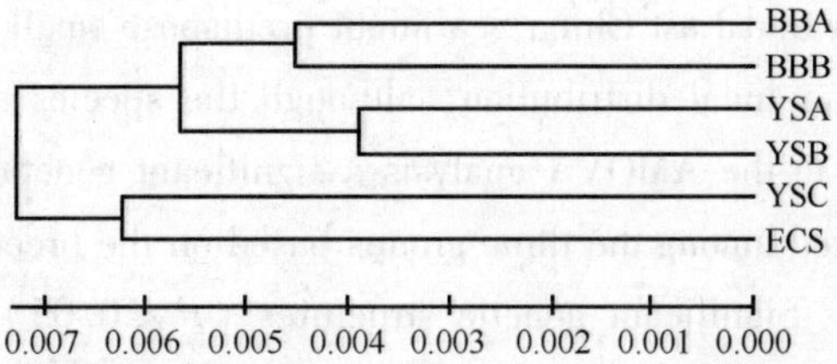

Fig. 2 UPGMA cluster analysis based on Nei's genetic distances among four populations. See Table 1 for the different populations.

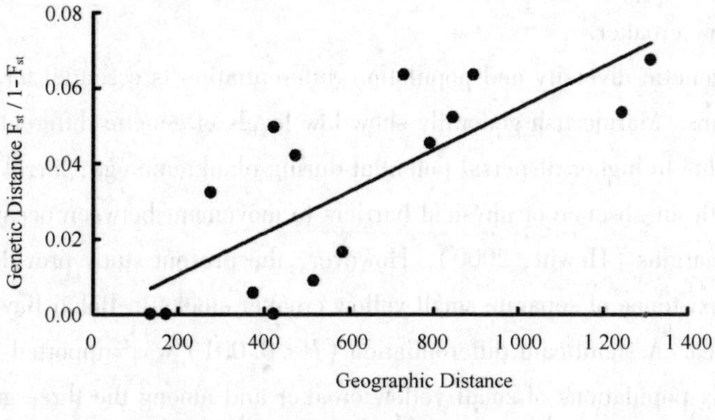

Fig. 3 Plot of pairwise estimates of $F_{ST}/(1 - F_{ST})$ and geographic distance between samples of small yellow croaker.

DISCUSSION

The genetic signal of population differentiation observed in the reproductive areas of highly migratory species is often obscured by population admixture in wintering or feeding areas (Van Wagner and Baker, 1990; Bowen et al., 1992; Wenink et al., 1994). In previous study, three stocks (North Yellow Sea stock, South Yellow Sea stock and East China Sea stock) were identified throughout the range of small yellow croaker based on the species breeding migration routes and over – wintering grounds (Liu, 1962). The over – wintering ground for North Yellow Sea stock is located in 33°30′ ~ 35°30′N, 127°00′ ~ 125°00′E; in March, the adults migrate from the over – wintering ground north to the Haizhou Bay, Laizhou Bay, Bohai Bay for spawning. For South Yellow Sea stock, the over – wintering ground is located in 32°00′ ~ 34°00′N, 123°00′ ~ 126°00′E; the adults migrate from this over – wintering ground west to Yangze Rivers estuary for spawning in March, the migration distance is no longer 300 sea miles. The southern coastal waters of Zhejiang Province is the over – wintering ground for the East

China Sea stock, the Zhoushan archipelago is the main spawning areas for this stock (Table 1; Seikai National Fisheries Research Institute, 2001). The migratory behavior including the different migration routes and different over – wintering grounds, and different mating period in the Bohai Bay and Yellow and East China Sea might predispose small yellow croaker to genetic structuring along its geographical distribution, although the species showed strong larval dispersal ability. According to the AMOVA analysis a significant genetic structure (F_{ST} = 0.0583, $P < 0.05$) was detected among the three groups based on the breeding migration routes and over – wintering grounds. Significant genetic structures ($P < 0.05$) were detected from the pairwise F_{ST} values among populations, except these values among populations in the group of Bohai Bay and North Yellow Sea. The results were consistent with the previous study (Liu et al., 1962), supporting at least three stocks in small Yellow croaker. And these migration behaviors might play an important role on influencing the genetic diversity and population structure of small yellow croaker.

Analysis of genetic diversity and population differentiation is essential for genetic research of various organisms. Marine fish generally show low levels of genetic differentiation among geographic regions due to higher dispersal potential during planktonic egg, larval, or adult history stages coupled with an absence of physical barriers to movement between ocean basins or adjacent continental margins (Hewitt, 2000). However, the present study provided the molecular evidence for the existence of separate small yellow croaker stocks in Bohai Bay, the East China Sea and Yellow Sea. A significant differentiation ($P < 0.001$) was supported by both AMOVA analyses among six populations of small yellow croaker and among the three groups defined by the migration behavior.

The causes of differentiation in marine organisms are not well understood. In marine environments, the geographic structure of populations may be affected by local conditions and species life history. A plausible explanation might be that the gene exchange among populations was limited by some factors such as oceanographic characteristics, geographic distance, and species life history.

Many marine organisms have pelagic larvae that can potentially interconnect distant populations through dispersal on ocean currents (Liu et al., 2007). The ocean current circulation between the Yellow and the East China seas consists of inflow from the East China Sea to the Yellow Sea along the west coast of Korea (Yellow Sea Warm Current), and outflow of water from the Yellow Sea to the East China Sea along the China coast (China Coastal Current) (Li, 2000). Previous studies have revealed that the ocean currents in the East China Sea and Yellow Sea facilitate the dispersal of marine larvae among distant populations (Yu et al., 2005; Han et al., 2008b). So the ocean currents might be not responsible for the significant genetic differentiation in small yellow croaker.

Besides the behavior of migration, geography distance might also be responsible for the significant genetic differentiation among populations of small yellow croaker. Generally, in our study more geographically related populations were more genetically similar due to gene flow among populations. The UPGMA cluster analysis based on the Nei's genetic distance indicated the samples from the YSC and ECS were obviously separated from the other sites, while populations BBA, BBB, YSA and YSB were clustered in a group. The pairwise F_{ST} analysis also indicated that a significant difference existed in populations YSC and ECS and other four subpopulations ($P < 0.01$). Therefore, the population YSC and ECS was more different genetically from other populations. To further investigate the correlation between the geographic distance and genetic distance, the isolation by distance test (Slatikin, 1993) was conducted in this study. The plot of $F_{ST}/(1 - F_{ST})$ and geographic distance revealed a strong pattern of isolation by geographic distance in this species, indicating that population subdivision among localities of small yellow croaker was mainly due to the geographic distance (76%). Marine environments are often seen as open habitats in which isolation by distance is the main mechanism that may promote genetic differentiation among populations. Patterns of isolation by distance are often established over long periods through equilibrium between gene flow and drift (Slatkin, 1993). Isolation by distance in small yellow croaker indicated this species is at genetic equilibrium under dispersal and genetic drift.

Genetic analysis of fish species in Bohai Bay, Yellow Sea and the East China Sea is still few in number, which can be used for comparison to our present study. Genetic study on the *Nibea albiflora* revealed no significant genetic structure in China coastal waters by mtDNA and AFLP markers, suggesting high gene flow among populations (Han et al., 2006; Han et al., 2008b). The Ocean currents in the East China Sea and Yellow Sea were responsible for the lack of genetic structure in *N. albilfora*. A study on the redlip mullet, *Chelon haematocheilus* in the Northwestern Pacific, found no significant genetic structure between the Yellow and the East China seas, although there were significant genetic differences between the three marginal seas of Northwestern Pacific (the Sea of Japan, East China Sea, and South China Sea) (Liu et al., 2007). Recent range expansion and insufficient time to attain migration – drift equilibrium were reasons for the lack of phylogeographical structure in redlip mullet. However, similar to our study, AFLP analysis of Japanese Spanish mackerel *Scomberomorus niphonius* in China coastal waters also revealed significant genetic differentiation among populations in the East China Sea and Yellow Sea (Shui et al., 2008). The explanation for significant genetic differentiation in this species might result from migration behavior. MtDNA analysis of white croaker *Pennahia argentata* in the East China Sea and Yellow Sea revealed two geographic groups, with the similar geographic distribution of small yellow croaker (Han et al., 2008c). This geographic structure of white croaker was partly due to the biological characteristics of this species.

Our result should be sufficient to generate the preliminary data on genetic structure and population diversity of small yellow croaker in the Bohai Bay and Yellow Sea and East China Sea, though the sample size from each geographic site in this study was limited. The concept of a management unit (MU) proposed by Moritz (1994) was defined as a conservation unit that had statistically significant divergence in allele frequencies (nuclear or mitochondrial). Therefore, the small yellow croaker in the Yellow Sea and East China Sea should be considered to be at least three management units, which provides a guideline for further effective conservation and management of the species, and would help greatly in understand.

ACKNOWLEDGMENTS

The present study could not have been carried out without the willing help from Mr. Lu Zhichuang in collecting small yellow croaker specimens. This work was supported by the National Key Basic Research Program from the Ministry of Science and Technology, P.R. China (Grant No. 2005CB422306), National Key Technologies P&D Program of China during the 11th Five - Year Plan Period (No. 2007BAD43B01), State 863 High - Technology R and D Project of China (No. 2009AA09z401 and 2006AA09ZA418) and National Natural Science Foundation of China (No. 40776097).

Reference

Bensch S, Akesson M. 2005. Ten years of AFLP in ecology and evolution: why so few animals? Mol. Ecol. 14: 2899 - 2914.

Bowen BW, Meylan AB, Ross JP, Limpus CJ, Balazs GH, Avise JC. 1992. Global population structure and natural history of the green turtle (*Chelonia mydas*) in terms of matriarchal phylogeny. Evol. 46:865 - 881.

Campbell D, Duchesne P, Bernatchez L. 2003. AFLP utility for population assignment studies: analytical investigation and empirical comparison with microsatellites. Mol. Ecol. 12: 1979 - 1991.

Durand JD, Tine M, Panfili J, Thiaw OT, Laë R. 2005. Impact of glaciations and geographic distance on the genetic structure of a tropical estuarine fish, *Ethmalosa fimbriata* (Clupeidae, S. Bowdich, 1825). Mol. Phylogenet. Evol. 36: 277 - 287.

Gerber S, Mariette S, Streiff R, Bodénés C, Kremer A. 2000. Comparison of microsatellites and amplified fragment length polymorphism markers for parentage analysis. Mol. Ecol. 9:1037 - 1048.

Gwo JC, Hsu TH, Lin KH, Chou YC. 2008. Genetic relationship among four subspecies of cherry salmon (*Oncorhynchus masou*) inferred using AFLP. Mol. Phylogenet. Evol. 48: 776 - 781.

Han ZQ, Li YZ, Chen GB, Gao TX. 2008a. Population genetic structure of coral reef species *Plectorhinchus flavomaculatus* in South China Sea. Afr. J. Biotechnol. 7: 1774 - 1781.

Han ZQ, Gao TX, Yanagimoto T, Sakurai Y. 2008b. Genetic population structure of *Nibea albiflora* in Yellow Sea and East China Sea. Fish. Sci. 74: 544 - 552.

Han ZQ, Gao TX, Yanagimoto T, Sakurai Y. 2008c. Deep phylogeographic break among white croaker *Pennahia argentata* (Sciaenidae, Perciformes) populations in North - western Pacific. Fish. Sci. 74: 770 - 780.

Han ZQ, Gao TX, Wang ZY, Zhuang ZM, Su TF. 2006. Analysis of genetic diversity of *Nibea albiflora* by AFLP markers. J. Fish. China 30: 640 - 646.

Hewitt GM. 2000. The genetic legacy of the Quaternary ice ages. Nat. 405: 907 - 913.

Ikeda I. 1964. Studies on the Fisheries Biology of the Yellow Croaker in the East China and the Yellow Seas. Seikai. Reg. Fish. Res. Lab. 31:1 - 81.

Jin XS. 2004. Long – term changes in fish community structure in the Bohai Sea, China. Estuar. Coast. Shelf S. 59: 163 – 171.

Jin XS, Tang QS. 1996. Changes in fish species diversity and dominant species composition in the Yellow Sea. Fish. Res. 26: 337 – 352.

Kakehi Y, Nakayama K, Watanabe K, Nishida M. 2005. Inheritance of amplified fragment length polymorphism markers and their utility in population genetic analysis of *Plecoglossus altivelis*. J. Fish. Biol. 66: 1529 – 1544.

Kassam D, Seki S, Rusuwa B, Ambali A, Yamaoka. 2005. Genetic diversity within the genus *Cynotilapia* and its phylogenetic position among Lake Malawi's mbuna cichlids. Afr. J. Biotechnol 4:1195 – 1202.

Kochzius M, Blohm D. 2005. Genetic population structure of the lionfish *Pterois miles*(Scorpaenidae, Pteroinae) in the Gulf of Aqaba and northern Red Sea. Genet. 347: 295 – 301.

Li NS, Zhao SL, Wasiliev B. 2000. Geology of Marginal Sea in the Northwest Pacific. Heilongjiang Education Press, Harbin.

Liu JX, Gao TX, Wu SF, Zhang YP. 2007.. Pleistocene isolation in the Northwestern Pacific marginal seas and limited dispersal in a marine fish, *Chelon haematocheilus* (Temminck & Schlegel, 1845). Mol. Ecol. 16: 275 – 288.

Liu JZ, Cordes JF. 2004. DNA marker technologies and their applications in aquaculture genetic. Aquaculture, 238: 1 – 37.

Liu XS. 1962. The Research of Small Yellow Croaker (*Larimichthys polyactis*) Geographic Race and Gonad. Science Press, Beijing.

Lin LS, Chen JH, Li HY. 2008. The fishery biology of *Trichiurus japonicus* and *Larimichthys polyactis* in the East China Sea region. Mar. Fish. 30: 126 – 134.

Merril CR, Switzer RC, Van Keuren ML. 1979. Trace polypeptides in cellular extracts and human body fluid detected by two – dimensional electrophoresis and a highly sensitive silver stain. Proc. Natl. Acad. Sci. USA, 76: 4335 – 4339.

Moritz C. 1994. Defining evolutionary significant units for conservation. Trends Ecol. Evol. 9: 373 – 375.

Nei M. 1978. Estimation of average heterozygosity and genetic distance from a small number of individuals. Genet. 89: 583 – 590.

Nei M, Li WH. 1979. Mathematical model for studying genetic variation in terms of restriction endonucleases. Proc. Natl. Acad. Sci. USA, 76:5269 – 5273.

Seikai National Fisheries Research Institute. 2001. Biological and Ecological Characteristics of Valuable Fisheries Resources from the East China Sea and the Yellow Sea, Comparison between the Chinese and Japanese Knowledges. Seikai National Fisheries Research Institute, Nagasaki.

Slatkin M. 1993. Isolation by distance in equilibrium and non – equilibrium populations. Evol. 47: 264 – 279.

Shui BN, Han ZQ, Gao TX, Miao ZQ. 2008. Genetic structure of Japanese Spanish mackerel *Scomberomorus niphonius* in the East China Sea and Yellow Sea inferred from AFLP data. Afr. J. Biotechnol. 21: 3860 – 3865.

Tudela S, Garca – Marn JL, Pla C. 1999. Genetic structure of the European anchovy, *Engraulis encrasicolus*, in the north – west Mediterranean. J. Exp. Mar. Biol. Ecol. 234: 95 – 109.

Van Wagner C, Baker AJ. 1990. Association between mitochondrial DNA and morphological evolution in Canada Geese. J. Mol. Evol. 31:373 – 382.

Viñas J, Bremer JA, Pla C. 2004. Phylogeography of the *Atlantic bonito*(Sarda sarda) in the northern Mediterranean: the combined effects of historical vicariance, population expansion, secondary invasion, and isolation by distance. Mol. Phylogenet. Evol. 33: 32 – 42.

Vos P, Hogers R, Bleeker M, Reijans M, van de Lee T, Hornes M, Frijters A, Pot J, Peleman J, Kuiper M, Zabeau M. 1995. AFLP: a new technique for DNA fingerprinting. Nucleos. Acids. Res. 23: 4407 – 4414.

Wang Z, Jayasankar P, Khoo SK. 2000. AFLP fingerprinting reveals genetic variability in common carp stocks from Indonesia. Asian Fish. Sci. 13: 139 – 147.

Wang ZY, Tsoi KH, Chu KH. 2004. Applications of AFLP technology in genetic and phylogenetic analysis of penaeid shrimp. Biochem. Syst. Ecol. 399 – 407.

Wenink PW, Baker AJ, Tilanus MGJ. 1994. Hypervariablecontrol region sequences reveal global population structuring in a long – distance migrant shorebird, the Dunlin (*Calidris alpina*). Proc. Natl. Acad. Sci. USA, 90: 94 – 98.

Whitehead A, Anderson SL, Kuivila KM, Roach JL, May B. 2003. Genetic variation among interconnected populations of *Catostomus occidentalis*: implications for distinguishing impacts of contaminants from biogeographical structuring. Mol. Ecol. 12: 2817 – 2833.